O self desdobrado

Dados Internacionais de Catalogação na Publicação (CIP)
(Câmara Brasileira do Livro, SP, Brasil)

Robine, Jean-Marie
O self desdobrado : perspectiva de campo em Gestalt-terapia /
Jean-Marie Robine ; [tradução Sonia Augusto]. São Paulo : Summus,
2006.

Título original: Gestalt-thérapie
Bibliografia.
ISBN 978-85-323-0845-0

1. Gestalt (psicologia) 2. Gestalt-terapia 3. Psicoterapia I. Título.

06-6655
CDD-616.89143
NLM-WM 420

Índice para catálogo sistemático:
1. Gestalt : Psicoterapia : Medicina   616.89143

Compre em lugar de fotocopiar.
Cada real que você dá por um livro recompensa seus autores
e os convida a produzir mais sobre o tema;
incentiva seus editores a encomendar, traduzir e publicar
outras obras sobre o assunto;
e paga aos livreiros por estocar e levar até você livros
para a sua informação e o seu entretenimento.
Cada real que você dá pela fotocópia não autorizada de um livro
financia o crime
e ajuda a matar a produção intelectual de seu país.

JEAN-MARIE ROBINE

O self desdobrado
Perspectiva de campo em Gestalt-terapia

summus
editorial

Do original em língua francesa
GESTALT-THÉRAPIE
La construction du soi
Copyright © 1997 by Jean-Marie Robine
Direitos desta tradução adquiridos por Summus Editorial

Editora executiva: **Soraia Bini Cury**
Assistente de produção: **Claudia Agnelli**
Tradução: **Sonia Augusto**
Revisão técnica: **Selma Ciornai**
Capa: **Camila Mesquita**
Imagem da capa: **Im Stil von Kariouan,
ins Gemässigte übertragen,
Paul Klee, Paul Klee Foundation**
Projeto gráfico e diagramação: **Crayon Editorial**

Summus Editorial
Departamento editorial
Rua Itapicuru, 613, 7º andar
05006-000 – São Paulo – SP
Fone: (11) 3872-3322
http://www.summus.com.br
e-mail: summus@summus.com.br

Atendimento ao consumidor
Summus Editorial
Fone: (11) 3865-9890

Vendas por atacado
Fone: (11) 3873-8638
e-mail: vendas@summus.com.br

Impresso no Brasil

DOBRAR, DESDOBRAR

O que vivo como "eu mesmo", ou seja "meu *self*", não é nada além de um campo com várias dobras.[*]

Sinto também o desejo de desdobrar uma parte e dedicar/doar este livro àqueles e àquelas com quem construí, em nossos encontros, a matéria-prima de minha experiência e de minha reflexão.

A meus alunos e a meus pacientes, cujas perguntas muitas vezes me ensinaram mais do que as respostas de meus mestres.

A meus amigos e colegas que, cotidianamente no decorrer dos anos, compartilharam e alimentaram minha evolução: Jean-Marie Delacroix, Cécile Panterne, Nicole de Schrevel, Marie Petit, André Jacques, Jacques Blaise, André Lamy, Brigitte Lapeyronnie, Dominique Lismonde, Joëlle Sicard, Bernadete Merlant-Guyon, Sylvie Schoch de Neuform, André Chemin, Patrick Colin, Ximo Tarrega-Soler, e muitos outros, inclusive de outras disciplinas.

A Isadore From, graças a quem, depois de alguns anos de ensino e de amizade, senti-me autorizado a pôr em prática os meus pensamentos.

---

[*] Robine utiliza freqüentemente nesta obra os termos *champ replié* e *champ deplié* (campos com várias dobras/campo desdobrado), termos de difícil tradução em português, mas que têm o sentido de deixar vincos, marcas, como em uma roupa dobrada. (N. R.)

Àqueles com quem encontrei formação ou aperfeiçoamento, colaboração, pesquisas em comum... e, principalmente, uma amizade duradoura: Gordon Wheeler, Bill Warner, Janine Corbeil, Löis Meredith, Joel Latner, Erving Polster, Miriam Polster, Michael Vincent Miller, Douglas Davidove, Gary Yontef, Sonia March Nevis, Ed Nevis, J. Edward Lynch, Barbara DeFrank-Lynch, Joseph Melnick, James Kepner, Malcolm Parlett, Bertram Müller, Johanna Müller-Ebert, Margherita Spagnuolo-Lobb, Giovanni Salonia, Reinhard Fuhr, e tantos outros.

A Taylor Stoehr, que me auxiliou, direta e indiretamente, orientando-me na compreensão da obra de Paul Goodman.

JEAN-MARIE ROBINE

Sumário

Prefácio 9

Introdução 11

1 Gestalt-terapia, protótipo da psicoterapia de amanhã 21

2 Uma estética da psicoterapia 38

3 A natureza humana –
   Declinações do paradigma na Gestalt-terapia 45

4 O contato, experiência primeira 56

5 A *awareness*, conhecimento imediato e implícito do campo 73

6 Confluência, experiência vinculada e experiência alienada 95

7 Ansiedade e construção de gestalts 112

8 O inesperado em psicoterapia 137

9 Vergonha e ruptura de confluência 149

10 O nicho ecológico –
    Um ensaio sobre a teoria de campo da Gestalt-terapia 169

11 Teorizar sobre o que sempre nos escapará –
    Sobre a relação terapêutica 198

12 O desconhecido levado à relação 207

13 Teoria e prática de grupo, teoria e prática
    da Gestalt-terapia 234

Referências bibliográficas 245

Prefácio

Pensar a Gestalt-terapia... libertar-se do anátema lançado por Perls sobre o *bullshit* da reflexão, da exortação a deixar o mental para voltar aos sentidos (*"leave your mind, come to your senses"*), é a proposta que este livro nos apresenta.

Ao contrário da maioria dos autores que se contenta em ilustrar os pressupostos teóricos da Gestalt-terapia por meio da experiência vivida, Jean-Marie Robine nos propõe que os revisitemos a fim de elaborar uma teorização mais substancial.

O autor voltou às próprias fontes da Gestalt-terapia. Um estudo paciente e uma nova e atenta tradução permitiram-lhe expor os principais conceitos que desenvolve com coragem e explicita com paixão ao longo desta obra. Conceitos enriquecidos pelas múltiplas referências proporcionadas por sua incontestável erudição.

Jean-Marie Robine conduz uma verdadeira mudança de paradigma: considerar o fenômeno vivido não como um objeto que indica um estado de consciência e que, como tal, poderia ser objeto de análise, mas como um fenômeno em ação, que oculta uma intencionalidade em seu próprio "aparecimento".

Ele nos convida a considerar o movimento, a fluidez das interações, sua sucessão no tempo, sem fixá-lo para uma melhor observação.

Deixando de lado uma concepção espacial do processo de contato (a meu ver, já implicitamente validado pela barra que separa organismo/ambiente nos textos fundadores), Robine denuncia, desde a introdução, um pensamento solipsista que concebe o *self* como uma entidade que se atualiza no contato, e introduz explicitamente a temporalidade na estrutura da experiência. O processo de contato não mais é visto como um acaso em uma fronteira espacial entre eu e não-eu, mas como uma seqüência que se desdobra no tempo.

Nessa perspectiva, o autor aborda os grandes temas da Gestalt-terapia: o contato, a *awareness*, o *self*, a vergonha, a confluência, a relação terapêutica, o grupo...

Valendo-se algumas vezes de casos clínicos, desenvolve com exatidão as conseqüências que a consideração rigorosa desse paradigma original traz tanto para a teoria como para a prática. Ele nos convida a percorrer os caminhos de um pensamento complexo e original que aprofunda e renova a Gestalt-terapia.

Jean-Marie Robine é um apaixonado, um visionário. Seguir seu caminho às vezes é desconcertante – ainda mais se estivermos apegados a uma concepção monádica do mundo. Mas o pleno envolvimento na assimilação desta obra nos leva a descartar introjetos apressados a respeito da Gestalt-terapia, para desembocar em uma ampliação de nosso campo de consciência e de nossos modos de pensar.

Que perspectiva poderia ser mais gestáltica?

MARIE PETIT

Introdução

Em 1951, quando Perls e Goodman, com a ajuda um tanto incômoda de Hefferline, publicaram o livro fundador *Gestalt-terapia*, reuniram em um esboço relativamente coerente numerosas linhas de força que atravessavam o século, elas mesmas enraizadas em tradições de pensamento por vezes milenares. O caráter inovador dessa obra não residia necessariamente na apropriação, mais ou menos feliz, de um ou de outro elemento que, de resto, eram, de modo geral, mais bem elaborados em suas disciplinas de origem. Foi principalmente em sua ligação, nessa tensão dialética entre determinados conceitos e determinadas análises, que a centelha inovadora pôde surgir.

Nos anos que se seguiram, a ênfase colocada em um ou outro fragmento do todo foi apagando progressivamente a ruptura epistemológica que Perls e Goodman nos proporcionaram, suavizando o impacto dessa abordagem e nos fazendo retroceder em elaborações freqüentemente mais pobres do que as que haviam contribuído para a nova criação. Assim, para citar apenas um exemplo, o retorno, em um Perls tardio, a uma certa forma de teorização e de prática de tipo "psiquista" ("intrapsíquica", ou solipsista) constitui, a meu ver, uma regressão, mesmo em relação aos progressos psicanalíticos da época.

Esse componente um tanto intrapsíquico está, entretanto, bem colocado na teoria da Gestalt-terapia. O modelo descritivo das funções do *self* é por vezes descrito como "estruturas parciais": *id*, *ego*, personalidade. Embora essa construção teórica possa ser pertinente em seu contexto, se a isolarmos, ela se revela infinitamente menos refinada do que a da psicanálise. Isso ocorre à medida que os Gestalt-terapeutas se mostram por vezes constrangidos, por exemplo, em teorizar a respeito da questão do inconsciente e de seu cotejo de conseqüências (transferência, repressão etc.). A ruptura fundamental introduzida por Perls e Goodman é relativamente simples de formular. Todavia, essa simplicidade aparente esconde uma grande complexidade no que se refere às conseqüências metodológicas e éticas. E remete, por sua vez, a uma grande pobreza semântica e conceitual pela qual os autores não devem ser considerados responsáveis. Ela pode ser enunciada assim: o *self* é contato.

O que isso significa? Significa que o *self* não existe fora do contato, mas não quer dizer que o *self* se manifestará no contato. Essa última formulação tenderia a levar à conclusão de que o *self* existe como entidade, mais ou menos flutuante e latente, que, de vez em quando, se exterioriza graças ao contato. O contato como mediador entre o si mesmo e o mundo? O contato como "entre"? Definir o *self* como um "entre" equivaleria a definir o que se encontra de um lado e de outro, e, portanto, voltaria a postular entidades separadas e separáveis. Com demasiada freqüência, o *self* gestáltico se viu reduzido ao "organismo" ou a um de seus equivalentes semânticos. Contudo, Goodman e Perls definem claramente que: "[O *self*] é só um pequeno fator na interação total organismo/ambiente, mas desempenha o papel crucial de descobrir e realizar os significados por meio dos quais nos desenvolvemos" (Perls; Hefferline; Goodman, 1951, II, 1, 11).

No essencial de sua exposição, Perls e Goodman reconhecem apenas uma única entidade: o campo, definido como "organismo/seu ambiente". O *self* designa então os movimentos internos do campo, movimentos de integração e de diferenciação, de unificação e de individuação etc. Mas essa abertura formulada por

Perls e Goodman não foi sempre mantida, nem por eles nem, com maior motivo, por seus discípulos. Será ela possível de ser mantida? Não somos constantemente tentados a voltar a um paradigma solipsista, que poderíamos chamar de "organismo", "psique", "indivíduo", paciente ou cliente...? Não somos tentados, pela facilidade, a contribuir para a elaboração de uma psicopatologia monádica, mesmo que essa psicopatologia parta de capítulos a respeito do "ser-no-mundo"? Não somos tentados a nos referir a uma psicogênese, mesmo que – e isso tem sido ainda mais flagrante há alguns anos – essa psicogênese leve em conta as primeiras relações com o meio, as "relações de objetais", arriscando-nos a uma redução do campo ambiental em geral, e do Outro em particular, a uma função etiológica?

É essa a questão com que me defronto desde que alcancei uma certa familiaridade com a obra de Perls e de Goodman. Os textos que se seguem são provas disso: desajeitados, inconclusos, contraditórios, prisioneiro que sou de tradições seculares, de mitos, de conceitos, de filosofias e de esquemas de pensamento que fragmentam para dar conta da "realidade". Tenho relativa facilidade de perceber as direções para as quais seria necessário estender minhas reflexões, mas é difícil para mim não considerar o medo que me inspira esse salto para o desconhecido: medo da solidão, medo de perder as referências seguras, medo do isolamento, medo da transgressão, medo do abandono.

O paradoxo dessa concepção do *self*, mais próxima de Goodman que de Perls, toma contudo um rumo que a torna um pouco mais acessível se explicitarmos um ponto que, a meu ver, permanece excessivamente implícito nesses dois autores.

Em nossos modos de pensamento tradicionais, o espaço – real ou metafórico – dá o essencial ao pensamento e estrutura da experiência: o "eu" e o "não-eu" são pensados graças a fronteiras espaciais, e o aparelho psíquico é descrito como "tópico" (topos = lugar). Mesmo que essa topologia seja designada como metafórica, as representações comuns designam a cabeça como sede do pensamento, o coração ou as vísceras como centro das emoções ou sentimentos; falamos facilmente de "mais profundo" ou de "superficialidade", de mundo ou de vida interior etc. Nosso sistema representacional baseia-se em um pensamento localizador. Sem descartar definitivamente toda representação espacial (fronteira de contato, subestruturas do *self*, introjeção, projeção...), a Gestalt-terapia, ao conceituar o *self* como contato, introduz implicitamente a temporalidade. Só a consciência dessa temporalidade do *self* pode absorver a pseudocontradição inerente às formulações propostas por Perls e Goodman.

Consideremos assim a proposição "O *self* é contato" em sua dinâmica temporal, isto é, abordemos o contato como seqüência.

Na fase inicial do contato, denominada pré-contato, o *self* é relativamente pouco intenso: ele só se intensifica à medida que uma figura emerge. Dependendo da situação, essa emergência situa-se unicamente no nível do organismo, ou do lado desse, por uma solicitação do ambiente. Nessa fase, designada em geral como fase em que a função *id* do *self* se revela como a função dominante, o *self* estará "localizado" preferencialmente no lado do organismo: o modo de contato (sentir, sonhar, prever, imaginar, identificar uma necessidade...) é uma preparação para a eventualidade de um contato propriamente dito, modalidade que poderá dar origem a uma outra forma de contato, mas que também pode parar nesse ponto.

Na fase seguinte, denominada estabelecimento do contato, a figura é constituída pelo ambiente ou, mais amplamente, pelo campo como fonte de "objetos" suscetíveis de serem contatados. Intensamente envolvido na manipulação, nas operações de identificação e de alienação que essa manipulação supõe, o *self*, esquematicamente descrito, é sobretudo "ambiente", um ambiente sustentado por um plano de fundo específico: o desejo orientador, e seu contexto.

Quando, na fase de contato final, o objeto escolhido é encontrado e, momentaneamente, abrem-se as fronteiras ou limites de cada um dos dois pólos do campo, uma unidade figura/fundo, eu/outro, organismo/ambiente constitui a experiência do momento. No caso em que o contato consiste em uma interação Eu–Tu, esse é o momento de um "Nós", celebrado pelos poetas e por certos filósofos. Nesse momento, o *self* designa o "Nós", o Eu–Tu unidos no encontro, o organismo/ambiente, indissociado, que se transforma na figura em que o *self* é absorvido.

Por fim, depois da fase de contato final da seqüência, quando o retraimento e a assimilação se tornam, por sua vez, característicos da experiência, o *self* pode novamente ser pensado como localizado no nível do organismo.

Essa seqüência, apresentada de modo um tanto simplificado e, portanto, redutor, o desdobramento da experiência de contato permite considerar como, segundo o momento do contato, o *self* pode ser "localizado" predominantemente no organismo, ambiente, ou organismo/ambiente. Se o *self* é contato, as modalidades de contato variam; do mesmo modo como a visão pode ser abordada, às vezes a partir do seu órgão do sentido, o olho, e daquilo que o sustenta fisiologicamente, outras vezes a partir do "campo oval da visão" – para retomar a expressão de Aristóteles –, e outras ainda a partir do objeto visto... O contato é dobra e redobra do *self*, o *self* é dobra e redobra do campo,* em uma dança incessante.

Conciliar uma abordagem do *self* como estrutura tópica com uma abordagem temporal continua sendo um problema tão árduo quanto o encontrado pela física quântica para abordar, por exemplo, o fenômeno da luz. Ondas ou partículas? Fótons ou oscilações? Matéria ou movimento? Espaço ou tempo? Todos sabem que a "verdade" não se encontra nem em uma nem em outra dessas abordagens, mas que elas se completam, e que é impossível, no estado atual de nosso conhecimento, se minhas

---

* Em francês, "*le contact est pli et repli du self; le self est pli et repli du champ*". (N. R.)

informações estiverem atualizadas, que se possa falar a partir das duas abordagens simultaneamente, pelo menos em uma linguagem acessível aos mortais comuns.

A problematização temporal do *self* surge também no modo com que a Gestalt-terapia aborda a questão da consciência – uso aqui o conceito de consciência (*consciousness*) de modo genérico, abarcando a consciência propriamente dita e também a *awareness*, o inconsciente, o não consciente e o pré-consciente... Essa consciência remete necessariamente ao "aqui-e-agora" tão caro aos gestaltistas. Depois de ter passado por um período (cuja responsabilidade não deve ser imputada apenas a nossos fundadores) em que esse aqui-agora foi reduzido a um pretexto hedonista pseudo-epicurista, todos passaram a reconhecer que esse centramento sobre o aqui-agora não é uma negação do passado ou do futuro, mas que o passado e o futuro estão de algum modo implicados no agora. Isso se aproxima dos conceitos utilizados por Husserl para abordar o presente: *protentio* (a orientação dirigida ao futuro), *retentio* (a orientação que remete ao passado), *praesentatio* (o presente atual).

Assim, o "aqui-e-agora" em Perls completa-se em Goodman com um "... e a seguir". Aqui-e-agora e depois. Aqui-e-agora voltados para o futuro imediato. Se o Gestalt-terapeuta nesse ponto se preocupa com o desdobramento da Gestalt a partir de um enraizamento na função *id* do *self*, ele não se encontra a ponto de reconhecer essa "tensão para", inerente aos conceitos de pulsão, apetite, necessidade e desejo?

Nesse contexto, a abordagem da consciência e a ampliação do campo da consciência se orientam de modo decididamente temporal.

Vou usar aqui uma metáfora proposta por Ernst Bloch, filósofo da antiga Alemanha Oriental, que publicou no final dos anos 1950 o livro *O princípio esperança*, verdadeira filosofia do "a seguir" com mais de 1.600 páginas. Comparemos o campo da consciência a uma unidade de tempo, como a que constitui um dia de 24 horas. A noite poderia representar o inconsciente, ou o não consciente, e o dia seria o consciente. Dois momentos se revelam particularmente interessantes para o psicoterapeuta: a aurora e o crepúsculo. O ainda-não-consciente e o mais-do-que-consciente. As margens (*margins*), as bordas (*fringes*), tão caras a W. James ou a A. Gurwitsch. O psicoterapeuta que se interessa pelo inconsciente (ou que procura tornar o inconsciente consciente, para dizê-lo resumidamente) terá um modo de pensamento de tipo "crepuscular", centrado na fase em que a repressão opera sobre os materiais do dia para fazer que eles se unam à noite. O psicoterapeuta que se centra no "aqui, agora e a seguir" encontrará na "aurora" a temporalidade que abre à clareza da consciência e do contato. Nos momentos de penumbra oferecidos pela situação terapêutica, a concepção temporal do *self* sobre a qual o terapeuta se apóia determina a orientação do campo: "agora e ontem" ou "agora e a seguir". Todo terapeuta que busca ajudar seu cliente a desenvolver sua consciência do *self* irá centrar a atenção sobre essas zonas de claro e escuro que são as margens da figura na consciência.

Afastado de qualquer observação espaço-temporal, um indivíduo colocado experimentalmente em um momento que não fosse nem dia nem noite teria bastante dificuldade em determinar se seria aurora ou crepúsculo. Com base em quais critérios, além dos teóricos ou "ideológicos", o terapeuta orientará a interação terapêutica para um mergulho na noite ou para maior claridade? Pode-se objetar que as duas direções não são incompatíveis; e eu concordo com isso. Minha insistência, por meio dessa metáfora, é apenas uma incitação a temporalizar melhor a experiência, a fim de tentar apreender o tempo como parâmetro do *self*.

A Gestalt-terapia foi introduzida na França no início dos anos 1970, sob uma forma que hoje podemos considerar errática e empírica. Ela era a expressão da onda de choque dos anos californianos que haviam permitido – com base na rejeição de toda referência teórica, na pior das hipóteses, ou de um sincretismo simplificador, na melhor delas – que se abrisse o campo psicoterapêutico a uma renovação necessária. Ainda restam alguns que mesmo hoje se encontram fixados nesses padrões rebeldes de 1968 e que continuam a promover uma "Gestalt" arte de viver, uma "Gestalt" que a comunidade profissional com muita razão se empenha em recusar ou desmerecer. Essa abordagem está mais próxima de uma prática de desenvolvimento pessoal do tipo "*new age*" que de uma abordagem terapêutica enraizada em uma teoria, uma metodologia e uma ética que associem rigor e criatividade.

Alguns de nós compreenderam rapidamente que, subjacente ao enfoque que nos era oferecido, havia provavelmente uma reflexão e um potencial teórico de grande qualidade que mereciam ser trazidos à tona. O que nos foi apresentado como "ausência de teoria" não era senão o desconhecimento dessa teoria, desconhecimento das práticas clínicas realizadas na sombra por alguns dos pioneiros que haviam contribuído com a elaboração do projeto "original". Certamente, sua difusão restrita e sua curta história não nos deixavam disponíveis uma literatura abundante comparável à obra de Freud, de Jung, ou mesmo de Reich. Pouco foi feito, muito resta a fazer, mas a abertura do campo pode mobilizar uma excitação criativa ainda maior. Nosso prazer é também sustentado pela constatação de que as tendências mais contemporâneas da psicanálise e da psicoterapia apenas desenvolvem, na maior parte do tempo sem o saber, algumas das primeiras intuições da Gestalt-terapia que já datam de meio século. Isso deveria ser suficiente para nos convencer da pertinência de nossa abordagem e da necessidade de continuar a obra empreendida e prematuramente interrompida.

Apesar de nosso amor pela pintura
Pegar um tubo de verde, espalhá-lo sobre a página, isso não é
fazer um pré.
Eles nascem de outra forma.
Eles brotam da página.
É também preciso que essa seja uma página castanha.
Preparemos, portanto, a página da qual possa nascer
uma verdade que seja verde
Pois, afinal, nós bem o sabemos. A natureza logo nos
relembra com autoridade: Pegar um tubo de verde...
É necessário o espaço da escrita, da inscrição,
E que o tempo necessário à palavra, à elocução, seja despendido.

Francis PONGE

"La fabrique du pré" ["A fabricação do pré"]

1
Gestalt-terapia, protótipo da psicoterapia de amanhã

A Gestalt-terapia é um sistema teórico e metodológico composto, que se originou da psicanálise, da psicologia da Gestalt e da fenomenologia, e, aliás, de algumas de suas extensões, do lado dos existencialismos. Esses diferentes elementos constituintes de nossa herança se juntaram em uma configuração nova que, de fato, surge como uma Gestalt clara, coerente e pregnante. Sabemos que a própria definição de uma Gestalt pressupõe o fato de que a totalidade, a configuração global, é diferente da soma de suas partes, a qual é dotada de características distintas das características das partes que a constituem. Ao mesmo tempo, sabemos que a configuração global não é independente dos elementos que fazem parte de sua elaboração. Creio ser interessante considerarmos o modo como esses elementos se associam, pois é nesse *como* que reside o germe estrutural de nosso presente e, conseqüentemente, de nossa projeção sobre o futuro.

Existe essencialmente um processo de *acumulação* e de *assimilação*. O progresso teórico e metodológico raramente se dá pela rejeição das aquisições anteriores, porém mais por retomá-las, reinterpretá-las, criticá-las, considerar seus defeitos e por recolher os fragmentos e os materiais abandonados ao longo do percurso pelos estudiosos anteriores. Essa acumulação é, portanto, uma acumulação *dialética* tanto no nível da teoria quanto no do método e da prática. A abordagem dialética pressupõe o conflito das diferenças e não busca a integração a qualquer preço, nem muito menos a integração prematura.

Essa ação não ocorre sem tensões: sabemos das dificuldades que Binswanger encontrou para elaborar uma psicanálise fenomenológica; conhecemos as críticas feitas pelos psicólogos da Gestalt aos fundadores da Gestalt-terapia por estes terem se apropriado de alguns de seus conceitos; conhecemos as linhas derivadas, chamadas de "humanistas", criadas pela adoção, pela psiquiatria e pela psicoterapia, das abordagens existencialistas vigentes no século XX.

Conhecemos os resultados das anexações do biológico pelo psicológico ou do psicológico pelo biológico, do sociológico pelo psicológico ou do psicológico pelo sociológico etc., cada disciplina pretendendo – com base em uma preocupação hegemônica – oferecer um sistema panexplicativo que revela ser nada mais que um reducionismo empobrecedor.

Algumas epistemologias do fim do século XX nos convidam ao "pensamento complexo". Quem diz "pensamento complexo" postula a existência de um "objeto complexo", isto é, de um objeto situado na intersecção de diferentes problemáticas. O homem se encontra em tal posição por excelência, e, em conseqüência, a psicoterapia depende de uma multiplicidade de domínios possíveis: do lingüístico ao emocional, do corporal ao social, do interacional ao espiritual, do econômico ao histórico, da animalidade ao psíquico...

Perls e Goodman, em uma época em que ainda não se falava de "pensamento complexo", estabeleceram desde a origem da Gestalt-terapia a necessidade de "levar em consideração *cada* problema como se dando num campo social-animal-físico" (Perls; Hefferline; Goodman, 1951, II, 1, 2), mesmo que, por razões de ordem operacional, possa revelar-se necessário proceder por meio de abstrações sucessivas, isto é, abstrair tal ou qual parte do todo, com finalidade de estudo ou de ação, para em seguida recolocá-la nesse todo.

A abstração fundamental que eles atribuem à psicologia, uma das "ciências biológicas e sociais que tratam do interagir no campo organismo/ambiente" (ibidem, II, 1, 2), limita seu domínio específico ao estudo da *operação da fronteira de contato no campo organismo/ambiente*" (ibidem).

Se aceitarmos essa definição e essa limitação de nosso domínio na intersecção de diversos domínios específicos, isso significa que, no que se refere a muitos dos conhecimentos indispensáveis ou pretensamente indispensáveis ao exercício da psicoterapia, precisaremos recorrer a outras disciplinas e estabelecer um processo dialético entre a contribuição delas e a especificidade da nossa.

Para reencontrar a complexidade, de início temos de corrigir a separação fundamental introduzida por Descartes: o sujeito pensante (*ego cogitans*) e a coisa estendida (*res extensa*). É essa separação que, funcionando como paradigma a partir do século XVIII, separou a filosofia e a ciência, e "isolou os três grandes campos do conhecimento científico: a física, a biologia, a ciência do homem" (Morin, 1990).

Para corrigir essa separação, uma outra simplificação aconteceu no decorrer do tempo: a redução – do complexo ao simples, do humano ao biológico ou ao psicológico, do psicológico ao impulso ou ao sexual etc.

Para corrigir o reducionismo, uma corrente também simplificadora – pelo menos em algumas de suas formas – foi criada em oposição à primeira: o "holismo", caro a alguns gestaltistas, baseado no conceito de globalidade ou de totalidade. Perls, Hefferline e Goodman (1951, II, IV, 3), entretanto, chamaram nossa atenção para estas palavras de Kurt Lewin:[1]

> É especialmente necessário que aquele que se propõe a estudar o fenômeno da totalidade se precavenha contra a tendência de tornar os todos tão abrangentes quanto possível. A verdadeira tarefa é investigar as propriedades estruturais de uma determinada totalidade, averiguar

as relações que mantém com as totalidades subsidiárias e determinar as fronteiras do sistema com o qual se está lidando. "Tudo depende de todas as outras coisas" é tão verdadeiro em psicologia quanto na física.

Indo além, portanto, do analítico-reducionista e do holismo ou globalismo, o pensamento complexo, sem recusar a "pesquisa das unidades elementares simples, a decomposição de um sistema em seus elementos, a origem do complexo no simples" (Morin, 1990, p. 73), e sem tampouco "incluir qualquer coisa de qualquer modo, envolvendo-as de modo excessivo" (ibidem, p. 72), como poderia fazer a simplificação holística; em vez disso, propõe uma alternativa na qual os próprios princípios de alternância, de conflito e de complementaridade transformam-se em vigas mestras no processo de construção.

Todos os procedimentos simplificadores tiveram e ainda têm de contornar o diferente, o acidente, o acontecimento, o imprevisível. No melhor dos casos, eles nos oferecem fragmentos de teorias para falar do "diferente", do "acidente" etc. Em nosso campo, não seria esse o propósito de algumas psicopatologias ou, mais exatamente, de algumas nosografias? Esses métodos simplificadores não conseguem abordar o acontecimento por excelência: a criação, que requer o recurso ao pensamento complexo e apesar disso sempre nos escapa, mesmo que algumas dessas disciplinas tenham delimitado a criação como objeto de seu campo de investigação. A restauração da capacidade de ajustamento criativo, isto é, a operação da fronteira de contato, não é o que se coloca como finalidade e meio da Gestalt-terapia?

Essa não é, e vocês o sabem tão bem quanto eu, uma vaga declaração de intenções: toda a teoria do *self* que nos serve de parâmetro teórico foi criada a partir da observação de artistas em situação de criação e de crianças em situação de brincar. As funções do *self*, estruturas parciais do campo organismo/ambiente, são as que intervêm nas operações complexas de contato com a novidade e, portanto, do ajustamento criativo. As fases daquilo que alguns dentre nós chamam de "o ciclo do contato" são colocadas por seus autores apenas como uma aproximação do fenômeno complexo do ajustamento criativo. É nesses mesmos termos que Perls e Goodman abordam a questão da transferência.

Se a Gestalt-terapia pretende abrir também um grande espaço para a criação na operação dos ajustamentos necessários à sobrevivência, ao contato com a novidade, e conseqüentemente com o imprevisível, o acontecimento e o desconhecido, isso supõe que, como sistema teórico e metodológico, ela não seja nem um sistema fechado nem um sistema completo. Para que haja funcionamento, é necessário que haja um vazio. Para que um indivíduo evolua, é necessário que haja espaço para mudanças, que haja interstícios nos quais se possam apoiar as alavancas, espaços que acolham a novidade, as brechas e as falhas que permitam o movimento. (E, aqui, os Gestalt-terapeutas, sem dúvida, beneficiariam-se caso se voltassem para os trabalhos contemporâneos ligados à teoria do caos ou à teoria da entropia.) O mesmo acontece com a teoria e o método. Se a teoria e o método se colocarem em uma posição de explicar e resolver tudo, eles só poderão proporcionar um recobrimento da angústia. Entretanto, quer nos refiramos a Freud quer a Perls e Goodman, a angústia designa a manifestação de uma excitação bloqueada, e resulta da interrupção da excitação do crescimento criador...

Considerando a evolução da epistemologia das ciências humanas em anos recentes e, em especial, a evolução do pensamento e da prática psicanalíticos, não podemos deixar de nos surpreender com o caráter profético da Gestalt-terapia. Ao colocar a fenomenologia da fronteira de contato como paradigma do ser humano, ela estabelece já desde o início uma coerência fundamental entre sua teoria e seu método. É importante lembrar que alguns psicanalistas contemporâneos fazem questão de sublinhar

o paradoxo teórico-prático mais fundamental do pensamento metapsicológico: como é possível que na teoria (psicanálise) a ênfase seja colocada no indivíduo, em seu aparelho psíquico quase fechado ao mundo, na realidade interna como *primum movens* do funcionamento mental e no passado infantil como determinante desse funcionamento, enquanto na prática a análise é considerada um trabalho dialético realizado a dois, analista e analisando? É como se a teoria se referisse a uma díade interativa para fundamentar um pensamento da mônada individual.

(Eiguer, 1987)

A Gestalt-terapia, ao abordar a complexidade graças a esse conceito de fronteira de contato, abarca simultaneamente a origem e o desenrolar de um fenômeno no qual surge a consciência de si que elabora a ligação unificadora e separadora entre o *self* e o mundo.

Além do mais, alguns psicanalistas – já não mais suspeitos de heterodoxia – comentam que, ao retomar a história da psicoterapia, deram-se conta de que "a noção de inconsciente, tal como exposta por Freud, não parece necessária, pois além de suscitar problemas teóricos inextrincáveis, orienta a tarefa terapêutica em direção a uma intelectualização" (Roustang, 1990); e vão ainda mais longe ao formular uma hipótese "imposta tanto pela clínica quanto pelos questionamentos ou pelas contribuições provenientes de outras disciplinas: o papel desempenhado pelo conceito de inconsciente [...] poderia ser desempenhado ainda melhor pela noção de animalidade humana".

Isso soa estranhamente familiar para os Gestalt-terapeutas! P. Goodman (1972, p. 39) relata, em seu último comentário publicado em um periódico, que enquanto escrevia *Gestalt-terapia* com Perls tinha em mente

um animal que se desloca, que sempre vê novas cenas e encontra novos problemas a serem confrontados e que precisa realizar permanentemente um ajustamento criativo: ele escolhe, inicia, inventa de modo a se apropriar da novidade do ambiente, deixando de lado aquilo que poderia destruir a homeostase.

Depois de cinqüenta anos de história – uma história repleta de riquezas, mas também de empobrecimentos ligados a modos de agir que impuseram o abandono da reflexão e da teorização em benefício da espontaneidade e de *slogans* às vezes pseudoexistenciais –, a Gestalt-terapia parece estar reencontrando sua essência e reconquistando sua dimensão profética. Prefiro designar essa dimensão profética, para retomar uma palavra usada por Goodman, por meio da palavra "protótipo", pois, em alguns aspectos, a Gestalt-terapia que conhecemos conserva ainda algumas dimensões primitivas que devem ser elaboradas por meio da dialética com a complexidade do conhecimento que abordarei a seguir.

As questões fundamentais que é preciso deixar de evitar são formuladas do seguinte modo:

■ Nosso processo psicoterapêutico necessita do apoio de uma antropologia específica?
■ Nosso processo psicoterapêutico necessita do apoio de uma psicopatologia específica?
■ Nosso processo psicoterapêutico necessita do apoio de uma teoria do desenvolvimento específica?

Alguns de nós tentaram elaborar uma psicopatologia, uma teoria do desenvolvimento ou outra teoria, sem abordar a questão anterior. Apesar de Sócrates, e provavelmente mesmo antes dele, sempre houve mais candidatos a fornecer respostas à humanidade do que a colocar questões. No entanto, a exemplo do processo clínico da Gestalt-terapia, parece-me que há muito mais sentido em elaborar a questão do que em obter uma resposta que só servirá para fixar a Gestalt.

Se dirigirmos nossa atenção para a maioria das tentativas de elaboração de uma psicopatologia gestáltica, constataremos que o indivíduo é com freqüência – e de modo equivocado – considerado *isoladamente*, mesmo que, como no DSM-III, o processo pretenda ser multiaxial ou considere "aquilo que se passa ao nível da relação". "O indivíduo não deverá ser considerado como mônada isolada, que estabelece depois uma relação com os outros" (Bideaux & Bouderlique, 1972). Ao contrário, e seguindo a postura estabelecida pela fenomenologia, consideramos que a fronteira de contato é o fenômeno original, e apenas em seguida é que ele se atualiza sob a forma de um si-mesmo e do mundo. Se a Gestalt-terapia tem qualquer possibilidade ou qualquer pretensão de servir de modelo para o futuro, isso acontece graças à sua teoria do *self*, que o define como "sistema de contato", e não apenas como uma entidade estrutural.

Desse modo, se uma abordagem psicopatológica deve ser tentada no contexto da Gestalt-terapia, ela só poderá ser considerada como abordagem descritiva das *flexões* da experiência (para retomar os termos de Binswanger) que podem ocorrer na fronteira de contato. Isso não quer dizer que os trabalhos da clínica e da psicopatologia contemporâneas devam ser negligenciados ou deixados de lado. Acho, por exemplo, que o conhecimento mais detalhado das perturbações do narcisismo ou das perturbações dos estados-limítrofes obtido nos últimos quinze ou vinte anos possui tal importância que às vezes me pergunto como foi possível clinicar antes disso... Essa é uma razão suficiente para nos limitarmos a *traduzir* em vocabulário gestáltico o conhecimento que obtemos em outras fontes? Ou, ao contrário, será que isso não nos convida a refinar nossa percepção, a adotar a postura dialética do "pensamento complexo"?

O que evoco aqui, no que diz respeito à psicopatologia, poderia ser também esboçado com relação a uma teoria do desenvolvimento: os trabalhos da escola anglo-saxã – de Margaret Mahler a Melanie Klein, de Winnicott a Kohut, ou, ainda mais recentemente, aos trabalhos de Daniel Stern, que podem parecer tão estranhamente "recuperáveis" pelo Gestalt-terapeuta – têm considerável influência sobre a prática de qualquer psicoterapeuta, mas... Como expressar isso?

A principal dificuldade refere-se, a meu ver, à nossa adesão a uma perspectiva de campo. Como conciliar essa unidade do campo organismo/ambiente com a necessária abordagem de um sujeito diferenciado? Perls e Goodman colocaram as bases, mas – pelo menos que eu saiba – até hoje ninguém ousou radicalizar essa atitude.

O fenômeno em que baseamos nosso trabalho chama-se "contato". O contato é definido como "*awareness* do campo ou resposta motora no campo" (Perls; Hefferline; Goodman, 1951, II, 1, 3). Isso inclui "apetite e rejeição, aproximar e evitar, perceber, sentir, manipular, avaliar, comunicar, lutar etc." (ibidem).

A primeira experiência do contato (e não apenas por sua própria etimologia) é a do toque, isto é, do único de nossos cinco sentidos que é "passivo e ativo", que toca e é tocado ao mesmo tempo. Posso ver sem ser visto, ouvir sem ser ouvido... Não posso tocar sem ser tocado. Modo intermediário. Protótipo de uma modalidade de experiência eu/mundo em uma interface que pertence a ambos, distinguindo-os e reunindo-os ao mesmo tempo.

O conceito de contato abrange um domínio de experiência ao mesmo tempo mais amplo e menos amplo do que o do conceito de relação. Uma das formas do contato é o interpessoal, é claro, e, assim, a relação. No entanto, de diversos modos, o contato é um fenômeno mais primário que *ainda* não designa a relação, mas simplesmente aquilo que articula o sujeito com aquilo que é o não-eu, quer este seja humano quer seja objeto.

Um paciente, citado por Isadore From, acusava seu terapeuta de ser um apoio insuficiente. E, para fazê-lo, ficava sentado na beira do sofá, sem usar praticamente nenhum dos recursos ambientais que lhe eram oferecidos como apoio.

Outra paciente se queixou a mim de ser invadida e sobrecarregada por seu ambiente relacional, que invadia sua vida e a exigia sem cessar. Enquanto falava comigo, ela não tinha consciência de que um intenso raio de sol batia em seu rosto e a ofuscava:

teria sido suficiente que ela deslocasse sua cadeira alguns centímetros para encontrar um mínimo de conforto.

Seus modos iniciais de "contato" parecem disfuncionais, e a riqueza da Gestalt-terapia nos possibilita elaborar essa dimensão da experiência, anterior, mas essencial, à elaboração de qualquer relação interpessoal, *a fortiori* de um Eu–Tu, dimensão de diálogo valorizada por muitos de nós. Ignorar essa anterioridade do "modo de contatar" nos levaria a praticar uma psicoterapia de orientação comportamental, isto é, não-vivencial, mesmo que usássemos as cores externas do "humanismo".

Nos dois exemplos de contato disfuncional mencionados há pouco, manifesta-se um fenômeno que há bastante tempo chamei – equivocadamente, hoje percebo – de "a unidade da experiência". Digo agora "equivocadamente" porque não estou certo de que se possa falar aqui de alguma coisa da ordem do vivido, no sentido fenomenológico da palavra. No entanto, todos concordaríamos em reconhecer a unidade no processo[2] de contato organismo/ambiente (eu ousaria dizer: na "estrutura do processo"), quer esse ambiente seja humano quer seja material. Além disso, a evidência dada a tais fenômenos "unitários" foi o que, certamente, levou a Gestalt-terapia a ser incluída na corrente "holística".

Atualmente, em uma epistemologia complexa que se situa no ponto comum entre a mecânica quântica, a metáfora holográfica e a teoria das catástrofes, eu preferiria falar, como David Bohm, de "ordem implícita (ou implicada)". Em uma "fotografia" holográfica, sabemos que cada parte do holograma contém uma imagem do objeto inteiro e sabemos também que, quanto maior for a parte do holograma atingida pelo raio laser – a fonte luminosa –, mais completa será a informação obtida. A estrutura do todo está contida de alguma forma em cada parte e será desdobrada na experiência: "movimento contínuo em que o todo está contido em cada ponto e em que cada ponto se desdobra de novo sobre o todo" (Bohm, 1989, p. 14). Mesmo o conteúdo da consciência de cada um contém, de certa forma, "totalidade de sua existência, física e mental, interna e externa" (ibidem, p. 32).*

A física quântica desmentiu igualmente os mecanicistas e os vitalistas que a precederam ao mostrar que a matéria, assim como a energia, tem "uma natureza dupla, pois elas podem se comportar como uma partícula ou como um campo – ou uma onda – dependendo do modo como são tratadas na experiência" (ibidem, p. 21). Aquilo a que nos referimos como "o modo como elas são tratadas na experiência" designa aqui os aparelhos de observação e, portanto, o ponto de vista do observador.

Se examinarmos o campo terapêutico à luz dessa teoria quântica, poderemos considerar que o "conteúdo" desse campo é "corpuscular", pois contém as partículas elementares denominadas "terapeuta" e "cliente", entre outras; ou que ele é "ondulatório", pois designa um determinado número de fenômenos que eu chamaria de "interacionais", por falta de uma palavra mais adequada.

Desse modo, falar de "transferência/contratransferência" me parece postular uma posição "corpuscular", que descreveria aquilo que se passa em uma partícula diante da outra partícula, enquanto falar de fenômenos da fronteira de contato revelaria uma lógica ondulatória. Nos dois casos, faz-se uma abstração da "outra" visão da mesma experiência da realidade.

Seria necessário, portanto, apoiar-se nos trabalhos da epistemologia contemporânea para ultrapassar os limites de nossa formalização atual, e isso, acredito, sem diminuir em nada o gênio dos fundadores da Gestalt-terapia que se apoiaram – como poderia ter sido de outro modo? – na epistemologia de sua época para ultrapassar intuitivamente os limites que ela apresentava.

Nessa perspectiva, e para tentar abordar a relação terapêutica quanto ao campo, podemos nos apoiar, com vantagens, nas pes-

---

* Em francês, o autor utiliza as palavras "replie", "repliement" (por exemplo: "la structure du tout est repliée dans chaque partie; le continue de la conscience de chacun est un repliement de la totalité de sou existence"). Essas palavras não têm tradução exata em português. Seu sentido é o de estar "dobrado dentro", "contido". (N. R.)

quisas que dizem respeito aos campos morfogenéticos, tais como foram difundidos por Rupert Sheldrake, por exemplo. A simples palavra "morfogênese" já deveria despertar o interesse do Gestalt-terapeuta, pois ela significa aproximadamente "o nascimento das formas", e a Gestalt-terapia se propõe a ser a terapia da criação das *Gestalten*. Esses campos invisíveis, matrizes de formas, de desenvolvimentos e de comportamentos, operam de modo causal ao longo do tempo e do espaço, associando-se a um sistema particular, a uma estrutura específica.

O conceito de "campos morfogenéticos" torna possível começar a abordar alguns fenômenos de campo tão diversos quanto: a regeneração de uma minhoca que tenha sido cortada, a construção de formigueiros em razão do lugar que as formigas ocupam no espaço, o aumento da capacidade de aprendizagem de ratos em um labirinto em razão do número de animais que tenham sido submetidos anteriormente à mesma aprendizagem, e, por que não, o fato de diversos pacientes escolherem um determinado terapeuta em um certo momento em razão de tal ou qual problemática que é também a dele, direta ou indiretamente... O conceito de "transferência" e o de "contratransferência" me parecem inoperantes para dar conta dessas estruturações do campo nas quais os protótipos infantis não parecem estar nem um pouco envolvidos.

O vocabulário utilizado por esses cientistas e o esforço empreendido por eles podem contribuir para nos proporcionar meios de apreender essa realidade complexa que se manifesta na sala do psicoterapeuta.

A reinclusão da Gestalt-terapia no contexto de reflexão da teoria do campo nos levará inevitavelmente a reintroduzir a questão da empatia, ou mais exatamente de *Einfühlung* – que Perls excluíra, talvez um pouco depressa demais, em sua fase de atração pelos *slogans*, quando ele a associou à *apatia*, duas modalidades que descartou para privilegiar a *simpatia*, modo preconizado de relação em Gestalt-terapia. Certamente não foi a simpatia que levou Ulisses, confrontado por Sófocles com relação ao delírio de Ajax, seu inimigo mortal, a dizer: "Por mais que Ajax me odeie, percebo nele, na sua loucura, alguma coisa que é também minha".[3] Enquanto a abordagem simpática do outro, privilegiando o *com*, enfatiza a diferença e, portanto, a partícula (e o particular), a *Einfühlung*, (ou empatia), acentua o *dentro de* e permite uma percepção simultânea de si *e* do outro, portanto do campo, em seus aspectos ondulatórios. Também aqui é provavelmente na dialética empatia/simpatia que encontramos um ponto a ser mais explorado.

A Gestalt-terapia provém muito mais de uma cultura do verbo, ou do advérbio, que de uma cultura do substantivo. É importante lembrar que Laura Perls, no momento em que se tratava de dar um nome a essa nova terapia que viria a ser conhecida como "Gestalt-terapia", expressou sua discordância e acrescentou, em suma, que caso se desejasse conservar alguma coisa do conceito de "Gestalt" no nome a ser atribuído, ela preferiria claramente que se escolhesse o nome "Gestaltung-terapia". Isso porque não são as formas fixas que nos interessam, nem no ser humano nem na teoria, mas sim a *Gestaltung*, ou seja, a forma em movimento, a formação das formas. O substantivo ou o verbo? E nessa função de *Gestaltung* do campo, aquilo que dá gestalt ao campo, com certeza todos vocês reconheceram aquilo que chamamos de *self*. O *self* não pode, portanto, ser apreendido como substantivo, como entidade, como substância, mas sim como verbo, ou melhor, como ad-vérbio, pois ele é o artesão do ato de "contatar", que é a operação básica do campo.

Uma conseqüência imediata se impõe para aqueles e aquelas dentre nós que trabalham na elaboração de uma teoria gestáltica do desenvolvimento: não se pode confundir "desenvolvimento" e ontogênese. A ontogênese apreende o indivíduo em seu percurso isolado, mesmo que nos refiramos ao que alguns, como Erikson ou Spitz, chamaram de "epigênese", de modo que acrescente a dimensão interacional. O desenvolvimento possibilita outros

34   JEAN-MARIE ROBINE

modos de abordagem, possibilita que outras seqüências de fatos sejam evidenciadas.

Donald Meltzer (1986), psicanalista britânico discípulo de Bion, em um curto e corajoso artigo intitulado "Fiel dor Phase" ["Campos ou fases"], demonstrou a necessidade de se situar em uma ou outra referência, sem necessidade de manifestar provas do fundamento de uma ou de outra dessas referências. Esse autor contemporâneo escreveu:

As problemáticas clássicas do desenvolvimento, tais como a oralidade, a dependência, a autonomia e a confiança, não são consideradas como tendo uma origem em um ponto ou etapa particulares no decorrer do desenvolvimento. Essas problemáticas são vistas como linhas de desenvolvimento – isto é, como etapas que dizem respeito a toda a vida, e não como fases da vida. Elas não supõem um período sensível, uma fase de influência predominante na qual podem ocorrer fixações relativamente irreversíveis.

E prosseguiu:

É muito provável que o período de emergência de cada sentido de si mesmo seja um período sensível. Mais que às problemáticas clínicas tradicionais do desenvolvimento, é aos diferentes domínios da experiência de si mesmo que se atribui uma forte impressão formadora, no decorrer de um período de desenvolvimento, limitada no tempo, particular e formadora.

Alguns de vocês certamente reconheceram aqui algumas palavras de Daniel N. Stern (1989), cujos trabalhos sobre *O mundo interpessoal do bebê* revolucionaram, nos últimos anos, as observações clínicas e desenvolvimentistas dos psicanalistas e psicoterapeutas de todas as linhas.

Nossa adesão à teoria do campo, mais uma vez, requer, a fim de abordar tanto a questão da psicopatologia quanto a do desenvolvimento, que estejamos atentos para não incorporar prematuramente – e a tentação é grande porque é fácil fazê-lo – trabalhos e contribuições isolacionistas que teorizam o indivíduo como uma entidade com diversos graus de isolamento.

Essa referência ao verbo, preferencialmente ao substantivo, deve também ser levada em consideração em nossas relações com a psicanálise. Existe uma linha de demarcação para o momento irredutível entre a posição psicanalítica (pelo menos, algumas posições psicanalíticas) e a posição gestáltica, na medida em que essa última se apóia na postura fenomenológica: essa linha de demarcação diz respeito à consciência. O *fenômeno* não é um estado nem um conteúdo da consciência, é aquilo que ocorre por si mesmo, e não é nada além desse ato de "se dar a ver". Quando se aborda a vivência como objeto, como se fosse qualquer outro objeto, a vida consciente passa a ser "uma seqüência ou um conjunto de componentes reais denominados estados, conteúdos ou vivências de consciência" (Maldiney, op. cit.), e para os quais a consciência serve de receptáculo. O fenômeno comporta uma intencionalidade e, desde sua origem, não se trata mais de consciência, mas sim de *consciência de...* alguma coisa, *awareness de...* Aquilo que a constitui, quer se trate de uma lembrança, uma percepção quer de outro conteúdo, terá um sentido, uma direção de sentido, uma intencionalidade. A emergência de uma figura não é mais do que a emergência de uma direção de sentido, o que talvez tentamos dizer de modo um pouco desajeitado quando falamos de "necessidade" como figura de pré-contato. E o ciclo do contato ou processo de construção/destruição de gestalts não é nada mais que o desenrolar dessa intencionalidade. A função *id* do *self* não designa conteúdos da consciência, mas uma intenção. O debate que opõe psicanalistas e Gestalt-terapeutas com relação ao inconsciente (os psicanalistas reprovam os Gestalt-terapeutas por estes não se referirem ao inconsciente, o que lhes permite rapidamente descartar nossa posição, classificando-a entre os behaviorismos) talvez não passe de um falso debate, pois os Gestalt-terapeutas, pelo menos aqueles que conheço, fazem referência ao inconsciente, mas ao *adjetivo* inconsciente, e não a UM inconsciente, substantivado, um nome que levaria a um enfoque de inferência excessiva.

Uma psicoterapia existencial não pode, portanto, posicionar-se como análise de vivências; estas só poderiam ser avaliadas como *aparência* enquanto é em seu *aparecimento* (ligado à sua origem e ao seu sentido) que se pode abordar a experiência.

A fim de concluir essas poucas reflexões orientadas para o desenvolvimento da teoria e do método da Gestalt-terapia, desejo insistir em uma de sua originalidades fundamentais cujas conseqüências para com o método ainda não foram plenamente exploradas: não existe psicologia ou psicoterapia do homem que não seja uma psicologia do homem-no-mundo. Freqüentemente tem-se oposto as concepções de Perls às concepções de Goodman com relação à teoria da Gestalt-terapia. Algumas vezes, Perls tem sido censurado, especialmente a partir de sua "oração da Gestalt", por seu egoísmo, o que talvez provenha de um erro de interpretação dessa prece. De qualquer maneira, se a Gestalt-terapia se propõe a ser uma "psicoterapia do homem-no-mundo", ela deve, conforme os termos que usei em um congresso anterior, passar de uma posição *egológica* para uma posição *ecológica*. Se, na teoria da Gestalt-terapia, o *todo* diz respeito às capacidades de ação do organismo e de influência que ele exerce sobre seu ambiente, também é importante apreender como a natureza age sobre o homem – a ida e também o retorno. Não convém associar a uma psicologia do homem-no-mundo uma metafísica do mundo-no-homem?... O homem, ao se posicionar como parte integrante do mundo, pode estabelecer uma diferença entre sua própria liberdade e a da natureza? "Fique fora do caminho", escreveram Perls e Goodman em *Gestalt-terapia*, retomando uma frase famosa do taoísmo; em termos psicológicos, poderíamos dizer: "Apague-se!", Apague o Ego do campo organismo/ambiente para privilegiar "o *self*, agente do contato orgânico, do contato com a natureza" (Vincent, 1979).

Todo o pensamento de Goodman, e, portanto, do livro *Gestalt-terapia*, é permeado por três ordens fundamentais que ele designa ao ser humano: a dimensão criativa, a dimensão de sexualidade e de amor, e a dimensão comunitária. Se os Gestalt-terapeutas de hoje, e de amanhã, não abordarem o sofrimento do Homem sem se restringir a um campo que se refira unicamente ao indivíduo como se este fosse isolado, isso requer sua presença a nossa presença falante e ativa na comunidade para participar – correndo o risco de participar de uma utopia – de uma cultura do Eu–Tu, preferencialmente à do Eu-Isso, ou mesmo do Eu-Eu.

⌐

NOTAS

1 Citação de Lewin extraída de Ellis (p. 189).

2 É correto dizer que a Gestalt-terapia não é uma terapia do processo, na medida em que o termo processo se refere a terapias interacionais, o que não é o caso da Gestalt-terapia. A Gestalt-terapia é uma terapia do gerúndio, do... *ing* dos ingleses ou... *ung* dos alemães, que em francês é mais facilmente expresso pela expressão: "processo de..." (*en train de...*).

3 Citado por H. Maldiney, em *Daseinanalyse: phénoménologie de l'existant*.

2
Uma estética da psicoterapia

A criação de si, a criação artística de um si mesmo é, certamente, a primeira criação de um indivíduo, e as criações posteriores não só tenderão a se referir a esse protótipo, como também buscarão repeti-lo de modos variados, como analogias e metáforas dessa criação primal. Como psicoterapeuta, o que me importa é restaurar a capacidade criativa do indivíduo, ou seja, a capacidade de criar sua vida como se estivesse criando uma obra de arte, mais do que criar um sintoma ou um sofrimento. Voltemos às fontes da Gestalt-terapia. Paul Goodman, tendo sido encarregado por F. Perls de criar um manuscrito sucinto que desenvolvesse os pontos abordados em *Ego, fome e agressão*, deixou sua marca bem impressa nas idéias de Perls ao se apoiar em seu conhecimento da obra de Freud, mas também na de Otto Rank. Assim, para elaborar o que depois se tornaria "a teoria do *self*" gestaltista, especialmente em sua função "de ajustamento criativo", Goodman apoiou-se em *Art and artist* [*Arte e artista*], de Rank, que continua a ser, ainda hoje, uma obra de referência na abordagem psicanalítica da criação.

Segundo Otto Rank, o neurótico é um criador que fracassou. A criação bem-sucedida completa uma "situação inacabada", enquanto o neurótico cria o sintoma para completar uma situação. O pleno desdobramento do *self*, tal como concebido pelos Gestalt-terapeutas, é uma dinâmica do ajustamento criador. Falar de ajustamento criativo é dizer que não podemos nos limitar ao ajustamento, à adaptação, a uma submissão aos limites do ambiente. O qualificativo de "criador" – qualificativo e polaridade – abre a possibilidade de transformação do ambiente, de escolha e de inovação. A criação está assim enraizada, contextualizada pelo ambiente. A neurose constitui um excesso de ajustamento, um excesso de adaptação; a psicose constitui um excesso de criação.

Entramos aqui na problemática da formação: formação do sintoma e formação da obra. O que faz que "o *id*" assuma a forma de um sintoma ou de uma criação? O que, na relação terapêutica, possibilitará a passagem dessa formação, dessa criação de fracasso que é o sintoma, para uma criação bem-sucedida? Certamente, trata-se também aqui de formação, mas dessa vez da formação do psicoterapeuta. Se na neurose ou na psicose o indivíduo manipula a si mesmo, e também manipula seu ambiente de modo que esse se conforme a seu jogo e até mesmo o confirme (o que levou Rank a dizer que o neurótico não passa de um imitador do artista), na psicoterapia, é o psicoterapeuta que constitui o ambiente "privilegiado" do paciente. O psicoterapeuta é, portanto, incessantemente remetido à sua capacidade de autonomia e à sua própria necessidade de ser percebido, reconhecido, e até mesmo moldado, e criado pelo outro. Idealmente, o psicoterapeuta seria de início alguém que não tivesse necessidade de que o outro o criasse, menos ainda que o destruísse. Ao contrário de seu paciente, o terapeuta seria uma Gestalt clara, ao mesmo tempo forte e flexível, que não estaria em busca, pelo menos nessa experiência, de sua realização. (Aqui, é a função personalidade do *self* do terapeuta que é seriamente confrontada.)

Isso porque o ato terapêutico é, fundamentalmente, um ato plástico. Baseando-se na elucidação daquilo que impede a criação da "boa forma", isto é, da melhor configuração do campo organismo/ambiente, o ato terapêutico abre a possibilidade da realização de uma Gestalt forte, isto é, de uma figura clara e sadia, que extraiu sua energia e baseou seu caráter excitante nos recursos de um fundo construído com a experiência do indivíduo articulada às características do ambiente.

Em outras palavras, essa figura forte, essa criação extraiu sua energia e baseou sua excitação no contexto da *awareness* do momento.

A obra, o ato plástico do terapeuta, consiste, portanto, essencialmente em fazer surgir outros materiais a partir do fundo para que uma figura forte e o sentido surjam e sejam construídos. A ferramenta de trabalho do terapeuta é a *awareness*. Mas quando falamos de *awareness* e de sentido, é importante não confundi-los com aquilo que poderíamos denominar "*awareness* parciais", tomadas de consciência fragmentadas ("agora estou consciente de uma tensão em minha nuca, agora estou consciente de minha respiração rápida e pouco profunda..."), com a verdadeira *awareness* terapêutica que estrutura a experiência, que estrutura em uma Gestalt completa e clara aquilo que se encontra presente. É com uma sensibilidade muito viva em relação ao "fundo", com uma capacidade para perceber os materiais latentes, as necessidades e desejos, e na habilidade para fazê-los emergir e organizar-se em uma "figura", que a qualidade "estética" do psicoterapeuta será exercida ao encontro do processo de organização da experiência do próprio paciente, isto é, de sua própria ação de "formação" de uma Gestalt.

Não desejo retomar aqui as diferentes funções do *self*, nem aquilo que denominamos o ciclo do contato, o ciclo da experiência, nem ainda o processo da construção e destruição de uma Gestalt, ou seja, da figura de contato. Desejo citar Goodman, autor de algumas linhas que revelam o que ele chamou de "atualização do *self*", e que nós também poderíamos chamar de "organização plástica do contato organismo/ambiente". Essa descrição resume o ato plástico no qual o psicoterapeuta é levado a associar-se no espaço da relação terapêutica.

O SELF DESDOBRADO   *41*

"As condições de atualização do *self* são as seguintes:

▮ O *self* seleciona a realidade para encontrar sua própria realidade; ele se identifica com aquilo que ativa ou mobiliza o fundo, e descarta o resto.

▮ Ele se dirige à realidade do ambiente e a transforma, de modo que nenhuma preocupação pertinente permaneça imutável no ambiente.

▮ Ele aceita e completa as situações inacabadas dominantes do organismo de modo que não reste mais nenhum desejo na tomada de consciência do corpo.

▮ Durante o processo, ele não é apenas o artesão ativo da solução, nem de seu produto passivo, mas adota progressivamente uma "voz média" para crescer na direção de uma solução."

(Lembremo-nos de que a "voz média" da qual Goodman fala, referindo-se à gramática do grego antigo, representa um modo diferente da voz ativa, "eu olho", e da voz passiva, "eu sou olhado", o modo "médio" corresponde a uma ação que o sujeito faz por si, ator e beneficiário. Por exemplo, "vestir-se" seria, em grego, um verbo de voz média.)

É na fase dita de "contato final" que o *self* é plena e imediatamente engajado na figura que ele descobriu e inventou. Mas será essa descoberta, essa novidade que ocorre a cada vez que se evoca o *self*, compatível com o que é o organismo nesse dado momento? Caso contrário, pode acontecer uma nova introjeção; caso afirmativo, podemos falar de adaptação criadora. Portanto, depende do momento.

O ato do terapeuta é certamente um ato plástico, mas também ato "musical", pois é também em uma estética do momento que vai se desenrolar o ato terapêutico.

Esse momento fecundo, essa ocasião, o *kairos*, é o momento exato, pertinente ao presente, ao qual o psicoterapeuta se ajusta. "Existem inúmeros modos de cair de lado", disse Aristóteles, "mas há apenas um único modo de cair com exatidão". Esse momento exato, esse *kairos*, é, citando Jankelévitch, "o ponto em que coincidem os momentos privilegiados de duas cronologias distintas. A ocasião é portanto uma simultaneidade". Aqui está a manifestação da medida, no sentido musical do termo, do ritmo, da respiração, da poética do verbal e também do não-verbal, do fraseado do Teu, a mão direita, e do Meu, a mão esquerda, diante de um mesmo teclado. É uma adaptação do andamento por causalidade recíproca, a causa transforma-se em efeito, e o efeito em causa, vai-e-vem entre a criação e a contra-expressão, um Eu-Tu no qual as durações plurais, durante um instante, interferem e confluem.

Esse instante efêmero, como a música, deve ser recriado incessantemente; como o próprio processo de ajustamento criador, deve ser incessantemente refeito, pois o fluxo nunca é o mesmo, no mesmo lugar.

Combinatória de uma plástica da existência e de uma pertinência musical do instante, o ato terapêutico é uma dança, a dança fantástica de personagens que se extraem de uma tela para animar-se no primeiro plano e aí construir alguma figura antes de se dissolver e se reintegrar ao fundo, alimentando-o. O ato terapêutico situa-se nesse paradoxo: ato criador porque, fadado à destruição, origina a assimilação e a mudança. A Gestalt destruída, assimilada, transformar-se-á em contexto, plano de fundo, não sem haver operado uma nova organização do fundo, a tela sobre a qual e pela qual uma nova figura poderá emergir posteriormente. "A assimilação da novidade que se produz no momento presente", escreveu Goodman, "servirá para a descoberta da solução futura." Assim, Goodman se une a Rank, quando este mostra que, se o artista cria sua arte, ao mesmo tempo ele se serve da arte para criar.

O modelo do funcionamento saudável para a Gestalt-terapia é a "boa" formação de uma Gestalt forte, no instante correto. Nessa perspectiva, a habilidade do terapeuta interferirá bastante no processo do paciente. Também para o terapeuta, trata-se ao mesmo tempo de criar sua arte e de servir-se da arte para criar. O que está descrito aqui pode ser chamado de o problema da contextualização de nossos recursos e de nossas técnicas: para que nossa técnica se transforme em arte, é necessário que a incluamos em uma perspectiva artística. Uma base estética para nossas intervenções requer que nossa tecnicidade seja articulada com ordens superiores, um registro estético de nossos próprios processos, para não falar de "preconceitos".

Assim, a psicoterapia não pode existir sem premissas nem preconceitos, pois, de um modo ou de outro, ela parte do princípio de que alguma coisa pode ou deve ser diferente do que é. A psicologia pode ser descritiva e explicativa. A psicoterapia preocupa-se com a mudança; o campo da relação terapêutica será, portanto, o campo do desdobramento de uma estética da mudança.

Nossas ações, nossas intervenções terapêuticas, nossas "criações", portanto, certamente serão específicas e originais. Cada um de nós cria "sua" arte no campo da Gestalt-terapia. Mas certamente comum é essa referência a um mesmo contexto: a arte da qual o artista se serve para criar sua arte. É em sua qualidade de contexto comum que desejo evocar essa possível estética da mudança, não em suas emergências figurativas singulares.

Houve inicialmente o "Conhece-te a ti mesmo" socrático, uma estética da consciência que abriu caminho mais ao ajustamento do que à criação, mas que continua sendo o fundamento de toda cura. Em seguida, houve o "Torna-te quem tu és", caro a Nietzsche e muitos outros, entre eles aos Gestalt-terapeutas, como demonstrou Beisser em sua obra *The paradoxal theory of change* [*Teoria paradoxal da mudança*]. Esse "torna-te quem tu és" apóia-se, certamente, em um "conhece-te a ti mesmo" anterior, mas pode incluir os limites do egotismo, de um egotismo anômico, associal, amoral. A função do *self* não se limita a aceitar as possibilidades presentes, ela as identifica e as descarta, isto é, diz "sim" ou "não", para poder constituir uma nova figura. Essa consciência crítica e ecológica que, portanto, pressupõe as etapas anteriores de "conhece-te a ti mesmo" e "torna-te quem tu és", abre a possibilidade de restauração das capacidades de escolha, a possibilidade do funcionamento pleno do ego. Esse funcionamento poderia ser representado pela frase: "Decide por ti mesmo", "Define-te a ti mesmo", "Escolhe!" Pois, para um funcionamento pleno de um Eu, é preciso que exista um Tu, um Tu identificado e respeitado como tal, um Tu necessariamente presente em uma estética da mudança, ou, mais amplamente, em uma estética da existência.

3
A natureza humana –
Declinações do paradigma na Gestalt-terapia

Cada escola de psicoterapia tem uma concepção explícita ou, mais freqüentemente, implícita da natureza humana. Suas hipóteses a respeito das disfunções estão diretamente ligadas a essas premissas, pois enfatizam tal ou qual impulso, tal ou qual comportamento que não podem se manifestar em condições ótimas, e que a clínica ou a psicoterapia buscarão restaurar.

Quando falam da "natureza humana", os autores da teoria da Gestalt-terapia se referem ao "organismo humano animal", isto é, eles consideram que a natureza humana procede tanto de fatores fisiológicos e animais como de fatores culturais e sociais.

A animalidade designa a espécie particular de ser vivo, e a humanidade, a espécie particular de animal a que pertencemos. Existe uma forma de biologia, em diversos aspectos bastante mecanicista, que não pode dar conta do humano animal de forma que possa nos interessar. Existe uma outra forma de biologia contemporânea que também se interessa por esse paradigma sem reduzir o homem a uma máquina biológica e que enfatiza a individualidade, a "verdadeira assinatura molecular que faz que cada um seja único mesmo dentro da uniformidade da espécie" (Vincent, 1990, p. 163, nota 24; citado por Roustang, 1990, p. 9). Não se trata de efetuar uma redução do homem ao animal, mas de recordar a condição primordial; trata-se de utilizar o humano como paradigma para o humano.

46   JEAN-MARIE ROBINE

O *Homo Natura* esteve presente na epistemologia freudiana, o que não desagrada aos que lamentam a redução posteriormente operada ao psiquismo, mais exatamente ao inconsciente, e ainda mais precisamente no que diz respeito aos instintos como equivalentes ao "organismo". Foi, além disso, objeto de uma série de críticas feitas por Binswanger (1970) em 1936 com relação a Freud. O *Homo Natura* de Freud não é o homem real, mas sua redução à corporeidade e ao instintivo. E Binswanger escreveu, citando o próprio Freud: "O elemento mais importante e também mais obscuro da pesquisa psicológica refere-se às 'pulsões do organismo'", em oposição ao que ele denominou "a jovem direção da pesquisa antropológica em psiquiatria" que "não deseja encerrar o homem nem nas categorias biológico-naturalistas, nem nas categorias provenientes das ciências do espírito, mas que deseja compreender o homem a partir de seu *ser* mais íntimo – humano, precisamente – e descrever as *direções* fundamentais, originais, desse ser" (ibidem, p. 187).

Assim, Binswanger seguiu a mudança fundamental de atitude iniciada por Heidegger, além da oposição corpo/psique, biológico/cultural, eu/mundo exterior, consciente/inconsciente que Perls e Goodman postularam desde as primeiras páginas de *Gestalt-terapia*. Reduzir o homem unicamente a seu psiquismo ou a seus instintos rompe a unidade de seu ser. Se, em determinados momentos, é possível abordá-lo por meio de algumas "abstrações" (*abstraídas* da globalidade da experiência ou do ser), tais como corpo, motricidade, fisiologia, criação, emoção, consciência ou pensamento, essas precisarão ser re-inseridas na globalidade do organismo-humano-animal (com os hífens marcando o caráter indissociável dessas três palavras). Isso pressupõe que o organismo "é completamente humano em sua animalidade e animal em sua humanidade", ou ainda que "se a animalidade deve ser humanizada, o humano deve ser previamente animalizado" (Roustang, 1990, p. 13).

P. Goodman (1972, p. 39) relata em seu último livro como, ao escrever *Gestalt-terapia*, ele tinha em mente um animal que se desloca, que vê novas cenas a cada momento, que encontra novos problemas a serem confrontados e que permanentemente tem que realizar ajustamentos criadores: ele seleciona, inicia, inventa de modo a se apropriar da novidade do ambiente, descartando aquilo que poderia destruir a homeostase.

De fato, para Goodman, a natureza é uma força poderosa e auto-regulada, e o que ele chama de "sabedoria ecológica" consiste em cooperar com essa natureza, em vez de querer dominá-la, sem se abstrair de seus fluxos e instintos – o que faria que o Homem (organismo-humano-animal) corresse o risco de uma ruptura neurótica, tanto por sua presença a si mesmo quanto por sua presença no mundo. Coloca-se então a questão de saber se a auto-regulação "natural" refere-se à idéia de uma natureza fundamentalmente "boa", semelhante às idéias de Rousseau. Certamente que não: "Os teóricos exageraram em querer demonstrar que os *instintos* latentes são 'bons' e 'sociais'; esforçaram-se demais para ficar do lado dos anjos [...] O homem não tende a ser bom. Mas o bem é o objetivo em direção ao qual é humano tender" (Perls; Hefferline; Goodman, 1951, II, VIII, 2).

O CAMPO ORGANISMO/AMBIENTE

A definição de um animal implica seu ambiente: não faz sentido definir um homem que respira sem fazer referência ao ar, um homem que caminha sem fazer referência à gravidade e ao solo, alguém irascível sem referência aos obstáculos que encontra, e assim por diante para cada função animal. A definição de um organismo é a definição de um campo organismo/ambiente. (ibidem, II, III, 4)

É a partir desse caráter indissociável do campo que a teoria e o método psicoterapêutico deverão ser pensados ou repensados.

> A diferenciação do indivíduo no campo organismo/ambiente já é um desenvolvimento tardio. As relações sociais, como a dependência, a comunicação, a imitação, o amor-objetal, existem de maneira original em qualquer campo humano, muito antes de nos de reconhecermos como pessoas idiossincráticas ou de identificarmos os outros como constituindo a sociedade. (ibidem, II, VII, 1)

As disfunções, a psicopatologia, com as quais todos os terapeutas se defrontam, são a expressão das diferentes formas de alteração dessa unicidade do campo. Não se trata, de modo algum, de recusar a necessidade ou a importância da separação e da individuação, mas também não se trata de abordar essa unidade do campo em um sincretismo redutor. Trata-se de considerar os fenômenos que se desenrolam no campo organismo/ambiente como fundamentais e paradigmáticos.

O ambiente em questão não é um mundo de contornos indefinidos: não é O mundo, é o MEU mundo. Goodman criou e usou algumas vezes o termo *nicho ecológico*, que remete a esse universo particular. Do mesmo modo, por diversas vezes ele se referiu a Aristóteles, para quem o objeto da visão é definido pelo campo de visão; nenhum sentido, nenhum espírito pode abarcar a globalidade do mundo nem a ínfima parte do mundo – certamente, mutável – que experimentamos em um dado local e em um dado momento e representa o que designamos por campo organismo/ambiente, se aproximando assim tanto da abordagem da teoria da Gestalt com o da fenomenologia.

A AUTO-REGULAÇÃO

Se a natureza humana é, em princípio, definida pelo campo organismo/ambiente, o *contato* entre o organismo e o ambiente torna-se "a realidade mais simples e primeira" (ibidem, II, I, 1). Não existe uma única função do animal que não implique um contato com o objeto ou o ambiente, mesmo que apenas para garantir a sobrevivência: respirar, mexer-se, alimentar-se, abrigar-se, reproduzir-se... A teoria da natureza humana animal contém então a ordem de auto-regulação "sadia" do organismo. Se o campo não for perturbado, por exemplo, por fatores socioculturais, ou digamos simplesmente, se nada exterior ao campo vier perturbar o processo de contato em curso, a interação organismo/ambiente se desenrolará a partir de e em benefício da autoregulação do organismo.

Durante uma sessão de psicoterapia de grupo, Paul, médico, 40 anos, explora a cisão entre suas relações de submissão e de veneração e as de domínio e de rejeição. No desenvolvimento de nossa interação, ele toma a iniciativa de se deitar de bruços diante de mim, que estou sentado em minha poltrona. Nossa interação se desenrola assim durante uns quinze minutos, e depois vem um silêncio.

JMR – O que está presente para você agora?

Paul – Sinto alguma coisa acontecendo nas minhas costas.

JMR – Com que se parece essa coisa?

Paul – Como se alguns músculos de minhas costas estivessem começando a se ativar, a se encher de energia...

JMR – Quais músculos?

Paul – Os que tornariam possível que eu me endireitasse. (Silêncio, imobilidade)

JMR (Depois de algum tempo) – Vejo que você não se endireita. O que está acontecendo?

Paul – Os músculos que me prendem ao chão e impedem que eu me endireite ainda estão mais energizados, mais poderosos que os outros.

(Silêncio, imobilidade)

Depois de algum tempo, Paul endireita o peito e se levanta sobre seus antebraços, tira do bolso da camisa um maço de cigarros que ele havia achatado com o peito, coloca-o a seu lado, e se deita novamente de bruços sobre o chão.

(Silêncio, imobilidade)

JMR – O que está acontecendo?

Paul – Tirei os cigarros do meu bolso porque estavam começando a me incomodar!

JMR – Me fale mais um pouco disso...

Paul – Não, não, isso não tem nada a ver com nosso assunto...

JMR – Não estou nem um pouco certo disso...

De fato, eu não estava convencido, pois me parecia ver ali duas formas antagônicas de auto-regulação: uma "neurótica", que aplastra Paul contra o chão em conformidade com sua repetição da experiência de submissão ao ponto em que essa submissão-veneração se tornaram uma segunda natureza, uma "fisiologia secundária" retomando um conceito da Gestalt-terapia; e a outra, sã e espontânea, ajustada à situação e que permitia ao organismo afastar o obstáculo que perturbava sua homeostase.

A maioria das funções "animais" de auto-regulação se dá no interior da pele, de forma protegida e inconsciente: a auto-regulação orgânica é uma função do ajustamento de natureza conservadora. Trata-se da fisiologia. No sistema de abstrações que é o nosso, a fisiologia designa, dentro dessa totalidade, o sistema de auto-regulação conservadora que opera para assimilar os "objetos" de contato provenientes do ambiente. A psicologia designará o estudo dos contatos que se desenrolam na fronteira organismo/ambiente, ou seja, dos ajustamentos fisiológicos em relação com aquilo que é não-fisiológico.

É por esse motivo, como veremos mais adiante, que, "num certo sentido, o *self* nada mais é do que uma função da fisiologia; em outro sentido, não faz em absoluto parte do organismo, mas é uma função do campo, é a maneira como o campo inclui o organismo" (ibidem, II, XII, 1).

O CONTATO

As funções fisiológicas do organismo humano animal realizam-se no interior do organismo, mas elas não podem ficar por muito tempo sem assimilar alguma coisa proveniente do ambiente e sem se desenvolver. Para assimilar algo do ambiente, o organismo deve contatá-lo, isto é, "ir para" e "pegar". O fisiológico poderá tornar-se psicológico, as funções conservadoras poderão tornar-se contato. A auto-regulação conservadora requer do organismo contato permanente (por exemplo, através da respiração) ou episódico (por exemplo, pela alimentação) com o ambiente. Essas funções de contato são, portanto, indispensáveis para garantir a autopreservação, a sobrevivência. O animal come para sobreviver e a *conseqüência* dessa sobrevivência é o crescimento: crescimento durante o período de constituição do organismo adulto, em seguida regeneração, renovação das células etc. O animal, não perturbado pelo homem, come aquilo de que precisa e não mais do que isso. O que aconteceu com essa auto-regulação no homem?

Ao contrário de um uso difundido do conceito, especialmente por parte dos psicoterapeutas, o contato pressupõe um objeto exterior, um não-eu; são necessários "dois". Portanto, não é pertinente falar de "contato consigo mesmo" para designar, de fato, uma experiência que se nomeia simplesmente de consciência.

Uma outra confusão, contudo, é igualmente difundida: a ausência de distinção entre contato e relação. Quando falamos de contato, a referência a "relações diretas entre pessoas, entre grupos de pessoas" não intervém senão no uso "figurado".[1] Como "realidade mais simples e primeira" (ibidem, II, I, 1), o contato *ainda* não designa relações. A temática do contato está aquém do objeto, aquém do outro. O contato ainda não designa um investimento em um objeto ou no outro, mas designa um esquema sensório-motor, modos de sentir e de mover, de "ir para" e "pegar".[2]

Certamente, o contato, ou o *ato de contatar*, está operando na criação da relação e do vínculo, mas, em nosso contexto, empregamos esse termo em sua acepção técnica.

O contato é a experiência, o funcionamento da fronteira entre o organismo e o ambiente. "O contato é *awareness* do campo ou resposta motora no campo [...] É *awareness* da novidade assimilável e comportamento com relação a esta; e rejeição da novidade inassimilável [...] *Todo contato é ajustamento criativo do organismo e ambiente*" (ibidem, II, I, 3-4).

É também por meio do contato que o organismo estabelece e mantém sua diferença; ainda mais, é ao assimilar o ambiente que ele alimenta sua diferença. Retomando mais uma vez os termos de Aristóteles, Goodman demonstra como, pelo contato e pela assimilação, o "dessemelhante pode se tornar semelhante" (ibidem), isto é, o "não-eu" transformando-se em "eu" por meio de diversos modos de internalização, torna-se em seguida "eu", um eu diferente do eu anterior, certamente, mas também diferenciado do ambiente que continua a ser o dessemelhante e a novidade.

O AJUSTAMENTO CRIATIVO

O *ajustamento* é o processo que leva as necessidades do organismo e os estímulos do ambiente a interagir. A necessidade do organismo busca um objeto, busca uma resposta do ambiente. Os estímulos do ambiente são percebidos por intermédio da capacidade de resposta do organismo. Nessa perspectiva, a necessidade e o instinto devem ser colocados *imediatamente* em perspectiva com o objeto. O instinto e o objeto são indissociáveis, enquanto para Freud o importante no instinto é a satisfação; o objeto é contingente.

A criação está ligada à novidade: é a descoberta de uma nova solução, a criação de uma nova configuração, de uma nova integração a partir dos dados presentes.

Ajustamento e criação aparecem como dois pólos complementares de um mesmo processo: cada um deles é necessário ao outro para que se mantenha um equilíbrio saudável e dinâmico. O ajustamento sozinho não integra nenhuma novidade do campo e prende o organismo na repetição neurótica; a criação sem ajustamento não tem nenhuma raiz no "real" e pode corresponder a uma cisão psicótica. O ajustamento garante a dimensão do real e da adaptação, a criação abre para a dimensão da fantasia e para a ampliação de possibilidades. Ao contrário do animal, o animal humano pode criar confrontos para provocar seu crescimento. No ponto em que o animal se restringirá ao ajustamento, o homem poderá criar problemas para desencadear seu próprio desenvolvimento. Essa criatividade pode até mesmo aparentar gratuidade.

Por meio do ajustamento, o indivíduo é transformado pelo ambiente, ou se transforma a partir do contato com ele. Ao acrescentar o adjetivo "criativo", Perls e Goodman explicitam que na mesma operação o homem é criador do mundo, ele transforma o mundo. Transformado e transformados. Modo médio.

O ajustamento criativo e sua restauração podem ser considerados conceitos centrais na psicoterapia da Gestalt, pois constituem a finalidade e, ao mesmo tempo, o meio privilegiado. Teremos ampla ocasião de desenvolver esse tema no decorrer das próximas páginas.

A DOMINÂNCIA

Para que um contato se desdobre, é necessário que uma figura se destaque do fundo organismo/ambiente. Essa figura constitui a dominância – momentânea – do campo e extrairá seus poderes de energização tanto da necessidade quanto da energia do organismo, e também das possibilidades e dos recursos do ambiente. Essa figura extraída de um fundo é aquilo que chamamos de Gestalt.

Vamos abrir parênteses para evocar a etimologia dessa palavra. Segundo Steinkopff (1979), essa palavra alemã vem do antigo *"stal"* indo-germânico, que designa um lugar, um ponto de destaque em uma paisagem. Todavia, encontramos o equivalente em grego antigo: *sthlh* (*stêlè*), que designa em francês a mesma coisa: uma *stèle*, um obelisco, isto é, uma pedra que carrega um certo sentido, mas que tem esse sentido em um determinado contexto.

Nos escritos dos psicólogos e dos teóricos da Gestalt da primeira metade do século XX, existe certa ambigüidade no uso desse conceito: eles o designam tanto como uma figura, organizada e estruturada como um todo, quanto como uma figura *em relação* a um fundo. Essa dupla perspectiva é, na verdade, fundamental. A figura dominante emerge de um fundo, mas possui em si mesma um determinado número de propriedades estruturais observáveis (propriedades que, no entanto, estão fortemente ligadas às características do fundo). Assim, a dominância que se constitui no campo não pode ser considerada independente de seu contexto. Se considerarmos a relação figura/fundo, poderemos dizer que o mais importante, pelo menos para o psicoterapeuta, não é a figura emergente, nem o fundo (quer o consideremos estruturado ou não[3]), mas a "/", a relação entre ambos. E, portanto, os fatores que levaram à elaboração dessa dominância.

Essa dominância está imediatamente ligada à auto-regulação do organismo e nos remete à célebre pirâmide das necessidades de Maslow. De fato, a dominância é o efeito de uma hierarquia e nessa hierarquização intervêm fatores animais, físicos, socioculturais, tanto em um registro saudável quanto no registro da doença. Essa dominância é "a tendência de uma tensão forte a sobressair-se proeminentemente e a organizar a *awareness* e o comportamento" (Perls; Hefferline; Goodman, 1951, II, IV, 1), é a situação inacabada que mais pressiona, as necessidades ligadas à "sabedoria do organismo" (ibidem, II, IV, 2).

Para "concluir" essa rápida evocação da natureza-humana-animal do modo como é colocada como premissa pela Gestalt-terapia, direi que essas características podem certamente provocar polêmicas. Se algumas delas foram clara e cientificamente evidenciadas e demonstradas por diversos trabalhos experimentais ou epistemológicos, alguns desses realizados muito depois da publicação de *Gestalt-terapia*, outras podem ser igualmente consideradas dependentes de fé. Mas, afinal de contas, toda postura, qualquer que seja, baseia-se em fé. O importante é saber distinguir o que provém da "convicção íntima" e, portanto, da crença, daquilo que provém da observação dos fenômenos, como nos convida a fazer a postura fenomenológica.

Em qual dessas categorias vocês situariam, por exemplo, o importante conceito de inconsciente?

NOTAS

1 Cf. *Grand Larousse de la langue française*, t. 1, p. 939.

2 Ver, a esse respeito, o capítulo 4, "O contato, experiência primeira", a seguir.

3 Remeto aqui à obra de G. Wheeler (1991), que considera que teríamos todo interesse em nos voltarmos para a "estrutura do fundo". Não compartilho esse ponto de vista, pois creio que a estrutura do fundo só pode ser conhecida por inferência, o que nos afastaria da postura fenomenológica. A menos que não se distinguisse entre o "fundo" e o "pano de fundo", conceitos às vezes utilizados como sinônimos, como eu mesmo fiz anteriormente.

4
O contato,
experiência primeira

Desde *Ego, fome e agressão*, Perls (1978a)[1] introduziu em sua teoria o conceito de "contato". Se Goodman abre a segunda parte de *Gestalt-terapia* com esse conceito, afirmando que "o contato é a realidade mais simples e primeira",[2] parece-me que a própria simplicidade dessa idéia esteja na origem de múltiplos desdobramentos e confusões, embora ela esteja no cerne da teoria da Gestalt-terapia.

DEFINIÇÕES

Quando se fala de "contato", a referência a "relações diretas entre pessoas ou grupos de pessoas"[3] intervém apenas em sentido "figurado". Como "realidade mais simples e primeira", o contato *ainda não* designa as relações, nem mesmo as relações que freqüentemente designamos sob o termo "relações objetais", e menos ainda o Eu–Tu e a relação dialógica.

Sabemos que as teorizações dos clínicos da "relação objetal", tais como as do existencialismo de Buber (1992), exercem todo tipo de fascínio sobre os Gestalt-terapeutas, que encontram aí modalidades de engajamento da problemática do contato desenvolvidas, teorizadas, colocadas em metapsicologia ou em filosofia; mas a temática do contato está aquém do objeto, aquém do outro, aquém do Eros. O contato não designa aquilo que poderíamos chamar de esquema sensório-motor, modos de sentir e de se mover, de "ir para" e "pegar" ou, para retomar outros termos gestálticos, um processo de orientação-manipulação.

Quando falamos de "contato" ou de "entrar em contato" com objetos, evocamos ao mesmo tempo tanto a *awareness* sensorial como o comportamento motor. É provável que nos organismos primitivos a *awareness* e a reação motora sejam a mesma ação; e mesmo em organismos mais evoluídos nos quais há contato satisfatório, não é muito difícil ver a cooperação entre sentidos e movimento (e também os sentimentos). (Perls; Hefferline; Goodman, 1951, II, 1, 1)

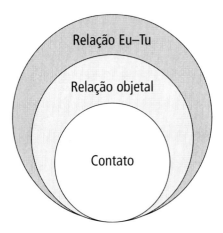

Certamente, o contato opera na gênese do vínculo, da relação objetal, do mesmo modo como a relação objetal opera na gênese do Eu–Tu. De modo inverso, uma perturbação observada na relação dialógica será a projeção geométrica de uma doença da relação objetal, expressão das doenças de contato. A Gestalt-terapia, ao contrário do que se pensa habitualmente, centrando-se no "contato" e no "contatar", aborda o tema em uma direção fundamental e original, em um registro extremamente primitivo e arcaico, que se refere aos primeiros movimentos, aos primeiros "impulsos instintivos" no campo organismo-ambiente.

Não há dúvida de que, ao introduzir o contato no corpo teórico da Gestalt-terapia, Perls manifestou a influência da Escola Húngara de Psicanálise, especialmente a de Imre Hermann – segundo penso, aquele que usou esse conceito pela primeira vez.[4] Sabemos que os membros da Escola de Budapeste (Ferenczi, Geza Roheim, Balint, Spitz, Margaret Mahler, Melanie Klein, para citar apenas os mais conhecidos) manifestaram um interesse marcante por uma das direções de trabalho que Freud abandonara a meio caminho: a relação com o ambiente; e que, além disso, também orientaram suas investigações para formas de organização mais precoces do que aquelas que haviam chamado a atenção de Freud (o pré-edípico, pré-genital etc.).

Balint, por exemplo, retomou os movimentos fundamentais, descritos por Hermann, de "ir para" e de "pegar", criando dois tipos opostos: o filobata e o ocnófilo. O tipo ocnófilo designa aquele que gosta de agarrar-se. Pouco importa ao quê, não é "o objeto" o que importa; aqui de novo se trata do esquema sensório-motor, na verdade mais sensorial do que motor. Aqueles que estão familiarizados com a obra de Perls (1978a) não resistirão a justapor essa noção à de "*hanging-on-bite*", para a qual os tradutores encontraram com maior ou menor acerto a expressão "*mordida-grampo*". Mais uma vez encontraremos aqui mecanismos muito primitivos, constitutivos, entre outros, daquilo que se elaborará em termos de "confluência".

O filobatismo de Balint designa em especial o investimento do movimento, da dimensão motora do esquema sensóriomotor do contato. Ele poderia indicar uma perturbação do processo de contato sob a forma de excitação motora cronificada, sem que nenhum objeto esteja particularmente investido.

Szondi (1972, p. 144ss), também ligado à Escola Húngara, abordou posteriormente em suas pesquisas sobre o "vetor *C*" ("*C*" de "ciclo" e de "contato") quatro tendências fundamentais do contato: pegar, reter, buscar, romper.[5]

Maldiney, por sua vez, retomou a etimologia latina (*continge-*

O SELF DESDOBRADO   59

re) para lembrar que a palavra contato indica "primeiramente, o estado de dois corpos que se tocam, que estão em contigüidade; em segundo lugar, toda espécie de relação, de relacionamento entre pessoas, conotadas pela preposição 'com' que marca o intercâmbio, a comunicação, o encontro". E prossegue (itálicos meus): "Todavia, o segundo sentido não deriva do primeiro. Se houve passagem de um ao outro, essa transposição histórica é um *fenômeno de superfície cuja possibilidade baseia-se na articulação de uma experiência subjacente*" (Schotte, 1990, p. 177ss).

> A experiência é essencialmente contato, o funcionar da fronteira entre o organismo e seu ambiente e 2) toda função humana é um interagir num campo organismo/ambiente, sociocultural, animal e físico [...] O contato é *awareness* do campo ou resposta motora no campo [...] É por isso que contatar, o funcionar da mera fronteira do organismo, pode aspirar, não obstante, a dizer o que é a realidade, algo mais do que o estímulo ou a passividade do organismo [...] Entendamos contatar, *awareness* e resposta motora no sentido mais amplo, incluindo apetite e rejeição, aproximar e evitar, perceber, sentir, manipular, avaliar, comunicar, lutar etc. – todo tipo de relação viva que se dê na fronteira, na interação entre o organismo e o ambiente [...] Primordialmente, o contato é *awareness* da novidade assimilável e comportamento com relação a esta; e rejeição da novidade inassimilável [...] *Todo contato é ajustamento criativo do organismo e ambiente.* (Perls; Hefferline; Goodman, 1951, II, 1, 3-4)

Aqui, suspeitamos também de uma outra influência, jamais mencionada nem reconhecida, a de Victor Von Weizsäcker (1958), que lançou, por volta de 1939, *Der Gestaltkreis*, publicado em francês com o título *Le cycle de la structure* [*O ciclo da estrutura*].[6] Essa importante obra marcou bastante a filosofia e a psicologia alemãs da época. Para Weizsäcker (1958, p. 179), o movimento é o princípio da forma. "Do ponto de vista espacial, a forma é o local de encontro entre o organismo e o meio exterior; do ponto de vista temporal, a forma deve ser considerada como uma gênese do presente em todo momento dado." Não existe constância da forma, apenas transformações incessantes que constituem a geração de formas pelas formas. Weizsäcker prefigura assim as críticas mais contemporâneas de algumas teses da psicologia da Gestalt, particularmente por parte dos filósofos e cientistas que retomam a teoria do campo.[7] Henry Ey, em seu prefácio à edição francesa de *Getaltkreis*, insiste:

> É sempre a junção do movimento e da percepção que se dá e se constitui como sentido da estrutura, sua coerência é o que constitui a unidade provisória que um indivíduo forma com seu meio, e que garante a consistência de sua "apresentação", a plenitude de sua inserção no presente [...] Assim, a percepção é como um índice de nossa possibilidade de mudar. Mas ela é também, como uma outra face dessa liberdade, a necessidade de voltar-se para si mesmo, criando a constância história de si mesmo. (p. 11)

Escreveu Paul Goodman:

> *Contato* [...] *é a formação de uma figura de interesse contra um fundo ou contexto do o campo do organismo/ambiente* [...] O processo de formação de figura-fundo é um processo dinâmico no qual as urgências e recursos do campo progressivamente emprestam suas forças ao interesse, brilho e potência da figura dominante [...] O fato de a Gestalt ter propriedades psicológicas observáveis específicas é de importância capital em psicoterapia, pois fornece um *critério autônomo da profundidade e realidade da experiência.* Não se faz necessário ter teorias sobre o "comportamento normal" ou o "ajustamento à realidade", a não ser para fazer explorações. Quando a figura é opaca, confusa, desprovida de graça e energia (uma "Gestalt fraca"), podemos estar certos de que há falta de contato, algo do ambiente não está sendo levado em conta, alguma necessidade orgânica vital não está sendo expressa; a pessoa não está "toda aí", isto é, seu campo total não pode emprestar sua urgência e recursos para a formação de uma figura forte. (Perls; Hefferline; Goodman, 1951, II, 1, 6)

O PROCESSO DE CONTATO COMO FORMAÇÃO DE FORMAS, E SUAS INTERRUPÇÕES

A formação (e a destruição) de uma figura nesse lugar de experiência que denominamos "fronteira de contato" é a que se refere esse termo tão técnico da Gestalt-terapia: o contato, ou mais precisamente o "contatar". "Realidade mais simples e primeira", certamente, mas de apreensão bastante complexa, pois designa o processo de ajustamento criador do organismo e do ambiente. Esse processo de ajustamento criativo – ao mesmo tempo que catalisador das funções estabelecidas nesse contato, construção/ destruição de formas – é o *self*, processo e estrutura.

O *self*, tal como definido pela Gestalt-terapia, manifesta-se por meio de funções que são indissociáveis, a não ser por razões de ordem retórica, umas podendo ser privilegiadas em relação às outras, dependendo do momento da experiência. Assim, aquilo que diz respeito a necessidades, apetites, instintos, desejos, virá fundamentalmente da "função *id*" do *self*. Aquilo que diz respeito às representações, isto é, a experiência anterior e o conhecimento de si, será designado pelo conceito de "função personalidade" do *self*. O engajamento desses dois modos de funcionamento do *self* na atividade atual, ou seja, sua atualização nas escolhas e rejeições, na experiência de contato organismo-ambiente, será gerado pelo *self* em sua "função *ego*".

Como aspectos do *self* num ato simples espontâneo, o Id, o Ego e a Personalidade são as etapas principais do ajustamento criativo: o Id é o fundo determinado que se dissolve em suas possibilidades, incluindo as excitações orgânicas e as situações passadas inacabadas que se tornam conscientes, o ambiente percebido de maneira vaga e os sentimentos incipientes que conectam o organismo e o ambiente. O Ego é a identificação progressiva com as possibilidades e a alienação destas, a limitação e a intensificação do contato em andamento, incluindo o comportamento motor, a agressão, a orientação e a manipulação. A Personalidade é a figura criada na qual o *self* se transforma e assimila ao organismo, unindo-a com os resultados do crescimento anterior. (ibidem, II, p. 185)

Quando o contato ocorre sob a forma de um "ajustamento criativo de um campo onde há material reprimido" (ibidem, II, 15, 1), estamos então na presença de comportamentos neuróticos. O neurótico perde suas capacidades de orientação e de manipulação, seu sentir-perceber e/ou "ir para" e "pegar". Ele interrompe. Suspende. Cessa o intercâmbio organismo-ambiente. Essas interrupções podem sobrevir em diferentes momentos do processo de construção/destruição da forma. O momento determinará a estrutura típica da interrupção, do mesmo modo como a estrutura típica determinará o momento.

A FORMAÇÃO DAS FORMAS NO CAMPO ORGANISMO/AMBIENTE

O processo de contato representa a passagem de um sistema de ajustamentos conservadores (a fisiologia) para um sistema de ajustamentos criativos (o psicológico). Assim, podemos dizer que o *self* é uma função da fisiologia e também uma função do campo ("A maneira como o campo inclui o organismo" [ibidem, II, 12, 1]). Esse processo, que nasce da excitação (fisiologia), provoca a ativação do processo figura-fundo: é uma "seqüência contínua de fundos e figuras, cada fundo esvaziando-se e emprestando sua energia à figura em formação que, por sua vez, torna-se o fundo para outra figura mais nítida" (ibidem, II, 12, 2).

Os autores de *Gestalt-terapia* propuseram quatro fases para designar essa seqüência de figuras e de fundos:

PRÉ-CONTATO

Durante essa fase, o fundo é o corpo. A figura que emerge é "o apetite ou o estímulo ambiental", que desperta um conjunto de sensações, sinais do *id* da situação. Necessidades, desejos, apetites, impulsos tomam forma no interior da pele graças ao *self* em sua função *id*. Função fisiológica, certamente, mas "nenhuma

O SELF DESDOBRADO   63

função pode continuar a fazê-lo (o organismo não pode 'se preservar') sem assimilar alguma coisa do ambiente, sem crescer (ou expelir algo no ambiente e morrer)" (ibidem). Portanto, será necessário "ir para" e "pegar", ou seja, contatar o ambiente e pegar a novidade.

Lembremos que o prefixo "pré" significa algo que não é apenas da ordem da gênese, mas também da ordem da estrutura; todos os Gestalt-terapeutas bem sabem o quanto a qualidade da "estrutura" do pré-contato, a "limpeza do terreno" e "dar forma" ao fundo são determinantes para o desenvolvimento posterior da Gestalt.

A interrupção do processo nessa etapa é designada pela palavra "confluência". A confluência indica o estado de não-contato, por exemplo, quando existe um "apego a um comportamento consumado para obter satisfação, e como se a nova excitação fosse roubá-lo" (ibidem, II, 15, 4). Isso impede que o novo surja no campo, privilegiando a fixação a uma situação anterior.

ESTABELECIMENTO DO CONTATO

Quando a Gestalt começa a "tomar forma", provoca uma excitação que energizará o fundo de modo que uma nova figura possa se formar: o ambiente com suas possibilidades, possíveis suportes de satisfação da necessidade graças ao contato. A sensação, figural na fase de pré-contato, e a "necessidade", identificada e transformada em Gestalt, passam para o segundo plano, energizam o fundo, possibilitando o surgimento de uma nova figura que, dessa vez, situa-se do lado externo da fronteira de contato: o ambiente como uma série de possibilidades. O ambiente, isto é, a novidade. Esse movimento de retorno para o fundo e de surgimento de uma nova figura constitui a excitação. A imobilização dessa excitação é uma das raízes da angústia (excitação que não pode ser investida em contato).

Nessa etapa, a orientação se transforma em manipulação, o *self* está em sua fase mais deliberada por intermédio de suas funções-*ego* (ou eu), que garantem as "identificações e alienações" – as escolhas e as rejeições, os "sim" e os "não" às possibilidades oferecidas pelo campo. As funções-*ego* intervêm, então, em um funcionamento saudável, para agir e contatar, identificando-se com as funções-*id*, integrando as aquisições das experiências anteriores, tais como assimiladas pelas funções-personalidade, levando em conta os dados da vertente ambiental do campo que representam a novidade do momento contrariamente às funções-*id* e personalidade, de natureza conservadora. O principal mecanismo de interrupção da excitação é a *introjeção*. O ato de engolir sem assimilação. A excitação é apaziguada (encoberta), já que o objeto contatado tem pouca importância. Uma pseudo-resposta é dada pelo ambiente à tensão do *self*, o que lhe permite interromper seu "ir para" e "pegar", que o envolveriam em mais movimento, em uma manipulação mais pertinente, em uma agressividade de apropriação coerente, em um ato de ajustamento criativo.

Nessa fase do desenrolar do contato, a formação da forma requer o encontro com o meio ambiente, exige escolhas e rejeições daquilo que, dentro do ambiente, seria suscetível de satisfazer o processo engajado. O modo de interromper esse "contatar" o ambiente por intermédio de uma substituição é a *projeção*. Pela projeção, o organismo substitui a percepção do meio ambiente por alguma experiência que pertence a si mesmo: o meio ambiente é reduzido a uma parte do organismo falsamente considerada parte do ambiente. A ameaça da novidade é assim consideravelmente reduzida: a novidade retorna ao já conhecido. A orientação funcionou bem, encontrou um objeto apropriado, mas a manipulação é defeituosa; em vez de contatar o meio ambiente como tal, ela busca na fisiologia um meio ambiente alucinado ou uma lembrança do ambiente. O campo é limitado ao organismo, percebido como se fosse meio ambiente, já que é projetado.

Se a orientação e a manipulação tivessem estado plenamente engajadas na situação, a necessidade claramente constituída como Gestalt, e a excitação houvesse se voltado para um ambiente reconhecido como tal, a dinâmica do contato poderia então ser interrompida pela *retroflexão*. Nessa, o organismo evita o "ato de contatar" o ambiente e retorna à ação ou à interação sobre si mesmo, como se ele fosse seu próprio ambiente. Ele dirige sobre si mesmo uma ação cujo destinatário teria sido o meio ambiente, como se seu ato ricocheteasse em um muro invisível que o separa do ambiente. O "ato de contatar" o ambiente requer conflito e destruição.[8] A retroflexão possibilita que essa dinâmica seja evitada, e o conflito e a destruição são então dirigidos para o objeto mais imediatamente disponível: o *self*.

CONTATO FINAL

"O contato final é a meta do processo de contato (mas não seu 'final' funcional, que é a assimilação e o crescimento). No contato final, o *self* está implicado imediata e plenamente na *figura* que descobriu-e-inventou" (ibidem, II, 13, 1). As diferentes possibilidades escolhidas na fase de estabelecimento do contato por sua vez retornam ao fundo que energizam em direção à escolha "final". O fundo pode então desaparecer momentaneamente em benefício da figura. "A figura representa toda a preocupação do *self*, e o *self* nada mais é do que a preocupação presente, de modo que o *self* é a figura" (ibidem). Nesse momento, opera-se uma confluência saudável, um momento de dissolução da fronteira de contato organismo-ambiente, já que o movimento impulsivo do contato encontra aqui sua plena realização ao encontrar o objeto escolhido. É um momento de unidade da figura e do fundo: "A experiência é inteiramente intrínseca [...] O relaxamento da intenção deliberada e o desaparecimento das fronteiras é a razão deste fluxo de vividez e vigor" (ibidem).

Mas a interrupção pode se dar precisamente no nível do relaxamento desse caráter deliberado e controlado do estabelecimento do contato para evitar a ansiedade da dissolução momentânea das fronteiras: o *self* se preocupa com suas fronteiras e com sua

66 JEAN-MARIE ROBINE

individuação, em vez de com o material contatado – é o *egotismo*. Graças à fixação e ao isolamento, o *self* se autocontrola e evita alimentar-se no contato.

PÓS-CONTATO

O pós-contato é a conseqüência do contato, isto é, o crescimento. Esse processo se desenrola fora da consciência, pois consiste na assimilação do contato que acaba de ocorrer. É o retorno do psicológico ao fisiológico. A experiência vivida é metabolizada, semiotizada, transforma-se em palavras, representações, toma seu lugar no que está presente do "já vivido", estabilizada pela função personalidade do *self* que gera a "representação" de "quem eu sou".

Essa assimilação, que pressupõe distanciamento e retração, pode ser interrompida, de novo, pela *confluência* que busca evitar a separação, que busca manter o orgasmo do contato pleno como se não houvesse um refluxo, uma reconstrução da fronteira depois de ter sido temporariamente abolida, e que recusa a retração, isto é, a temporalidade do contato. "Como se" o tempo não existisse. Como se o "Nós" construído provisoriamente a partir do Eu e do Tu devesse durar para sempre. O Tu é ansiogênico, o Eu também: a fixação nesse Nós ilusório traz segurança. É essa confluência que encontramos desde a origem da construção da Gestalt seguinte: a recusa em destruir a Gestalt precedente, o apego "ocnófilo", a fixação, a "mordida-grampo", ou até mesmo a angústia da assimilação.

AS INTERRUPÇÕES DO CICLO PODEM SER BASE PARA UMA PSICOPATOLOGIA?

Logo de início, em sua obra, Von Weizsäcker (1958, p. 19) questiona:

> A doença é um ciclo da estrutura (*"gestaltkreis"*) ou é uma "interrupção de um ciclo da estrutura"? Apenas se o ciclo da estrutura fosse o esquema de um equilíbrio destruído pela doença é que poderíamos dizer: "um ser vivo está doente quando seu ciclo estrutural não chega a se realizar". Mas não é assim que acontece: o ciclo da estrutura não corresponde de

modo algum a um esquema, mais precisamente ele resume toda uma evolução e um futuro.

Os mecanismos de interrupção que mencionamos podem tanto marcar uma auto-regulação saudável quanto uma doença da experiência.

A CONFLUÊNCIA

Os hábitos e os conhecimentos adquiridos são a base da confluência saudável. "A distinção entre as confluências saudáveis e as neuróticas é que as primeiras são potencialmente contatáveis (por exemplo, a memória disponível), e as últimas não podem ser contatadas devido à repressão" (Perls; Hefferline; Goodman, 1951, II, 15, 4). Temos necessidade de dispor "de imensas áreas de confluência relativamente permanentes" para garantir a continuidade da experiência e para nos prolongar na pertinência, no apego ou no vínculo. A memória é confluência.

A INTROJEÇÃO

"Toda convenção natural (não-coercitiva) foi numa época uma realização espetacularmente criativa" (ibidem, II, 15, 5). É certo que, no que diz respeito à aprendizagem, até agora não se propôs nenhum procedimento mais "eficaz" que a introjeção. Em *Ego, fome e agressão*, Perls reservou o termo "introjeção" para a face patológica do processo e, falando do processo saudável, utilizou o conceito de assimilação, distinção que não me parece ter sido sempre mantida. Poderíamos mais precisamente dizer que a introjeção patológica é uma introjeção interrompida antes da assimilação. (Por assimilação, não pretendemos exigir que todo o material introjetado possa ser integrado pelo organismo, mas sim que, segundo o modelo da digestão fisiológica, o organismo possa conservar aquilo que lhe convém e expulsar o resto.) A introjeção abre a possibilidade do registro das convenções e códigos sociais (linguagem, hábitos, instituições etc.).

68   JEAN-MARIE ROBINE

A PROJEÇÃO

A projeção é "o ponto de partida da criatividade gratuita que, em seguida, passa a elaborar um correlato objetivo da emoção livre ou da intuição; no ajustamento criativo costumeiro, o fator alucinatório é necessário para as primeiras abordagens" (ibidem, II, 15, 6). É por meio da projeção que o indivíduo pode prever um significado do ambiente que ainda não esteja evidente. Uma das formas mais comuns de projeção – saudável ou não – é o que costumeiramente chamamos de "intuição".

A RETROFLEXÃO

"Normalmente, a retroflexão é o processo de auto-reformação, por exemplo, corrigindo o acercamento impraticável ou reconsiderando as possibilidades da emoção, os reajustamentos como sendo fundamento para as ações ulteriores" (ibidem, II, 15, 7). O pensamento, na medida em que é uma preparação para a ação, é retroflexão. "E de modo mais geral, qualquer ato de autocontrole deliberado durante um envolvimento difícil é uma retroflexão" (ibidem). Seria igualmente possível falar de retroflexão como um elemento constitutivo da sublimação que, em Gestalt-terapia, é definida como "o contato imperfeito possível na situação habitual" (ibidem, II, 15, 3, nota 1), um processo que outros chamam de "deflexão".

O EGOTISMO

"Normalmente, o egoísmo é indispensável em todo processo de complicação elaborada e de maturação prolongada; caso contrário, há um compromisso prematuro e a necessidade de desencorajar a anulação" (ibidem, II, 15, 8). O egotismo possibilita uma "redução da espontaneidade, para se assegurar de que as possibilidades do fundo estão realmente esgotadas antes de se comprometer" (ibidem). O egoísmo saudável possibilita uma verificação das fronteiras, reduz o contato final, mas não recusa o envolvimento.

As perspectivas psicopatológicas, portanto, não são abertas pela simples interrupção, momentânea ou definitiva, da construção da Gestalt em progresso e do contato engajado. Caso contrário – e alguns Gestalt-terapeutas não souberam evitar esse risco –, reduziríamos o processo do contato a um arco-reflexo, a um esquema de comportamentos cuja interrupção, endógena ou exógena, seria perturbadora ou mesmo traumatizante.

A NEUROSE COMO PERDA DAS FUNÇÕES-*EGO* DO *SELF*

"A neurose é a perda das funções-*ego* para a fisiologia secundária, sob a forma de hábitos inacessíveis" (ibidem, II, 14, 2).

Lembremos brevemente que, no modo *ego*, o *self* garante o estabelecimento do contato organismo-ambiente, efetuando as necessárias identificações e alienações, isto é, as escolhas e rejeições em função do "*id*" da situação, da experiência adquirida e dos recursos ambientais. Quando as funções *id* ou personalidade estão perturbadas, essa perturbação é transposta para o contato com o ambiente, impossibilitando o pleno desenrolar do *self*. Em especial, as funções-*ego* são suspensas,[9] perdidas. Elas são substituídas por um dos cinco mecanismos de fronteira mencionados anteriormente: confluência, introjeção, projeção, retroflexão, egotismo. Paul Goodman menciona esses mecanismos no capítulo intitulado "Perdas das funções de *ego*", e esse nome permaneceu, talvez por uma leitura um pouco apressada. De fato, a seção "As perdas das funções de *ego*" no livro *Gestalt-terapia* abrange dois capítulos (os de número 14 e 15). O primeiro trata principalmente da repressão, da sublimação, da formação reativa; o segundo, dos cinco "mecanismos" também chamados "Estruturas e fronteiras típicas". Que eu saiba, ninguém abordou ainda a repressão, a sublimação ou a formação reativa em relação a "perda de funções-*ego*"... Tradicionalmente, esses mecanismos pertencem ao que Freud denominou "mecanismos de defesa", reconhecendo ao mesmo tempo que o uso de um termo genérico para designar operações tão diferentes haveria de causar alguns problemas. Se os psicanalistas concordam em dizer que os mecanismos de defesa são utilizados pelo *ego*, Goodman, com algum humor, observou que talvez fosse mais apropriado denominá-los "mecanismos de agressão do eu" (ibidem, II, 11, 1) sobre si mesmo. De qualquer modo, os mecanismos de defesa funcionam como "amortecedores e válvulas para proteger a fronteira de contato" (ibidem). De fato, se compararmos os "mecanismos de defesa" e as "perdas das funções de ego", veremos que as defesas são inferências do registro intrapsíquico, que elas se situam preferencialmente na face interna da fronteira de contato, ao passo que as perdas são fenômenos de fronteira, modos de fixação das fronteiras em um campo em movimento (ibidem, II, 15, 12). Os mecanismos de defesa, tanto aqueles citados aqui como outros mencionados em outros lugares,[10] são elementos que constituem perdas da função de *ego*, se aceitarmos a idéia de que o *ego* que ataca a si mesmo possa, de certa forma, anular-se em algumas circunstâncias de solicitação.

É preciso, portanto, re-situar esses cinco mecanismos de fronteira em seu contexto de elaboração e precisar que confluência, introjeção, projeção, retroflexão e egotismo não são propriamente "perdas das funções do *ego*": elas são ao mesmo tempo a conseqüência e o modo de operação. É quando e porque as funções de *ego* do *self* são perdidas ou suspensas que esses mecanismos de fronteira passam a garantir as funções regularmente devidas ao *ego*, eventualmente assumindo a aparência dessas. E a diferença entre uma interrupção "saudável" e uma interrupção "patológica" reside então muito mais na qualidade da consciência (*awareness*) mobilizada que na própria estrutura do processo. Aliás, Isadore Fromm, continuador da obra de Goodman e membro do grupo fundador da Gestalt-terapia, quando mencionava as "*losses of ego-functions*" ["perdas das funções de *ego*"] em suas aulas nunca deixava de especificar: *Loss... to awareness*", "perdidas... para a consciência".

CONCLUSÕES

Mesmo que alguns Gestalt-terapeutas levem a evolução teórica à "relação", ao "dialógico" Eu–Tu, retomado de M. Buber por R. Hycne (1985), uma direção existencial que por certo me parece amplamente digna de ser levada em conta..., ainda que outros não resistam ao fascínio exercido pelas psicanálises anglo-saxãs da "relação objetal" – que têm o mérito de nos conduzir a fases de desenvolvimento anteriores às abordadas por Freud –, parece-me essencial não perder nossa raiz paradigmática nessa fenomenologia do "primeiro", do primitivo, ao qual nos leva o conceito de "contato".

Foi Perls quem nos introduziu a esses conceitos, é verdade, mas como alguém que poderia ser caracterizado por dois termos (entre outros): incisivo e aproximadamente.

Em *Ego, fome e agressão*, ele enfatizou a evolução da dentição como gênese do desenvolvimento da introjeção e da assimilação. Com os incisivos, o organismo pega, corta, dilacera aquilo de que necessita, mas será necessária a intervenção dos molares para a mastigação necessária à assimilação. Perls tomou de modo genial, aqui e ali, com golpes incisivos, alguns conceitos e idéias essenciais, muitas vezes situados fora dos caminhos habituais do pensamento. Ele criou alguns *slogans*, algumas palavras-chave incisivas, mas pouco mastigadas, pouco elaboradas, mais peremptórias do que enraizadas.

E suas proposições teóricas, ainda uma vez, *insights* geniais, são sempre aproximativos. Mais ou menos. O "aproximado" é também uma dimensão possível do contato e, a propósito de Perls, o egotismo foi muitas vezes mencionado. É certo que "o contato", no sentido em que nós o mencionamos aqui, não parece ter sido a preocupação primordial de Perls no período californiano de sua prática. Como lembrou Laura Perls (1978, p. 20), sua esposa, cofundadora da Gestalt-terapia: "Sem Paul Goodman, a Gestalt-terapia não teria jamais se tornado uma teoria coerente".

72   JEAN-MARIE ROBINE

Mas, afinal, citando F. Perls (1969, p. 220): "O contato é a apreciação das diferenças".

ᔍ

NOTAS

1 Cf. páginas 13, 71, 75, 76, 79, 117, 132, 160, 175, 181-209, 238.

2 Essa obra, fundadora da teoria da Gestalt-terapia, é constituída por duas partes. A segunda parte (teórica) foi inteiramente escrita por P. Goodman. Assim, quando me refiro a esse texto, evoco o verdadeiro autor, Paul Goodman, e não F. Perls.

3 Cf. *Grand Larousse de la langue française*, p. 939.

4 É difícil saber com precisão quais as fontes de Perls, pois ele fez pouquíssimas citações e referências, e parecia funcionar como alguns pacientes que, apresentando perturbações neuróticas de assimilação, nos propõem suas introjeções como se se tratasse de sua própria elaboração, esquecendo-se do outro original.

5 Ver também Melon & Lekeuche (1988) e Schotte et al. (1990).

6 Lembremos que "estrutura" é uma das acepções da palavra alemã "*Gestalt*".

7 Sheldrake Simonond (campos morfogenéticos).

8 Será necessário desenvolver essas noções de "conflito" e de "destruição" que estão no cerne da teoria gestáltica e que são foco de múltiplas discussões. Remeto o leitor, neste ponto, a *Ego, fome e agressão*, e também especialmente aos capítulos 8 e 9 da parte II de *Gestalt-terapia*.

9 Em 1986, propus o termo "suspensão" para marcar bem o caráter processual, momentâneo, ligado à experiência em curso, dessa incapacidade do modo-*ego*. Ver Robine (1989).

10 No decorrer das páginas, Perls, Hefferline e Goodman (1951) mencionam: a repressão, a alucinação, o sonho, a imaginação, a identificação, o autismo, a repetição obsessiva, o delírio, a fixação, a distorção, o isolamento, a fuga, o deslocamento, a regressão.

5
A *awareness*, conhecimento imediato e implícito do campo

No cerne da teoria gestáltica, o conceito de *awareness* não deixa de gerar dificuldades para todos aqueles que não têm o inglês como língua mãe. Sabemos que as palavras e os conceitos podem recortar nossa experiência, moldá-la, dar-lhe uma forma, e até mesmo permeá-la ou interrompê-la. Sabemos também como, ao longo de décadas, os conteúdos transmitidos pelas palavras podem evoluir até chegarem, algumas vezes, a perder a especificidade que carregavam em uma época anterior.

Assim, observando o uso corrente de seu idioma pelas pessoas de língua inglesa, nem sempre é fácil estabelecer a distinção entre "*awareness*" e "*consciousness*". Se às vezes os contornos de uma ou de outra parecem claros, muitas vezes nós as vemos deslizar uma para a outra e se fundir.

Mesmo entre os Gestalt-terapeutas que com freqüência convidam seus pacientes a aumentar ou a focalizar sua *awareness*, trata-se verdadeiramente de um trabalho de *awareness*? Ou não seria mais exato falar, nesse caso, de "*conscious awareness*" (*awareness* consciente)?

No estudo que se segue, usarei o termo "*awareness*" em inglês por considerar que não existe um equivalente exato em nossa língua, a não ser que se use uma paráfrase tal como a que escolhi como subtítulo: conhecimento imediato e implícito do campo. Quando eu usar a palavra "consciência", esta não corresponderá, portanto, ao conceito de *awareness*, embora possa contribuir para sua definição.

REFERÊNCIA AOS DICIONÁRIOS

Os dicionários ingleses ou norte-americanos de uso corrente remetem a "conhecimento" e a "vigilância": *"aware"*, referindo-se ao conhecimento adquirido por meio da percepção ou de informações, enquanto "consciente", ao reconhecimento de algo sentido. No *Dictionnaire général des sciences humaines* [*Dicionário geral de Ciências Humanas*], G. Thinès propõe o termo "conscientização": "Termo utilizado para distinguir a conscientização que pressupõe uma atitude de vigilância (em inglês *awareness*) do simples estado de consciência, qualquer que seja o objeto de consciência (em inglês *consciousness*)" (Thinès & Lempereur, 1984). Se buscarmos sua definição de "vigilância", encontraremos: "Etimologicamente, esse termo evoca as idéias de vigília e de vigor, mas sua acepção psicofisiológica faz referência a um nível de eficácia perceptual específica ao qual é necessário associar uma intensificação das reações do organismo a seu meio (interno e externo) e, sobretudo, um grau de adaptação dessas reações". E Thinès continua um pouco adiante: "Em psicologia, esse termo designa o estudo do homem atento ao aparecimento de sinais que, em geral, são pouco freqüentes, e que são aleatórios no tempo, no espaço ou em ambos".

H. B. English & A. C. English (1958), em um dicionário que faz referência ao assunto (*A compréhensive dictionnary of psychological and psychoanalytical terms* [*Um dicionário abrangente de termos psicológicos e psicanalíticos*], trazem maiores referências ao termo "*awareness*": "O fato de estar consciente (*conscious*) de alguma coisa; a ação de "dar-se conta de um objeto ou de uma situação". E adicionam: "O termo não pressupõe nem atenção nem avaliação das qualidades ou da natureza do objeto: pode haver uma simples *awareness* sem discriminação nem reconhecimento específico de características objetivas, mesmo que tais características devam ser julgadas para ter efeito".

O SELF DESDOBRADO 75

Os autores também observam que alguns psicólogos são reticentes em usar a forma verbal "estar consciente de" (*conscious*) e preferem "estar *aware* de", mesmo que creiam ser necessário dispor de um termo único para evocar "esse tipo único de relação entre os animais superiores e determinadas partes de seu ambiente", especialmente para possibilitar que se leve em conta a dimensão comportamental.

Se buscarmos completar nossa pesquisa pela definição de "*consciousness*", veremos em especial que, segundo eles, o uso mais comum atualmente desse termo designa "a soma total dos processos de estar-*aware*, de dar-se conta e de reagir aos objetos; é a soma total dos atos".

É igualmente interessante observar que English & English criaram um termo especial em seu dicionário para "*unconscious awareness*", que definiram do seguinte modo: "Atividade ou processos pessoais que não são diretamente verificáveis nem nos são conhecidos a não ser por inferência, mas que mesmo assim influenciam o comportamento de uma pessoa, como se se tratasse de um processo consciente". Eles acrescentam que esse termo apresenta uma aparente contradição, pois "estar *aware* significa estar consciente", mas que não existe outra possibilidade para designar a construção hipotética assim evocada e que a esse título, essa expressão, "parece útil, ou até mesmo inevitável".

Por fim, acrescentemos: por um lado, English & English escrevem que "*awareness*" também é utilizado como tradução da palavra alemã "*Bewwusstheit*", que definem como "conteúdo total do conhecimento que não é nem analisado nem analisável"; por outro, lembremos aquilo que Rollo May (1980) alude a respeito da etimologia da palavra "*awareness*":

> A palavra "*awareness*" tem como raiz a palavra anglo-saxã *gewaer*, que por sua vez vem de *vaer*; essa família de palavras refere-se ao conhecimento da ameaça exterior, isto é, ao conhecimento do perigo, dos inimigos, conhecimento que requer estratégias defensivas. As palavras

76 JEAN-MARIE ROBINE

"*wary*"(prudente, desconfiado) e "*beware*" (tomar cuidado) são derivadas dessa mesma raiz "*aware*".

A *AWARENESS* EM GESTALT-TERAPIA

GESTALT-TERAPIA, DE PERLS E GOODMAN

O fenômeno "consciência" e os conceitos a ele associados (consciente, pré-consciente, "*awareness*", não consciente, inconsciente, consciência imediata, consciência reflexiva, conscientização, *insight*...) estão no cerne de toda psicoterapia. Os autores de *Gestalt-terapia*, Perls e Goodman, bem perceberam que todas as escolas de psicoterapia se concentraram nos diferentes modos de aumentar a *awareness*, seja por meio da palavra, dos exercícios musculares, da análise do caráter, de situações sociais experimentais, seja por meio da análise dos sonhos (Perls; Hefferline; Goodman, 1951, II. 3).[1]

Os criadores da Gestalt-terapia nunca procuraram descartar completamente as observações e reflexões daqueles que os precederam; ao contrário, eles reconhecem sua dívida específica para com a fenomenologia, a psicologia da Gestalt e a psicanálise. Em especial, Freud e William James serão evocados em relação ao problema da consciência.

AWARENESS E CONTATO

Para Perls e Goodman, a experiência se situa na fronteira entre o organismo e o ambiente. O fenômeno que se manifesta nessa fronteira constitui o que eles chamam de "contato": "O contato é *awareness* do campo ou resposta motora nesse campo" (ibidem, I, 3). Se aceitarmos minha proposta de tradução de "*awareness*", a frase deles se transformará em: "O contato é conhecimento imediato e implícito do campo, ou resposta motora no campo".[2] *Awareness* e comportamento motor são, portanto, ligados para constituir o contato. "Presumivelmente", acrescentam eles, "existem organismos primitivos nos quais *awareness* e reação motora são a mesma ação" (ibidem, I, 1). Propondo às vezes outros termos, os autores falarão de orientação e de manipulação para designar essas duas operações fundamentais que constituem o contato: "A *awareness* não é ociosa; ela é orientação, o processo de apreciação e aproximação, o processo de escolha de uma técnica; e em toda parte ela está em interação funcional com a manipulação e o excitamento crescente do contato mais íntimo" (ibidem, XI, 1).

A FRONTEIRA DE CONTATO, ÓRGÃO DA *AWARENESS*

> A fronteira de contato é, por assim dizer, o órgão específico de *awareness* da situação nova no campo, em contraste, por exemplo, com os órgãos "orgânicos" mais internos do metabolismo ou da circulação que funcionam conservativamente sem necessidade de *awareness*, deliberação, seleção ou evitação da novidade. (ibidem, III, 4)

Lembremos que a fronteira de contato não pode ser, de modo algum, reduzida a um "lugar" geográfico (os limites do corpo, a pele, as fronteiras do eu...), pois designa aquilo que em um momento dado ressalta do fundo como figura e que, portanto, é incessantemente mutável. É uma outra maneira de denominar a experiência em curso. Na percepção, por exemplo, "somos sensíveis não à condição do órgão (que seria a dor), mas à interação no campo" (ibidem, I, 3).

AWARENESS E FIGURA-FUNDO

O que define a figura na *awareness* é uma percepção, uma imagem, uma intuição, viva e clara. O que define a figura no comportamento motor é o movimento gracioso e enérgico, que possui ritmo, que tem continuidade etc. (ibidem, I, 6).

Nessa perspectiva, mais uma vez é difícil dissociar o organismo e o ambiente como fazem, por exemplo, algumas teorias da pulsão: a necessidade ou o desejo, assim como as possibilidades

78 JEAN-MARIE ROBINE

do ambiente são incorporadas e unificadas na figura que se define. O fundo, gerador desse aparecimento, é uma continuidade do organismo e do ambiente, e o aparecimento da figura se origina mais de um "*id* da situação", de um "dado da situação" do que de uma localização intra-organísmica, mesmo que seja do lado do organismo que ela poderá ser experienciada. A *awareness* é organizada segundo o princípio da dominância, caro aos psicólogos da Gestalt. A dominância representa a tendência de que uma tensão forte prevaleça no campo e, assim, organize a *awareness* e o comportamento. A *awareness* é figura sobre um fundo.

A VOZ MÉDIA DA *AWARENESS*

Uma das características do *self* teorizado por Perls e Goodman reside em um funcionamento em voz média. O conceito de voz média é emprestado da gramática do grego antigo (Ragon, 1957, p. 56, 171-2). Essa, na verdade, possui três vozes (ou formas): a ativa, a passiva e a média. Quando o modo é diretamente reflexivo, o grego antigo utilizava, na maior parte do tempo, uma forma de conjugação diferente, próxima de nossa forma pronominal. A voz média designa uma voz *indiretamente* reflexiva. Ela indica que o sujeito tem algum interesse na ação, que o sujeito age por si mesmo, comprometendo-se pessoalmente.

Pode-se ver, nos poucos exemplos que se seguem, como o mesmo verbo,[*] conjugado na voz ativa e depois na voz média, mudará sutilmente de significado:

ativa	média
pegar	escolher
guardar	cuidar de
afastar, socorrer	defender-se, vingar-se
fazer cessar	cessar a própria ação
impor (leis)	elaborar (leis)

[*] Robine refere-se aqui a verbos em grego antigo. (N. R.)

mostrar (um objeto)	expor (a própria opinião)
eu anuncio (uma novidade)	eu demonstro (minha ciência)

Para simplificar, Perls e Goodman evocaram, muitas vezes, a voz média como "eqüidistante dos extremos (nem passivo nem ativo), uma imparcialidade criativa [...] O *self* age e ao mesmo tempo sofre a ação" (Perls; Hefferline; Goodman, 1951, X, 4). O exemplo paradigmático que eles utilizam freqüentemente é o do artista em situação de criação:

> Pela sensação vivida e de jogo com o meio como seus atos fundamentais, o artista aceita então e usa sua reflexão crítica: e realiza espontaneamente uma forma objetiva. O artista está inteiramente *consciente* do que está fazendo [...] ele não é inconsciente em sua atividade, mas tampouco é em essência deliberadamente calculista. Sua *awareness* está numa espécie de modo intermediário, nem ativo nem passivo, mas que aceita as condições, se dedica ao trabalho, e cresce no sentido da solução. (ibidem, II, 8)

Joel Latner (1992), ainda que eu não siga o conjunto de sua proposta, é, certamente, quem mais contribuiu para refinar o conceito de "voz média" a que deu ênfase em sua teoria do *self*, como equilíbrio entre as funções *id* e *ego*.

A *AWARENESS* COMO INTEGRAÇÃO CRIATIVA

"A *awareness* não é uma reflexão sobre o problema, mas é por si mesma uma integração criativa do problema" (Perls; Hefferline; Goodman, 1961, I, 7). Perls e Goodman insistiram na importância de não confundir a *awareness* ou a Gestalt *aware* (isto é, um conteúdo estruturado) com um simples conteúdo, uma expressão em palavras ou em lembrança. A *awareness* é esse conhecimento imediato que torna possível a construção das relações figura/fundo.

Essa abordagem da *awareness* lhes possibilita, portanto, colocá-la no centro do dispositivo terapêutico, já que a "resposta *consciente* no campo (como orientação e como manipulação) é o instrumento de crescimento no campo" (ibidem, I, 5). É importante observar que eles falam de "crescimento no campo", ou seja, tanto no organismo quanto no ambiente, e não adotam uma posição nem monádica nem egotista. A partir desse fato, a terapia será proposta como uma situação de experimentação de *awareness* deliberada, um tipo de treinamento da *awareness* pela consciência-*consciousness*, para reencontrar a capacidade de ação unificada. Nesse aspecto, a *awareness* é verdadeiramente um motor de cura.

...E A CONSCIÊNCIA?

"O que se denomina 'consciência' (*consciousness*) parece ser um tipo especial de *awareness*, uma função de contato em que há dificuldades ou demoras de ajustamento" (ibidem, I, 3). "Porque, caso a interação na fronteira de contato seja relativamente simples, há pouca *awareness*, reflexão, ajustamento motor ou deliberação; mas onde a interação é difícil e complicada, há uma consciência intensificada. [...] O retardamento – consciência – é a dificuldade em terminar o processo" (ibidem, III, 4-5).

Esse atraso, característico da consciência, intervém essencialmente de duas maneiras. A primeira, já mencionada, torna possível que a "conscientização" seja mais aguda a fim de resolver o problema e confrontar a novidade no campo; a segunda torna possível a retração, o repouso, especialmente quando o problema não pode ser resolvido de outro modo. Nesse último caso, Perls e Goodman falam, com relação à consciência, de uma função de esgotamento da energia – que preside à teoria freudiana do sonho –, ou à teoria da fantasia sexual em Reich, e afirmam, nessa lógica paradoxal, que o sonho é perfeitamente consciente (*conscious*) enquanto a *awareness* é aí bastante limitada (ibidem, III, 7). Assim, a consciência é mencionada aqui como uma função auto-reguladora, uma função de urgência (*emergency*) que torna possível esvaziar o excesso de energia, seja esgotando o excesso de tensão ligada à Gestalt inacabada, retardando sua resolução, seja possibilitando uma retração diante da situação a ser tratada.

EVOLUÇÕES POSTERIORES DO CONCEITO

O conceito de *awareness* permeia o conjunto da obra de F. Perls. Ele já estava presente em *Ego, fome e agressão* (Perls, 1978), de 1942; reveste-se de importância central em alguns artigos anteriores a *Gestalt-terapia*, e me parece que durante toda sua vida Perls teceu elaborações em torno desse conceito, a ponto de um importante manuscrito (não-publicado) ter sido descoberto há pouco sob o título de *Psychopathology of Awareness* [*Psicopatologia da awareness*].[3] Em seu último livro, póstumo, compilado por Patricia Baumgardner, Perls (1975, I, p. 15-25, II, p. 96-9) retoma as idéias básicas a que era pessoalmente apegado no que se refere à *awareness*.

Enquanto Goodman, na obra que lhes é comum, insistia na função integrativa da *awareness* (ver antes), Perls sempre diferenciou a *awareness* de si (o corpo, as emoções), a *awareness* do mundo (aquilo que está no exterior de nossa pele) e a *awareness* da zona intermediária (a DMZ), que reúne fantasias, fantasmas, projeções, intelecto, sonhos etc. Para essas três zonas, Perls sugeriu que se trabalhasse com o contínuo da *awareness*, que consiste em uma *awareness* consciente do fluxo, de instante a instante, que ele sempre vinculou à Gestalt emergente. Ele gostava de dizer, "*Awareness is everything*" ["A *awareness* é tudo"], com o poder de síntese que lhe era peculiar, ou, também, "A *awareness* é curativa por si mesma".

Em sua aproximação com a física, Perls considerava a *awareness* (o conhecimento) um dos três "universais" ao lado da extensão (o espaço) e da duração (a temporalidade). A integração, tal como pode se dar em terapia, a exemplo das reações químicas ou de determinados processos físicos, torna possível a liberação da energia e, portanto, de todos os tipos de explosões.

82   JEAN-MARIE ROBINE

Retomado, entre outros, por Latner (1992, cap. 3 § 5) em sua abordagem da *awareness*, Perls insistia no "vazio fértil" como condição da *awareness*. Estar vazio é estar aberto a todas as possibilidades e permitir que o desenvolvimento da Gestalt emergente inclua todos os aspectos pertinentes do campo. Perls opunha o vazio fértil ao "vazio estéril". Esse último é experienciado como o nada. Do vazio fértil qualquer coisa pode emergir, nele não há nada além do processo. Ele representa nossa possibilidade de transformar a confusão em clareza. Esses buracos são espaços para desenvolvimentos posteriores.

FORA DA GESTALT-TERAPIA: O PONTO DE VISTA DE ROLLO MAY

Rollo May (1980, cap. 6 e 7), psicanalista norte-americano de orientação existencial, contemporâneo dos fundadores da Gestalt-terapia, escreveu diversos artigos a fim de estabelecer a distinção entre "*consciousness*" e "*awareness*".

Para ele, a *awareness* caracteriza aquilo que se manifesta nas formas de vida diferentes da humana. Quanto mais evoluído na escala do desenvolvimento, maior o grau de liberdade, e mais esse campo é permeado pelo campo da *awareness*. A forma distintiva da *awareness* no ser humano é a consciência de si mesmo (autoconsciência). Tal como o Perls tardio mencionado antes, ele considera que a *awareness* é uma característica de todas as coisas da natureza, incluindo o nível das partículas moleculares. Ele apresenta o seguinte exemplo:

> Posso estar consciente-*aware* dessa escrivaninha sobre a qual escrevo, simplesmente tocando-a. Mas a consciência-*consciousness* refere-se ao fato de que posso estar consciente-*aware* de que sou eu quem está sentado a essa escrivaninha. A consciência-*consciousness* está ligada à concepção que tenho de mim mesmo como um ser que usa uma escrivaninha, como alguém que se debate com as idéias que se esforça por tornar claras através de escrita.

O SELF DESDOBRADO 83

Rollo May baseia-se em um artigo famoso de Erwin Strauss[4] sobre "A postura em pé", um trabalho que talvez fosse conhecido por Goodman, que exprimiu idéias muito semelhantes em seu capítulo "Antropologia da neurose".

> O animal que anda com quatro patas, como o cachorro de nossa família, tem incomensuravelmente e em muitos níveis uma *awareness* maior que a minha. Sua vigilância à grande distância, graças ao seu olfato e à sua audição, é para mim uma fonte infinita de surpresa e me faz sentir que nós, seres humanos, somos na verdade pobres espécimes no conjunto da evolução [...] Mas quando o homem se levanta sobre as duas pernas, em pé, para olhar, ele não percebe à distância, mas está consciente-*aware* de uma distância entre ele e o mundo. Essa distância, creio, está em relação com a consciência-*consciousness* [...] Se quisermos falar em termos de evolução, podemos dizer que a consciência-*consciousness* e a capacidade de negá-la, ou seja, o inconsciente, emergem de uma consciência-*awareness* indiferenciada. O inconsciente é uma descrição das formas não-acabadas e primitivas da consciência-*consciousness* [...] Certo dia, Freud me disse que a tarefa do analista consiste em tornar consciente o inconsciente. Eu diria, no entanto, que a tarefa do terapeuta é a de ajudar o paciente a transformar a *awareness* em *consciousness*.

Acrescentemos também que, para Rollo May, aquilo que é inconsciente está até certo ponto presente na *awareness*, pelo menos potencialmente.

CONCLUSÃO PROVISÓRIA

Ao final dessa investigação, que não pretende de modo algum ser exaustiva, algumas linhas de força podem ser percebidas. Os autores da primeira teoria da Gestalt-terapia, em coerência com o paradigma proposto da "natureza humana animal", colocam a *awareness* no centro de sua abordagem. Eles enfatizam a *awareness* deixando um pouco em segundo plano as possíveis reflexões a respeito da *consciousness*, sendo nisso, por certo, fiéis a seu projeto de ir além do modelo freudiano que, a seu ver, havia elaborado em ampla medida uma teoria – que certamente eles criticavam – da *consciousness* e de seu corolário, o inconsciente.

Voltar a essa função de "conhecimento imediato e implícito do campo" requer uma atenção espontânea, se posso ousar exprimir esse paradoxo, um envolvimento sensorial e motor na situação. Nessa perspectiva, o convite incessante a mais *awareness* no decorrer do processo terapêutico é expresso como uma experimentação que não poderá dissociar a *awareness* da consciência. Seria mais prudente e mais exato dizer que o terapeuta incita a uma "*conscious awareness*", tendo como objetivo levar o cliente a ampliar, no aqui-e-agora, mas também no futuro, seu campo espontâneo de conhecimento imediato. Mesmo que a *awareness* seja, em essência, uma função absolutamente imediata e, portanto, totalmente ligada ao aqui-e-agora, é ela também que abre a possibilidade da abordagem da função *id* do *self* que, lembremos, designa a informação sobre o "que vem a seguir ('*next*')", a seqüência imediata da situação.[5]

WILLIAM JAMES E ARON GURWITSCH

Se tivéssemos a pretensão de realizar um estudo exaustivo dos fenômenos da consciência, precisaríamos empreender a redação de uma obra para a qual não bastaria toda uma vida. É suficiente lembrar o nome da maioria dos filósofos, de Descartes a Hegel, passando por Kant, Espinosa ou Sartre, de clínicos como Freud e Lacan, passando por Henri Ey e Binswanger, de fenomenologistas como Husserl, Heidegger, e muitos outros, isso para não falar dos trabalhos contemporâneos dos biólogos que, por sua vez, se interessam pela consciência como fenômeno bioquímico.

Para tornar mais rico meu objetivo, optei por mencionar dois pensadores do século XX que, por diversas razões, parecem contribuir com a nossa investigação.

William James, muitas vezes mencionado nas páginas dos autores da Gestalt-terapia, representa o grande ancestral da filosofia e da psicologia norte-americanas; assim, preparou o contexto que Goodman, Perls e muitos outros absorveram, em especial por meio de seu famoso *The principles of psychology* [*Princípios de psicologia*].

Aron Gurwitsch, menos conhecido de nossos manuais de filosofia, é um filósofo e psicólogo de origem lituana que foi aluno de Stumpf, de Husserl, de Goldstein e de Gelb. Ele dedicou o conjunto de sua obra a analisar as relações epistemológicas da teoria da Gestalt e da fenomenologia. Obrigado a fugir do nazismo nos anos 1930, permaneceu por sete ou oito anos na França. Durante esse tempo, ele ensinou na Sorbonne, antes de emigrar para os Estados Unidos, onde morreu em 1973. Merleau-Ponty é, certamente, um de seus alunos mais conhecidos. Vou me basear essencialmente em sua principal obra editada na França como *La théorie du champ de conscience* [*A teoria do campo da consciência*], e também em outras duas obras escritas por ele: *Marginal consciousness* [*Consciência marginal*] e *Studies in phenomenology and psychology* [*Estudos em fenomenologia e psicologia*].

WILLIAM JAMES: A CORRENTE DE CONSCIÊNCIA

Junto com Bergson, William James foi um dos filósofos que mais contribuíram para a abordagem da estrutura temporal da consciência. Seu famoso estudo, *The Stream of Consciousness* [*A corrente da consciência*], publicado pela primeira vez em 1884, passou por diversas revisões e transformou-se no capítulo organizador de sua obra *Principles of Psychology*,[6] publicada em 1892.

O fato fundamental, que James denomina "corrente de consciência", corresponde à observação de que "a consciência não cessa de mover-se, e 'os estados de espírito' sucedem-se uns aos outros". Embora James sempre use o termo *"consciousness"*, é impossível não estabelecer uma ligação com a expressão utilizada por Perls, o "contínuo de *awareness*".

86   JEAN-MARIE ROBINE

Para determinar o processo desse movimento, James apresenta quatro características:

1   *Todo "estado", todo "pensamento" faz parte de uma consciência pessoal.* Esse termo de consciência pessoal requer, no entanto, uma definição que é uma das tarefas mais difíceis da filosofia. Tudo se passa como se cada pensamento tivesse um possuidor. Segundo James, o *"self* pessoal", mais do que o pensamento, é que deve ser considerado um dado imediato da psicologia. O fato universal da consciência não é "os sentimentos e os pensamentos existem", mas "eu penso" e "eu sinto", pois não temos nenhum meio de nos assegurar de que exista em algum lugar um pensamento puro que não seja o pensamento de ninguém. Os pensamentos encadeados, tal como os percebemos, são o que James entende por *"self* pessoal".

2   *A consciência não pára de mudar.* Isso não quer dizer que os estados de consciência não tenham nenhuma duração, mas que nenhum estado de consciência pode permanecer ou ser idêntico ao que foi anteriormente. O que podemos ter duas vezes é o mesmo OBJETO, mas sentimos as coisas sempre de um modo diferente. As idéias nunca são as mesmas.

3   *No cerne de cada consciência pessoal, o pensamento é sensivelmente contínuo.* Isso significa duas coisas:
a) Mesmo que haja um "lapso" temporal (interrupção, tempo vazio etc.), por exemplo, durante o sono, a consciência que segue o tempo vazio se sente como pertencendo à consciência que a precedeu, como se fosse uma outra parte do mesmo *self.*
b) As mudanças qualitativas que ocorrem de um momento ao outro no conteúdo da consciência nunca são absolutamente bruscas, nem constituem rupturas absolutas. As metáforas usadas para falar da consciência não podem, portanto, ser da ordem da "cadeia" ou do trem, e sim do tipo "rio" ou "corrente". Quando ouvimos a tempestade, o que ouvimos não é a tempestade *pura*, mas uma tempestade que rompe o silêncio

e contrasta com ele. A tempestade ouvida não é o mesmo que uma tempestade contínua. Cremos que a tempestade abole e exclui o silêncio, mas a *sensação* de tempestade é também a sensação de um silêncio desaparecido.

4 *A consciência interessa-se de modo desigual pelos diversos elementos de seu conteúdo, acolhe alguns e rejeita outros: pensar é selecionar.* Essa atividade de seleção está ligada aos fenômenos de atenção, de escolha ou de deliberação, mas de modo menos evidente para a época, James afirmou que perceber consiste inevitavelmente em sublinhar, em valorizar determinados detalhes, e em descartar outros. Ele esboça assim o que seria um dos pontos de partida da futura "teoria da Gestalt". "Praticamos a arte de ignorar realmente a maior parte das coisas que estão diante de nós."

Dentre os inúmeros outros pontos abordados por W. James, dois temas merecem nosso interesse na perspectiva da Gestaltterapia.

O primeiro diz respeito aos *estados de espírito* que ele chama de *"substantivos"* e *"transitivos".* Ele usa a metáfora do pássaro que alterna momentos de vôo e momentos de pouso. Ele chama os lugares de pouso da consciência de estados substantivos, e os lugares de vôo, de estados transitivos. Podemos dizer que nosso pensamento tende todo o tempo para algum estado substantivo, e que o principal uso das partes transitivas consiste em levar de uma conclusão substantiva a outra.

Mas esses estados transitivos da consciência não podem ser avaliados pela introspecção ou, poderíamos dizer, pela *awareness*: pará-los em pleno movimento seria anulá-los; esperar que eles tenham chegado à sua conclusão é esperar que essa conclusão os oculte...

Não podemos, portanto, senão deduzir dessa constatação que se o contínuo de *awareness* preconizado por Perls corresponde bem à realidade de uma corrente, no sentido jamesiano, de estados transitivos em substantivos e assim por diante, sua elaboração no presente imediato da sessão, por meio da denominação ininterrupta dos conteúdos da consciência, só pode, por um lado, desviar a corrente e, por outro, obrigar o desvio da função de atraso da consciência.

O segundo tema complementar que podemos tomar de James é o de *borda*, ou *margem*. Esse conceito será, além disso, amplamente retomado e desenvolvido por Gurwitsch, que estabelecerá uma distinção entre "margem" e "borda" (ver o próximo capítulo). Suponhamos que três pessoas sucessivamente nos digam "Aguarde!", "Ouça!", "Olhe!" Nossa consciência será impulsionada a três atitudes de atenção completamente diferentes, embora não haja nenhum objeto definido diante dela. Ninguém vai negar que exista aqui uma influência real sobre a consciência, uma orientação na direção de onde se supõe que venha a impressão, ainda que não haja nenhuma impressão definida. Só podemos nomear o estado de consciência em questão nomeando essas atitudes: aguardar, ouvir, olhar.

Outro exemplo: quando tentamos nos lembrar de uma palavra esquecida. Existe uma brecha, mas não uma brecha pura e simples, pois ela é ativa e intensa, como se contivesse em si mesma o espectro do nome procurado que nos aponta para uma direção específica, dando-nos por alguns momentos uma impressão de grande proximidade, mas nos mantendo sempre a uma certa distância.

Precisamos admitir que as imagens definidas do modo como a psicologia tradicional as considera compreendem apenas uma parte muito pequena de nosso espírito. Cada imagem definida no espírito está na verdade impregnada e colorida pela água livre que flui a seu redor. *Sentimos a aproximação da psicologia da Gestalt mais uma vez. A borda não seria um ancestral do plano de fundo?* Portanto, James chama de "borda" ou "harmônico psíquico" a consciência desse halo de relações ao redor da imagem que se torna uma figura na consciência.

ARON GURWITSCH: O CAMPO DA CONSCIÊNCIA

A obra de W. James constitui um dos pontos de partida da abordagem de Gurwitsch, e é de James que ele pega o conceito de "campo da consciência". Cada um desses campos contém diversos componentes:

> Sensações de nossos corpos e dos objetos que nos cercam, lembranças de nossas experiências passadas, pensamentos que se referem a coisas distantes, sentimentos de satisfação e de insatisfação, desejos, aversões e outras condições emocionais, assim como determinações da vontade, permutados e combinados dos modos mais diversificados.[7]

Assim, conforme observa Gurwitsch, na concepção de James, existe somente uma organização: um dos componentes (sensação, pensamento abstrato, vontade etc.) ocupa o centro e os outros ficam à margem. É a designação de uma parte para o todo. A questão que se coloca então é: não existe organização naquilo que James denomina margem?

Para estudar essa questão, Gurwitsch (1957, p. 269ss) introduziu o conceito de "relevância": os dados que pertencem ao contexto não estão apenas co-presentes com aquilo que ocupa o centro do campo da consciência, eles possuem um certo significado e importância em relação a esse centro. Existem, de ambas as partes, conteúdos materiais em relação intrínseca, que remetem uns aos outros. Os dados co-presentes, mas que não têm nenhuma relação de relevância com o campo temático, são designados por Gurwitsch sob o nome de "dados marginais". Assim, o campo de consciência, segundo Gurwitsch, será estruturado em três domínios:

- o tema, ou foco de atenção;
- o campo temático: a totalidade dos dados co-presentes que têm uma relação intrínseca com o tema (relevância). Essa noção liga-se às de plano de fundo ou horizonte;
- a margem.

Como se articulam esses diferentes domínios? Existe um primeiro tipo de conjunção que liga entre si os constituintes do tema. É aqui que intervém a *coerência da forma*. Um segundo tipo de conjunção liga o tema e o campo temático, assim como os elementos do campo temático entre si: é a *unidade de contexto* ou a *unidade por relevância*. O último tipo de conjunções liga o campo temático, incluindo o tema que constitui seu centro, com a margem. Essa ligação é de *natureza puramente temporal*: trata-se apenas de simultaneidade ou de sucessão imediata.

Gurwitsch demonstra, entretanto, que o tema tende a preservar sua identidade fenomenal, no que diz respeito ao seu núcleo noemático, em meio às variações que podem intervir no campo temático. O tema extrai de seu campo temático sua luz e a perspectiva em que se apresenta.

Quando, porém, estamos centrados em um tema, continuamos a perceber as coisas que nos rodeiam e também nosso ambiente presente. É aqui que reside o interesse de nossa consciência marginal.

> Nossa atividade é sempre acompanhada por uma determinada consciência de fatos e de dados que provêm das três ordens de existência a seguir: 1. da corrente de nossa vida consciente, 2. de nossa existência corporal, 3. do mundo perceptivo. Se nosso tema não pertence a nenhuma dessas três ordens de existência [...] a consciência de cada uma dessas três ordens assume a forma de consciência marginal. (Gurwitsch, 1957, p. 332)

A consciência marginal apresenta, portanto, uma invariância característica:

> A cada momento, o tempo fenomenal (ou corrente da consciência), nossa existência corporal e o mundo perceptivo enviam sinais à consciência [...]
> A cada momento da vida consciente, temos consciência da realidade, ao menos de forma marginal. É graças à consciência marginal e à sua estrutura invariante que não perdemos jamais o contato com ela, qualquer

que seja a direção em que se dê nossa atividade temática, e o grau em
que estejamos absorvidos nessa atividade. (ibidem, p. 335)

O mérito de Gurwitsch reside, por um lado, na tentativa,
única, de abrir a Gestalt-terapia ao estudo dos fenômenos da
consciência, e, por outro, de ter tornado possível um encontro
dialético da teoria da Gestalt com a fenomenologia – única condição que, a seu ver, permitia uma abordagem gestáltica dos
fenômenos da consciência.

CONCLUSÃO

A consciência, mesmo que possa ser distinguida em diferentes
formas ou constituintes, dificilmente se deixaria limitar por
uma ou outra de suas "abstrações". Por esse motivo, parece bem
difícil aceitar que se fale apenas de *awareness* sem abordar a
consciousness. Da mesma forma, se podemos dizer que a *awareness* é definida como um tipo de consciência do campo,
Gurwitsch e outros fenomenólogos não deixam de inverter os
termos com razão e de falar de "campo da consciência", marcando assim a ênfase noemática própria da abordagem fenomenológica: campo da consciência de... A orientação é inerente à
estrutura da consciência. Mas se a *awareness* não se deve a
nenhum fato mental fora do ato em curso na experiência, ela
está, ao contrário, implicada nesse ato, e é um componente
intrínseco dele (Gurwitsch, 1985).

Em um texto publicado alguns anos depois de sua morte,
embora provavelmente escrito por volta dos anos 1950, F. Perls
(1978b) prestou homenagem a Freud por este haver desmascara-
do a opinião corrente segundo a qual a consciência ou o *ego* eram
a instância dirigente. Ele observou, além disso, que na época se
considerava verdadeira uma equação mais ou menos explícita:
consciência = deliberado.

Mas ao aumentar a outra face da consciência, isto é, a *awareness* (como Freud tinha intenção de fazer), melhoramos nossa orientação, sem aumentar a potência de nossa vontade. Ao diminuir o caráter deliberado, aumentamos a espontaneidade, diminuímos o autocontrole, o que já representa um certo progresso. O que devemos fazer é abandonar os termos *espírito* e *consciência*, que são fontes de confusão, e nos satisfazer em operar com termos mais claros como *atenção, fantasia, awareness* e *caráter deliberado.*

Em uma primeira abordagem, o uso do conceito de *awareness* e a prática a ele associada podem parecer extremamente claros. Um pouco adiante, as coisas se complicam bastante e os contornos tornam-se mais imprecisos. Mesmo que desejemos aprofundar apenas um pouco a questão, a floresta torna-se inextrincável e densa. O *slogan awareness* é uma árvore capaz de esconder facilmente essa floresta. Podemos *verdadeiramente* falar de *awareness* sem aprofundar suas relações com a consciência, com o contato, com o imaginário, com as representações, com o pensamento, com a natureza, com a crença, com a linguagem, com nossas representações do inconsciente, com a idéia de organismo e também com a de campo etc.

Para dar um *único* exemplo, creio ser possível considerarmos de modo válido com Perls e Goodman que uma *awareness* aumentada torna possível um melhor ajustamento criativo, e, portanto, que a *awareness* possui alguma correlação com a "saúde". Todavia, a *awareness* tem como característica o implícito e o imediato, como já mencionei anteriormente.

Mas a *awareness*, tal como usada na cura, é mediata, ligada à linguagem, solicitada no explícito. Surge então uma pergunta que não pode deixar de ser feita: é a *awareness* que tem esse impacto terapêutico que lhe atribuímos, ou será a passagem do silêncio à palavra? O que ocorre na passagem da *awareness* à *conscious-awareness*, isto é, do conhecimento imediato e implícito do campo para o mesmo conhecimento tornado mediato e explícito do mesmo campo e, em seguida, desse último para um conhecimento *dito a outra pessoa*? O que faz que isso funcione? Essa é uma pergunta que deve ser feita.

Uma certa tradição, praticada por alguns gestaltistas, opõe duas correntes da Gestalt-terapia, atribuindo a elas dois paradigmas distintos: uma teria se organizando com a *awareness* e a partir dela, e a outra, a partir do contato. Além da compreensão equivocada e freqüente do conceito de contato que ela pressupõe,[8] a questão anteriormente mencionada demonstra até que ponto tal divisão não pode ser pensada a partir desses dois conceitos. "Não existe *awareness* sem contato, embora possa haver alguns contatos sem *awareness*", alertam-nos os autores de *Gestalt-terapia* desde a introdução desse livro.[9]

Assim, essa questão talvez merecesse ser posta em outros termos. Para retomar as palavras do filósofo Clément Rosset (1971): "A grande distinção não está entre o saber consciente e o saber inconsciente, mas entre o saber utilizável e o não utilizável. Tornar [...] disponível não é passar para a consciência, mas para a palavra".

Suspeito que Perls, em sua relação com o conceito de *awareness*, tenha optado por uma adesão implícita e freqüente ao ditado "Tudo é corpo" – talvez excessivamente valorizado pela psicoterapia da segunda metade do século XX. Não proponho uma troca de ditados para "Tudo é linguagem", o que chamaria a atenção daqueles que não foram seduzidos pelo "Tudo é corpo", ou vice-versa. Pessoalmente, eu diria – e talvez seja isso que diferencie uma posição unitária (ou holística) de uma posição sincrética – que "tudo é corpo", com certeza, mas que o corpo não é tudo, que "tudo é linguagem", da mesma forma, mas que a linguagem não é tudo.

94 JEAN-MARIE ROBINE

NOTAS

1 As citações em francês dessa obra, todas extraídas do volume II, em sua maioria receberam uma nova tradução do autor.

2 Um pouco adiante, Perls, Hefferline e Goodman (1951, III, 4) acrescentam o sentimento, mas, uma vez que definem este como uma das formas da *awareness*, esse acréscimo apenas significa um lembrete.

3 Conversas pessoais com seu testamenteiro e com o diretor dos Archives Perls. (1993-1994)

4 Para um contato com o pensamento de Erwin Strauss, fundamental no que diz respeito à psicologia e à psicopatologia fenomenológicas, pode-se ler com interesse: *Du sens des sens*, publicado em 1935 e traduzido recentemente para o francês (Millon ed., 1989).

5 Isadore Fromm, seguindo Paul Goodman, insistia sobre essa importância do "*next*", do "a seguir", em especial na explicitação da função *id* no processo de construção de gestalts. É um dos pontos importantes de diferença metodológica, e até mesmo filosófica, entre as duas principais orientações da Gestalt-terapia.

6 As citações apresentadas aqui foram extraídas da versão abreviada publicada por James dois anos depois e que foi traduzida e publicada em francês em data desconhecida. Utilizo, além do texto norte-americano original, a 10ª edição, publicada em 1946, sob o título de *Précis de Psychologie*, pelas edições Marcel Rivière.

7 W. James, *Talk to teachers*, p. 17ss, citado por Gurwitsch (1957, p. 25).

8 Ver, a esse respeito, Robine (1990a e 1995b).

9 Ver a introdução de Perls, Hefferline e Goodman (1951) publicada em francês no volume I.

6
Confluência, experiência
vinculada e experiência alienada[1]

Conceito essencial da Gestalt-terapia, a confluência tem sido objeto de múltiplas compreensões, e, portanto, fonte de discussões e de contra-sensos. A confluência designa para alguns uma plenitude, sensações oceânicas conscientes que seriam o objetivo do contato e a própria expressão do contato pleno. Para outros, remete a um "nós" indiferenciado e desprezado, do qual seria preciso fugir a qualquer preço, sob o risco de perder a individualidade. Esse conceito parece ter sido introduzido nas ciências humanas por Exner, em 1894:

> A impressão global produzida por uma imagem, projetada na retina, é composta pela excitação de inúmeras fibras com diferentes funções. O fato de, apesar disso, recebermos uma impressão unitária, na qual as impressões parciais são irreconhecíveis, deve-se ao que denomino princípio da confluência central. (apud Petermann, 1932, p. 17)

Esse princípio foi retomado cerca de vinte anos depois pelos teóricos da Gestalt, particularmente por Wertheimer, sob o nome de fenômeno j (Phi).

Perls (1978a) retomou esse conceito desde seus primeiros escritos, sem todavia defini-lo com clareza. Ele utiliza esse termo para definir a ausência de fronteira, ou de limite, e o articula com a experiência dos orifícios corporais, zonas de confluência que tornam difícil a distinção entre externo e interno.

A confluência transformou-se em um conceito teórico da Gestalt-terapia para dar conta daquilo que não é contato, nem consciência imediata (*awareness*) por ausência da experiência de fronteira de contato, no processo de construção e destruição de gestalts. A fim de definir melhor esse difícil conceito, é necessário fazer um desvio para a teoria do *self*.

A CONFLUÊNCIA NA TEORIA DO *SELF* DA GESTALT-TERAPIA

QUAIS SÃO AS BASES DA GESTALT-TERAPIA?

O CAMPO ORGANISMO/AMBIENTE

O indivíduo é um ser social. Ele vive em um ambiente do qual só pode ser abstraído artificialmente. A natureza é uma força poderosa e auto-regulada da qual o homem faz parte. A Gestalt-terapia encara o indivíduo do ponto de vista do campo organismo/ambiente.

O AJUSTAMENTO CRIATIVO

O indivíduo possui uma sabedoria transmitida por herança que o leva à autoconservação. Em paralelo, ele tende ao crescimento, isto é, ao ajustamento criativo às situações incessantemente mutáveis do campo, experiências que transformam tanto o ambiente quanto o próprio homem. A Gestalt-terapia baseia-se em uma teoria que prega o envolvimento do indivíduo e sua responsabilidade diante do mundo e de si mesmo. "A autopreservação e o crescimento são dois pólos de um mesmo processo: apenas aquilo que é preservado é que pode crescer pela assimilação, e só aquilo que assimila a novidade é que pode se preservar, não degenerar" (Perls; Hefferline; Goodman, 1951, II, X, 2). Esse é o processo do contato.

LUGAR DA CONFLUÊNCIA NA TEORIA DO *SELF*

DA FISIOLOGIA E DA PSICOLOGIA

Goodman evoca duas abordagens diante da natureza humana, ligadas a funções específicas do ser humano: o fisiológico e o psicológico.

Da fisiologia originam-se as funções, em sua maioria não conscientes, que não são funções de contato; servem principalmente para garantir a sobrevivência e a homeostase do indivíduo. É a função conservadora do indivíduo. Aquilo que foi adquirido ao longo de séculos de evolução da espécie (filogênese), que tornou possível a crescente complexidade do ser humano e que não é questionado –, refere-se à fisiologia primária. Hoje certamente utilizaríamos os termos *inato* e *biológico*.

O domínio psicológico, para retomar os termos de Goodman, refere-se ao

> conjunto específico dos ajustamentos fisiológicos que também estão em relação com o que não é fisiológico. Isto é, os contatos na fronteira no campo organismo/ambiente. A diferença definidora entre a fisiologia e a psicologia é o conservadorismo auto-regulador, relativamente auto-suficiente da "alma" e o confronto e a assimilação da novidade pelo *self*. (ibidem, II, XII, A1)

O psicológico torna possível a criação de uma fisiologia secundária (ontogênese).

A vida de um indivíduo, portanto, pode ser vista como a operação de funções internas, originárias das fisiologias primária e secundária, e a operação de funções de contato que lhe possibilitam interagir com o ambiente. A finalidade principal desses contatos, na primeira perspectiva de Perls e Goodman, é garantir a sobrevivência; e a conseqüência daquilo que foi realizado para garantir essa sobrevivência é o crescimento. O contato – ou o contatar – constitui assim a passagem do fisiológico ao psicológico. Por sua vez, a assi-

98 JEAN-MARIE ROBINE

milação representa a passagem do psicológico ao fisiológico. Se a fisiologia leva o organismo para um estado de equilíbrio, a psicologia o leva ao encontro daquilo que é o não-eu, da novidade, gerando assim o desequilíbrio e o risco para o organismo. A fisiologia, primária e secundária, engloba os ajustamentos conservadores, o adquirido, os reflexos, o hábito, tudo aquilo que não requer consciência para que o indivíduo funcione na perspectiva de autoconservação. A psicologia é o confronto com o desconhecido, a alteridade, aquilo que coloca um problema, a novidade, a diferença, quer esse confronto esteja ligado a um desequilíbrio do organismo quer à solicitação de um estímulo exterior. A psicologia remete assim à aptidão para elaborar o campo nessa perspectiva, aquilo que também chamamos de construção/destruição de gestalts. A psicologia patológica estudará a interrupção desse processo.

O *SELF*

O *self*, nessa teoria, é uma função do campo: é o sistema de contatos em todos os instantes. É a fronteira de contato em ação. Sua atividade consiste em formar figuras e fundos. O *self* "é só um pequeno fator na interação total organismo/ambiente, mas desempenha o papel crucial de achar e fazer os significados por meio dos quais crescemos" (ibidem, II, 1, 11). É uma função, ou sistema de respostas, que varia segundo as necessidades dominantes; essa função pode diminuir, por exemplo, quando o indivíduo adormece, ou aumentar, quando ele está em uma situação intensamente urgente. Ele *é* o sistema de ajustamentos criativos.

O *self* age por meio de três funções principais: a função *ego,* que, após a orientação no campo, executa a manipulação do campo mediante identificações e alienações sucessivas; a função *id,* que designa os desejos, os apetites, as necessidades, os impulsos, as situações inacabadas que surgem no momento e se constituem em figura emergente; e a função personalidade, formada por meio das experiências vividas e da retórica aplicada a elas, das lealdades, dos valores e da moral da sociedade e do contexto – em resumo, designa as representações que o indivíduo construiu sobre si mesmo. As funções *id* e personalidade subentendem a função *ego* e se manifestam por intermédio dela, do mesmo modo que se constituem, ao redor da circularidade, como identificações operadas pelo *self* em seu modo *ego*.

A FORMAÇÃO DAS FORMAS

Para que uma figura possa emergir, isto é, para que um contato tome forma, é necessário que ela seja energizada por seu plano de fundo, que "alguma coisa" brote e seja sustentada. O plano de fundo de uma determinada figura é constituído por materiais extraídos tanto do ambiente quanto do organismo. Falar de uma figura extraída do plano de fundo não constitui um retorno à dicotomia consciente/inconsciente. Certamente, a figura é consciência perceptual (*awareness*) e o plano de fundo é não-consciência ou consciência marginal, mas simultaneamente organismo e ambiente.

O desenrolar do contato se realiza por meio de determinadas modalidades que podem ser descritas como "fazer vir", "fazer partir", "reter" ou "segurar", "romper", cujos equivalentes psicológicos são denominados introjeção, projeção, retroflexão e egotismo (ou isolamento). Essas modalidades descrevem o que se passa na fronteira de contato, permitem o ajustamento criativo ou, ao contrário, sua interrupção, especialmente quando são acompanhadas por uma perda do funcionamento em modo *ego*. Para enunciar de maneira muito esquemática aquilo que necessitaria de uma explicitação ainda em elaboração, o ato de contatar o ambiente se dá segundo essa seqüência ordenada de modalidades – introjeção, projeção, retroflexão e egotismo – antes de alcançar o contato final. A impossibilidade de uma dessas modalidades de orientação gera uma fixação na modalidade anterior. Mas a confluência tem uma posição particular, pois aponta a ausência da fronteira de contato.

A CONFLUÊNCIA, LIGAÇÃO DA EXPERIÊNCIA

A ELABORAÇÃO DA CONFLUÊNCIA

Durante a seqüência do estabelecimento do contato, o *self* está intensamente comprometido na situação: seu caráter deliberado se amplia, a *awareness* é bastante mobilizada. A figura, nessa fase, é constituída pelo ambiente em suas múltiplas possibilidades, as quais podem ser contatadas e concluir a direção de sentido aberta pelo *id* da situação.

No contato final, o *self* está no apogeu do modo médio: completamente engajado na situação, ativo e passivo, espontâneo, ele é o contato em curso. Na experiência vivida, a fronteira sujeito/objeto contatado dissolve-se progressivamente e o plano de fundo (organismo e ambiente) esvazia-se inteiramente na figura até o ponto de desaparecimento. Em estado de repouso, antes da emergência dos sinais precursores de uma figura, durante a fase de pré-contato, a confluência atinge o ponto máximo, pois não há figura na *awareness*. Se nessa fase, e de maneira um pouco simétrica, não havia distinção figura/fundo porque tudo era fundo, no contato final também não há distinção figura/fundo porque o fundo acessível uniu-se à figura em uma configuração unificadora.[2] Tudo o que não é a figura do contato final retorna a um fundo inacessível, de tal modo inacessível que Goodman pode falar de "fundo vazio" (entenda-se: vazio na experiência do indivíduo).

É mediante essa dissolução da fronteira de relação figura/fundo que a confluência se inicia. A "dissolução da barreira de distinção" permite que o que era figura inicie seu deslocamento para o fundo, por meio da retração e da assimilação que designamos por "pós-contato". O que era novidade contatada, depois das transformações, poderá fundir-se com o antigo em uma nova unidade. Não se trata de uma acumulação em camadas, mas sim da constituição de uma nova configuração. Depois da realização de cada contato, somos transformados porque uma assimilação aconteceu. Aquilo que havia sido figura de contato vem nutrir o fundo e contribuir para seu enriquecimento.

> Após o contato, há um fluxo de energia que soma à energia do organismo os novos elementos ambientais assimilados do ambiente; a fronteira de contato que foi "rompida" se reforma agora, incluindo a nova energia e o "órgão de segunda natureza"; o que foi assimilado faz parte agora da auto-regulação fisiológica; a fronteira de contato está agora "fora" do aprendizado, do hábito, do reflexo condicionado etc.; assimilados por exemplo, o que é semelhante ao que aprendemos não nos afeta, não suscita nenhum problema. (ibidem, II, XIII, 9)

Essa descrição que Perls e Goodman fizeram do crescimento constitui igualmente a abordagem do fenômeno de estabelecimento da confluência como processo. A confluência se torna, em seguida, "estado", quando aquilo que fora assimilado torna-se estacionário e parte integrante da personalidade.

No intervalo (teórico) entre duas seqüências de contato, isto é, depois do pós-contato e antes do pré-contato seguinte – nessa fase que Perls chamava de "vazio fértil", referindo-se ao pensamento oriental, ou de "indiferença criativa", referindo-se a Friedlander, um discípulo desconhecido de Nietzsche –, a confluência atinge sua intensidade máxima: não há figura, não há contato, não há *awareness* engajada na situação. "O equilíbrio é facilmente estabelecido, a *awareness*, o ajustamento motor e a deliberação estão relaxados: o animal vive bem e está como que adormecido [...] É uma categoria do nada... Na confluência, a consciência é reduzida a nada. No contato, a consciência é intensa" (ibidem, II, III, 6).

A partir dessa confluência, surgem, pouco a pouco, alguns sinais de sensações, percepções, desejos, que vão elaborar-se em uma figura, que virão a constituir a fase de pré-contato da formação de uma nova Gestalt. A emergência dessa nova figura é também a ruptura da confluência; ruptura parcial, pois se trata agora de mobilizar os componentes do fundo que podem constituir um plano de fundo relativo à figura que está sendo elaborada. À medida que a figura toma forma, adquire mais brilho, força e clareza; à medida que o fundo a que a figura está vinculada se organiza, ele se constitui em plano de fundo, que sustenta e mobiliza a figura. Mas o processo, que se origina de uma causalidade circular e não-linear, pode também ser descrito inversamente: à medida que o fundo se mobiliza, ele se estrutura em plano de fundo, e a figura pode se constituir e emergir. Seria, na verdade, mais pertinente considerar que se trata, nessa fase, de construir a barra (a barra do termo relação figura/fundo) sem inferir outra coisa além de simultaneidade e de reciprocidade.

Então, a confluência se rompe e diminui. Ao menos se rompe e diminui a confluência daquilo que está implicado na figura/fundo em elaboração, pois as partes da experiência não mobilizadas pela Gestalt em curso estão e permanecem em *estado* de confluência.

A confluência se desenrola, assim, segundo uma seqüência escalonada, exatamente oposta ao desenvolvimento da seqüência de contato, o que não pode ser mais coerente, uma vez que a confluência é definida como não-contato e não-consciência.

A confluência surge então como a argamassa que garante a continuidade da experiência. O que era novo, depois de transformações, foi assimilado e retomado para constituir o plano de fundo de um contato posterior. Garantindo assim a continuidade, ela também tem domínio sobre os limites de sua função, pois pode, como veremos adiante, brecar ou impedir o encontro com a novidade.

A CONFLUÊNCIA, PASSAGEM DO PSICOLÓGICO AO FISIOLÓGICO

Do mesmo modo que o contato constitui a passagem do fisiológico para o psicológico, no sentido em que os definimos anteriormente, o processo de confluência marca o retorno do psicológico ao fisiológico. O que havia sido assimilado torna-se parte do "eu" atual e poderá servir de fundo para as experiências seguintes, que poderão, conseqüentemente, ser mais complexas que as anteriores. É essa dissolução momentânea da fronteira de contato, designada pela confluência, que possibilita as aquisições, os hábitos e reflexos..., a constituição do fundo. "Tudo aquilo que é assimilado se transforma em uma 'segunda natureza' (não-contatada) que faz parte do corpo e não do *self*." Temos então uma nova oportunidade para ver que a confluência sadia remete ao corpo e não ao *self*. Quando o *self* aumenta, a confluência diminui; quando o *self* se enfraquece, a confluência é intensa.

É necessário introduzir aqui uma distinção entre, por um lado, aquilo que constitui nossas bases mais íntimas de segurança: são os fundos não conscientes que funcionam como fundos para os planos de fundo. Eles são muito raramente colocados em questão, colocados em primeiro plano. "Se formos forçados a tomar consciência desses fundos de segurança básica, 'o chão cederá' e a ansiedade que sentiremos será metafísica" (ibidem, II, XV, 4); por outro, aquilo que poderia ser chamado de "o fundo de operações", o que vai servir de plano de fundo para a figura nascente e que permitirá que ela atinja um nível de clareza. Esse plano de fundo pode passar a primeiro plano e retomar o contato. Goodman distingue assim a confluência sadia, na qual o plano de fundo pode novamente ser mobilizado e se transformar em primeiro plano, da confluência patológica, na qual o fundo permanece como fundo por meio da fixação.

Essa distinção com relação à constituição do fundo pode fazer aparecer uma imagem fragmentada ou composta por superposições. Ela tenta separar artificialmente aquilo que constitui uma unidade, e operar o inverso da confluência: uma difluência. Quando abordamos uma novidade do campo, apenas uma parte do fundo será mobilizada: a necessária à criação da nova figura. Pode-se supor que quanto maior for a dificuldade de confrontar a novidade, maior será o fundo mobilizado.

O pós-contato é a fase de assimilação e, como enfatiza Goodman, essa fase está impregnada por um profundo *pathos*: a excitação que a precedeu era grande, a figura de contato preenchia o mundo, mas o que vem em seguida realiza apenas uma pequena mudança no campo. O *self* se amplia espontaneamente para em seguida apagar-se por si mesmo. O *self* tem medo de "morrer", já que não passa de um contato transitório. A assimilação bem-sucedida resulta apenas em um pequeno crescimento, mas ela é segura e pode-se contar com ela.

SINGULARIDADE DA CONFLUÊNCIA

Como Laura Perls (1993a), podemos dizer que a confluência é, dentre outros, um estado, um sistema de equilíbrio organísmico "que funciona em princípio sem orientação particular do campo de consciência, e também sem manipulação particular".

A confluência se diferencia claramente de outros fenômenos de fronteira (introjeção, projeção, retroflexão ou egotismo), pois ela supõe a ausência da fronteira de contato, a não-consciência, e remete unicamente ao organismo. Poderíamos dizer que, como processo, ela é sinônimo de assimilação, e, como estado, ela é sinônimo de *assimilado*. Ela constitui o fundo, o sistema de sustentação descrito por Laura Perls, isto é, aquilo que "se origina na fisiologia primária livre implicando a assimilação e a integração da experiência", sabendo-se que "não pode fazer parte do sistema de sustentação aquilo que não esteja completamente assimilado e integrado ao funcionamento global do organismo" (ibidem).

Se a confluência é não-consciência, ela não é, contudo, o inconsciente freudiano. O inconsciente remete àquilo que foi reprimido, enquanto a confluência sadia remete àquilo que foi assimilado, talvez esquecido, e que, portanto, é agora parte integrante do indivíduo, constituindo assim seu sistema de sustentação necessário para o desencadear de novos contatos.

A CONFLUÊNCIA COMO INTERRUPÇÃO DO PROCESSO DE CONSTRUÇÃO/DESTRUIÇÃO DE GESTALTS

A neurose, na teoria da Gestalt-terapia, está ligada a uma interrupção fixa da seqüência de contato, uma interrupção vinculada à angústia. Ela corresponde a uma perda da função *ego* do *self* em benefício da fisiologia secundária. Temos visto que tudo aquilo que faz referência à fisiologia, quer primária quer secundária (hábitos, lealdades etc.), indica um estado de confluência. O estado em que ocorre a interrupção, ligado a uma perda do funcionamento em modo *ego*, determina o hábito neurótico. Precisamos lidar em todos os casos com uma confluência patológica.

Em *Notes sur la peur et l'angoisse* [*Notas sobre o medo e a angústia*], Laura Perls (1993a) distingue medo e angústia. Temos medo do outro. Ele mobiliza a atenção (a orientação) e exige a manipulação da situação perigosa. A angústia nasce de uma situação de confluência ameaçada. A orientação é impossível e aniquila a possibilidade de manipulação.

Na obra de Goodman, distinguimos dois tipos de confluência como interrupção do processo de construção/destruição de gestalts. A primeira é uma confluência que impede a emergência de uma figura qualquer; a segunda é uma confluência que acompanha toda neurose. Acrescentaremos, como uma variação da primeira, a interrupção da seqüência de contato ligada à ansiedade provocada pela confluência futura.

CONFLUÊNCIA NO PÓS-CONTATO QUE IMPEDE O PRÉ-CONTATO

A confluência impede a emergência de uma nova excitação. Nenhuma necessidade, urgência, nenhum desejo, apetite é sentido. "A confluência é a condição de não-contato (nenhuma fronteira de *self*), embora estejam ocorrendo outros processos importantes de interação; por exemplo, o processo de funcionamento fisiológico, a estimulação ambiental etc." (Perls; Hefferline; Goodman, 1951, II, XV, 4). O indivíduo se agarra ao término de uma situação anterior que lhe proporcionou satisfação e segurança. Ele não pode desencadear um novo contato, ir em direção ao ambiente. Ele age como se tudo fosse equilíbrio, embora o desequilíbrio já esteja presente. A situação acabada, enraizada como um hábito, não traz de fato mais satisfação; como em geral ocorre com os hábitos, ela só traz uma aparente segurança. Portanto, a confluência não é, como dizem alguns, um apego ao contato, mas sim um apego a uma situação antiga que se tornou obsoleta. O crescimento é interrompido, pois a novidade é recusada. Não existe contato, nenhuma figura se destaca do fundo. Necessidades, apetites, impulsos.... tudo aquilo que cria o desequilíbrio do campo organismo/ambiente, mesmo que não sejam conscientes, não podem desaparecer. Desse modo, segundo Goodman, forçarão caminho para chegar à consciência; é a manifestação somática tal como expressa na histeria, na doença psicossomática ou na hipocondria.

Esse tipo de fixação confluente gerará, no nível comportamental, uma regressão, um estado de dependência. O indivíduo pede que o outro faça todos os esforços em seu lugar. "Os exemplos arquetípicos dessa atitude são o aleitamento ou o apegamento ao calor e ao contato corporal inconscientes, que não são sentidos, mas cuja ausência nos paralisa" (ibidem).

Goodman resume esse tipo de confluência fixada da seguinte forma:

> Não há nenhum contato com a excitação ou o estímulo.
>
> – A agressão contra o organismo caracteriza-se por uma rigidez muscular.
>
> – A agressão contra o ambiente caracteriza-se por uma paralisia e uma hostilidade dessensibilizada.
>
> – A satisfação direta que busca a satisfação, por uma histeria, uma regressão. (ibidem, II, XV, 9)

No decorrer da terapia, o paciente fará exigências de confluência, isto é, exigirá que nada de novo seja trazido ao campo pelo terapeuta. O paciente parece passivo, espera que o terapeuta seja ativo, faça os esforços em seu lugar: ele não sabe nada, não sente nada, mas ao mesmo tempo está em uma espera ansiosa. Ele se encontra imerso em um nevoeiro no qual reina a confusão, e o terapeuta se arrisca a ser contaminado por essa névoa. O terapeuta não tardará a não saber mais o que fazer ou pensar, ou então tenderá a adormecer. O paciente parece mergulhado em sonolência, de fato ou em sentido figurado, que lhe proporciona segurança e mal-estar. O terapeuta, e também seu consultório, parece ser invisível a seus olhos e não lhe traz aparentemente nenhum estímulo. O indivíduo parece embarcado em sua vida como se esta fosse um barco à deriva, sem objetivo preciso, errando ao sabor da correnteza.

Que podemos propor? Já vimos que havia não-consciência da excitação primária. Portanto, o objetivo poderia ser provocar a tomada de consciência dessa excitação a fim de que a orientação/manipulação pudesse se estabelecer. M. Spagnuolo-Lobb (1992) observou, com razão, que todas as técnicas de tomada de consciência são de difícil aplicação. Perguntas como: "O que você está sentindo?", "O que você deseja?", "Do que você precisa?" não podem evocar respostas exatamente porque o indivíduo não tem a capacidade de tomar consciência de tais respostas. No entanto, elas não são inúteis: podem, na verdade, criar a possibilidade de que o indivíduo sinta a atenção que o terapeuta dedica a ele e incitar, progressivamente, uma focalização da própria atenção. Elas também parecem importantes à medida que colocam o indivíduo diante do vazio e da angústia; trata-se de tornar possível ao paciente tolerar cada vez mais essa angústia para que ele não seja levado a preencher esse vazio com a introjeção, para que ele não venha a considerar a opinião, o desejo, o anseio, o significado ou a direção de sentido dos outros como se fossem seus.

A ANSIEDADE DA CONFLUÊNCIA QUE OCORRERÁ NO CONTATO FINAL

A interrupção da seqüência do contato pode acontecer exatamente antes do contato final, em razão de uma angústia diante da criação da confluência que se seguiria. Observa-se esse fenômeno especialmente nas perturbações narcisistas da experiência ou, de modo mais amplo, nas perturbações da experiência de intimidade de origem precoce. A experiência de dissolução momentânea da "fronteira" que ocorre no contato final que está para acontecer é fonte de angústia. Ela supõe um relaxamento, uma volta ao modo espontâneo, uma diminuição dos controles. A interrupção será feita pela fixação em um modo egotista ou retroflexivo. A pessoa precisará permanentemente ser notada e destacada, sobressair-se ao comum. Ela sentirá necessidade de controlar cada situação. Na situação terapêutica, o terapeuta terá dificuldade de emitir uma idéia (o paciente já pensou ou já sabe), ou de fazer a menor observação. A relação poderá facilmente tomar as formas de carrasco/vítima, certo/errado, mais forte/menos forte; em resumo, uma relação de poder, de luta pelo controle. Sem conseguir assimilar novas experiências apesar de todos os esforços que o levaram tão perto desse objetivo, o paciente sente-se muito vazio e solitário. É aqui que o fundo comum[3] ao terapeuta e ao cliente terá de ser mobilizado para proporcionar um suporte pertinente nesse ato fundamental de arriscar-se que constitui a situação de urgência de forte intensidade do contato final.

A CONFLUÊNCIA PATOLÓGICA COMO FUNDAMENTO DE TODA NEUROSE

É como uma cola depositada nos lugares errados, juntando elementos que permanecem distintos. Ela realiza uma união desconjuntada, caótica, malfeita. A assimilação não pode ocorrer, e a figura ligada a seu plano de fundo retorna ao fundo e aí permanece fixa, sem dissolver-se. O fundo torna-se desarmônico.

Todos os modos de interrupção do contato são acompanhados por confluência: o plano de fundo da figura não poderá alimentá-la de modo satisfatório para que ela se torne clara, brilhante, total. Toda interrupção fixa imobiliza a relação plano de fundo/primeiro plano. Essa falta de distinção entre primeiro plano/plano de fundo, essa confluência, faz que toda figura seja abortada e retorne no fundo por meio de repressão. Um outro modo de expressar isso é dizer que quando a confluência do pós-contato não pode ser realizada, quando não houve assimilação, uma força inibidora foi introjetada como parte da experiência e passa então a fazer parte da representação de si. Em vez de poder usá-la como suporte de novas experiências ou de desestruturá-la para completar a situação antiga, gastamos intensa energia em negá-la ou em sentir-nos envergonhados. É então que se pode falar da função personalidade do *self*:

> onde o *self* tem muita personalidade, vimos, é porque carrega consigo muitas situações inacabadas, atitudes inflexíveis recorrentes, lealdades desastrosas; ou então abdicou completamente, e as sensações que tem de si próprio nas atitudes com relação a si mesmo são as que introjetou.
> (Perls; Hefferline; Goodman, 1951, II, XIII, 9)

Para Goodman, o ideal para um indivíduo consiste em ter apenas um pouco de personalidade e, como um sábio taoísta, ser como a água que toma a forma do vaso que a contém.

Na verdade, se pudermos ver que toda confluência sadia se constitui a partir da experiência assimilada, perceberemos que a experiência interrompida e/ou não-assimilada também retorna, sob formas diversas, ao fundo da confluência organísmica.

As introjeções interrompidas, por exemplo, que se fixam sob a forma de introjetos, entrarão na confluência, e seu processo de ação será o da confluência. É fundamental distinguir a introjeção, processo que designa o fenômeno que está ocorrendo, de introjeto, resultado de uma introjeção que não foi levada até a assimilação. O material introjeto designa então um "conteúdo" com o qual o indivíduo estará em confluência e que poderá se manifestar por meio de retroflexões ou de projeções, que o terão como conteúdo. Se o psicoterapeuta for levado a elaborar alguns introjetos durante a cura, será essencialmente se estiver trabalhando sobre o processo, mediante intervenções no nível da confluência ou, se essa puder ser rompida em benefício da *awareness*, mediante projeções ou retroflexões que a exprimam.

Infelizmente, não dispomos de conceitos para designar, como no caso do introjeto no que se refere à introjeção, as projeções ou as retroflexões fixas. Assim, o termo "projeto" poderia ser associado, embora de modo imperfeito, à projeção. O termo "retroflexo" (que aliás não é um neologismo) poderia definir as retroflexões fixas em estases corporais, doenças, posturas e tensões, entre outras, que não desempenham mais a função de retroflexão do contato em curso, mas são resultado de retroflexões que se tornaram crônicas. Assim, uma postura de cabeça enfiada entre os ombros, braços e ombros permanentemente tensos, respiração alta e curta, por exemplo, se permanente, não deverá ser considerada retroflexão. Ela provavelmente foi uma retroflexão, um ajustamento criativo em um determinado momento, por exemplo, na infância do indivíduo, em sua relação com pais ameaçadores e ansiogênicos. Atualmente, não passa de uma confluência com retroflexões, ou, em outras palavras, de uma fisiologia secundária, que só pode ser elaborada como confluência (e não como retroflexão em curso).

CONCLUSÃO

Com o passar dos anos, e esse é o destino de todas as teorias, alguns conceitos evoluem, tornam-se mais precisos ou distorcidos, e marcam com maior ou menor felicidade a evolução da disciplina da qual provêm. Isso ocorreu, para dar apenas um exemplo dentre tantos outros, com o conceito de resistência, objeto de "reelaborações" em especial por parte de Douglas Davidove, de Elaine Breshgold e de Gordon Wheeler. O conceito de confluência, durante os anos 1970, viu seu significado seguir a corrente "comportamental-humanista" da época, para não mais designar senão algumas das conseqüências possíveis, no nível comportamental, da confluência tal como compreendida originalmente pelos autores. Assim, a confluência chegou a designar esse entrelaçamento, considerado mais ou menos sadio, entre um

O SELF DESDOBRADO *111*

"Eu" e um "Você" em um "Nós" indiferenciado, temporário como no orgasmo ou no encontro amoroso, cronificado em um "como se" de contato sob formas disfuncionais.

Como se pode compreender tal mudança? Vimos de que maneira, no contato final, a abertura das fronteiras torna possível o início de um novo processo de estabelecimento de confluência pela dissolução da separação figura/fundo. Se usarmos uma linguagem dualista, podemos dizer que o sujeito e o objeto, na experiência, se unificam para dar origem posteriormente a novas configurações. O processo de contato designa uma modalidade do campo qualquer que seja "o objeto" do contato, humano ou não. Se reduzirmos o fenômeno de contato a uma operação entre dois seres humanos – o que, é preciso salientar, continua sendo a essência do que ocorre no trabalho terapêutico –, o outro, que era "o objeto ambiental" para o qual tendia a Gestalt em construção, é absorvido na figura nesse momento do contato final. Mas o conceito de confluência designa a dissolução da relação figura/fundo e não a da relação sujeito/objeto. A Gestalt-terapia é uma disciplina de experiência das relações figura/fundo e não um método de descrição dos comportamentos humanos –, embora, a seu modo, ela possa contribuir para isso.

"No indivíduo sadio, a relação entre a figura e o fundo é um processo de fluxo e refluxo permanente, mas significativo. A interação da figura e do plano de fundo está na base da teoria [da Gestalt-terapia]" (ibidem, v. I, Introdução).

⤺

NOTAS

1 Escrito em parceria com Brigitte Lapeyronnie, médica psiquiatra e Gestalt-terapeuta em Bordeaux.

2 Isso tornou possível a alguns, como Isadore Fromm, falar sobre a "confluência sadia do contato final", conceito que não é explicitado por Perls e Goodman.

3 Pode-se usar aqui o conceito de *intimate ground* ["fundo íntimo"] desenvolvido por Gordon Wheeler e pelo Instituto de Gestalt de Cleveland, deslocando-o da relação conjugal que ele designava para a relação terapeuta-cliente que similarmente constrói um "fundo íntimo" (ver Wheeler & Backman, 1994).

7
Ansiedade e construção de gestalts

Se considerarmos a psicologia como o estudo da experiência do homem, a psicopatologia[1] designará o estudo das disfunções de sua experiência.

Se considerarmos a experiência do homem como fundamentalmente singular, pois abarca o conjunto das operações de contato que ligam o homem e seu mundo, o estudo das disfunções de sua experiência evidenciará como essa experiência pode deixar de ser singular e apresentar um certo número de *flexões*[2] que modificam ou interrompem o contínuo de um contato auto-regulado. Os modos em que a experiência – e suas flexões – pode ser apreendida, explicada, abarcada, classificada etc. estão sujeitos às condições da observação e, dentre essas, às premissas que organizam o olhar do observador. O observador clínico tem um olhar configurado pelo aparelho teórico e metodológico que emprega como base e instrumento, tornando possível o re-desdobrar da experiência singular do "observado".

Um modo de pensamento psicoterapêutico escolhido por se organizar sobre o conceito de experiência vincula-se, portanto, a uma psicopatologia que descreve as flexões da experiência graças a conceitos forjados para possibilitar a reorganização dessa experiência onde e quando ela se imobilizou.

Um outro modo de pensar, que estivesse organizado sobre o conceito de sintoma em seu "dar-se a ver" e sua referência a uma entidade designada como doença, levaria a uma ação terapêutica orientada para o dar-se a ver (isto é, o comportamento), redução do sintoma e dissolução da doença ou, pelo menos, de seus sinais.

Um modo de pensamento embasado no biológico estaria no mesmo nível de um sistema causal linear, heteronômico, e seria assim o sinal de uma não-responsabilização do indivíduo diante de sua experiência. Implica, a meu ver, um movimento de ajustamento conservador.

Uma postura psicopatológica torna possível abordar o fato psicopatológico, mas não supõe, *ipso facto*, a elaboração de uma nosografia.

Como a psicopatologia gestáltica deve, segundo penso, possibilitar a compreensão da experiência singular do cliente e, para isso, proporcionar ao terapeuta um aparelho conceitual e metodológico específico além da capacidade de dialetizar, de estabelecer uma tensão entre sua abordagem com os conhecimentos clínicos desenvolvidos pelo conjunto do campo, com uma postura coerente (que não exclua determinados paradoxos), parece-me completamente incoerente e suicida que a Gestalt-terapia:

- ■ estabeleça uma nosografia própria;
- ■ adote uma psicopatologia/nosografia exterior e a "traduza" vagamente em linguagem gestáltica;
- ■ ignore o progresso dos conhecimentos no campo da clínica;
- ■ reduza a experiência singular de cada paciente a uma entidade (o *borderline*, o psicótico, o delirante...).

A Gestalt-terapia criou conceitos que nos capacitam a pensar o fato psicopatológico: constituição do campo, identificação/ alienação, excitação, situação de emergência, interrupções da seqüência de ajustamento criativo, perturbações e perdas de funções do *self*, disfunções da experiência na fronteira de contato, orientação/manipulação, insuficiência ou excesso de caráter deliberado, repetição, fixação, situação inacabada, *awareness*, dominância, construção/destruição de gestalts, pacificação prematura de conflitos, autoconquista etc. Cabe a nós desenvolver esses conceitos e usá-los na prática, e também na teoria que dela decorre, em vez de acreditar e fazer acreditar na insuficiência de nossos meios.

A ANSIEDADE EM GESTALT-TERAPIA

ANSIEDADE E EXCITAÇÃO

No cerne da proposta gestáltica, o termo "excitação" é até mesmo parte integrante do subtítulo da obra fundadora: *Excitação e crescimento da personalidade humana* (Perls; Hefferline; Goodman, 1951). Definido como "evidência da realidade" (ibidem, II, 1, 9), pois "não existe realidade neutra, indiferente", acompanha o contato e a formação figura/fundo. Nasce com a emergência de toda figura e tende a se confundir com "o objeto" do contato, a tal ponto que seria inútil localizá-la do lado do organismo e não do lado do ambiente. Ela é a "evidência imediata do campo organismo/ambiente".

A excitação se mantém e cresce ao longo da seqüência de contato. Mas, por razões diferentes, essa excitação pode ser inibida, ou mesmo bloqueada, e isso constitui a angústia. A angústia é a manifestação de uma excitação bloqueada, resultado da interrupção da excitação do crescimento criativo. Essa abordagem da angústia (ou ansiedade, pois, no contexto de nosso comentário, podemos assimilar os dois conceitos, limitando-nos a diferenciá-los apenas no que diz respeito ao aspecto quantitativo) é bastante compatível com a que aparece nos trabalhos de Freud. Sabemos que Freud elaborou sucessivamente três teorias da angústia: a de 1893-1895, sobre a neurose de angústia; a de 1909-1917, em que examinou as relações entre angústia e libido reprimida; e a última, em 1926-1932, na qual retomou suas teorias anteriores à luz de seu conceito do aparelho psíquico. A concepção gestáltica assemelha-se especialmente às duas primeiras, com as reservas impostas ao se levar em conta as diferenças dos sistemas teóricos.

ANSIEDADE E SUPORTE

Outras teorizações sobre a ansiedade permeiam os textos gestálticos. Manteremos, ao longo deste estudo, e como complemento à abordagem de Perls e Goodman, a perspectiva aberta por Laura Perls (1993b), que articula angústia e ausência de suporte essencial na experiência de contato. Quando, na seqüência do contato, chega a faltar o suporte essencial ao desdobramento para a etapa seguinte, surge a angústia. Da mesma maneira, quando se dá uma interrupção (trata-se, bem entendido, de interrupção não-*aware* e não-deliberada!) ligada a uma patologização do que está em jogo na etapa em curso ou na etapa seguinte, a angústia surge e impede o sujeito de acessar, tanto em si mesmo quanto no ambiente, os recursos necessários ao suporte. Assim, o que deve ser apoiado pelo terapeuta não é a pessoa (no sentido em que se pode às vezes falar de "terapia de apoio"), mas sim a construção da Gestalt. Nessa dinâmica, uma tarefa, e não das mais simples, consiste em permitir a transformação da excitação fixa em ansiedade, para excitação ativa e, portanto, em permitir a análise dessa imobilização. É essa ocorrência da ansiedade que se constitui em objeto deste estudo e também em seu limite, evidentemente sem que se pretenda, de modo algum, esgotar a problemática da ansiedade e da angústia dentro de tais limites.

A ANSIEDADE NA CONSTRUÇÃO DA GESTALT

EMERGÊNCIA DE UMA FIGURA *VERSUS* CONFLUÊNCIA

Na primeira fase, denominada fase de pré-contato, o corpo, a fisiologia primária e secundária compõem o fundo. (Lembremos brevemente que a Gestalt-terapia designa por "fisiologia primá-

116   JEAN-MARIE ROBINE

ria" o aspecto biológico do animal-humano, e por "fisiologia secundária" a constituição progressiva, ligada ao desenvolvimento, à história e ao contexto, em inscrições corporais.[3]) Na situação em curso, quer se trate de uma situação de repouso em que nada emergirá como figura, quer de uma atividade qualquer na qual o indivíduo esteja envolvido e da qual ele pode, em graus diversificados de consciência, se deixar distrair, "algo" surge. Essa alguma coisa, esse "*id*" da situação pode tomar diversas formas: propriocepção de uma sensação corporal, percepção de um estímulo ambiental, necessidade, desejo, apetite, atração, impulso, situação inacabada que venha a cruzar o presente... O conceito de "*id*" designa corretamente esse impulso, e a sua *awareness*, sem nenhuma especulação a respeito de sua possível origem. Indissociável da *awareness*,[4] a função *id* é uma modalidade do *self* que, a partir de percepções e sensações corporais, constitui a emergência da figura "seguinte" (*next*) da situação.

É certo que nessa fase da seqüência o *self* é sobretudo uma função da fisiologia, e como que faz parte do organismo. Em outros momentos, como será visto, o *self* aparecerá muito mais claramente como função do campo, ou mais exatamente como "a maneira como o campo inclui o organismo" (Perls; Hefferline; Goodman, 1951, II, 12,1). O que se constitui como figura nessa fase, portanto, é o apetite ou a estimulação ambiental que desperta um apetite.

FLEXÕES

Mas a simples emergência de uma figura de contato, mesmo que pouco clara, pouco definida, às vezes se mostra ansiogênica. O reconhecimento de um apetite ou de um desejo, o conhecimento imediato de uma sensação que indica uma necessidade, o aparecimento de um tema, de uma lembrança, de uma associação, a constituição de uma primeira representação, enfim, todos os fenômenos que iniciam uma direção de significado são acompanhados de excitação. Assim, eles podem gerar uma ansiedade que teria o efeito de impedir essa emergência. Essa interrupção da seqüência – se é que podemos chamá-la de interrupção, sabendo que se trata fenomenologicamente mais de uma ausência de início – opera por meio da confluência. Não permitir essa constituição é manter a confluência, ou demandar confluência (cf. Lapeyronnie & Robine, 1995).

As modalidades disponíveis para manter essa confluência têm alguma similaridade com a repressão, e incentivamos o leitor a retornar ao importante estudo que Goodman e Perls fizeram a respeito no capítulo XIV. A vergonha precoce dos afetos constitui a origem muito freqüente desse tipo de fenômenos.

Uma das funções da manutenção dessa confluência está ligada à ansiedade da individuação e da diferenciação: tornar-se consciente de seu desejo é engajar-se em uma expressão na primeira pessoa. A confluência, ao manter uma indiferenciação organismo/ambiente, elimina qualquer risco nesse nível. A dessensibilização torna possível não ter consciência de nada e nada ter a dizer; a experiência é como a de um nevoeiro ou de escuridão, às vezes expressa como sensações de vazio.

Quando uma figura emerge, ela é chamada a se tornar figura de contato. A criação de uma Gestalt constitui também essa passagem delicada do fisiológico para o psicológico. Manter a confluência permite não levar a experiência do plano fisiológico para o plano psicológico, do corpo para o contato e, portanto, fazer que ela permaneça no fisiológico não consciente. A excitação reprimida continua a ser então exclusivamente corporal, a sensação não pode transformar-se em afeto, e menos ainda o afeto pode passar a ser sentimento ou emoção. A doença que pode ocorrer então toma o corpo como objeto, pois, falando metaforicamente, a Gestalt se construirá sem contato com o ambiente. É, portanto, sob a forma de doenças freqüentemente qualificadas de psicossomáticas, ou de hipocondria, que a excitação se imobilizará nessa fase e que a ansiedade se fixará no corpo. Em menor grau, podem também ocorrer rigidez muscular, tensões crônicas, insensibilizações ou anestesias locais.

Distúrbios menos graves, ligados a uma interrupção que se tornou crônica nessa fase, podem também se manifestar sob diversas formas de imaturidade – ou de regressão –, pois a redução ou a ausência do estabelecimento do contato com o ambiente privam o organismo do contato com a novidade, interrompendo seu crescimento. Apresento, portanto, a hipótese de que o superinvestimento no corpo em práticas *intensivas* do tipo esportivas, para-esportivas (fisiculturismo, diversas ginásticas, artes marciais...) ou artísticas (diversas artes corporais, tatuagens, ornamentações corporais ou vestimentas...) pode estar ligado a uma certa flexão dessa fase, no melhor dos casos investida em sublimação.

Gérard está em uma fase sensível da terapia, mas nada emerge. Ele vem pontualmente às sessões para dizer, sem aparente animosidade, que nada tem a dizer. Ele procura ficar confortável: acomoda-se de lado, semideitado, utilizando os braços de sua poltrona como encosto e apoio para seus joelhos, solto e relaxado, e mantém essa postura durante várias sessões. Todas as minhas solicitações, convites, focalizações caem no vazio: ele não se liga a nada, nada mobiliza a menor ansiedade nem o menor excitamento. Ele parece dizer: "Me deixe em paz. Por favor, não me faça ficar consciente de nada!" Demanda confluência, no entanto ele vem com regularidade e seu olhar deixa às vezes escapar furtivamente um tipo de pedido. Até que um dia, no início da sessão, eu lhe propus um experimento. Propus que nesse dia fizéssemos o experimento de viver a sessão sentados em outro tipo de cadeira, e peguei duas cadeiras bem retas, sem braços. Quase imediatamente, excitamento e ansiedade apareceram: ele tem muitas coisas a dizer, e a agressividade surge.

Suzanne procurou terapia por problemas de múltiplas somatizações. Ela pratica dança e esportes intensivamente e muitas vezes se vê em desvantagem e impedida de participar de competições ou de espetáculos. Ela se queixa de que sua vida é apagada. Ela é extremamente passiva e dependente, inteligente, mas muito silenciosa, e não expressa nenhum sentimento. Muitas vezes tenho a impressão de que ela espera que eu tome todas as iniciativas, que eu questione, que eu defina o tema da sessão. Quando alguma coisa emerge de modo muito sucinto e pode levar à construção de uma figura, ela fica ruborizada, surgem placas vermelhas no alto de seu peito, ela menciona tensões em diversas partes do corpo, sua respiração fica curta e ela diz que tudo se torna enevoado, que ela se sente envolvida por uma neblina (sem que isso lhe traga nenhuma ansiedade). Se proponho, ela concorda em descrever essas sensações, mas não pode ir além disso: ela não acrescenta nenhum sentido, nenhuma direção. Freqüentemente sou tomado pelo tédio e às vezes me sinto tentado a lutar contra ele mediante uma "teimosia terapêutica" qualquer...

Michèle tem cerca de 23 anos, mais ou menos a idade de minha filha, o que ela ficou sabendo por intermédio de outra pessoa. Ela viveu sua adolescência sozinha com seu pai, em uma relação incestuosa. Ela investiu energia muito intensa e rapidamente em nossa relação, a tal ponto que, depois de algumas sessões, para me declarar seu desejo de estabelecer uma relação amorosa comigo, ela usou a frase: "Eu gostaria de ser para você mais do que sua filha". Confluência com a experiência vivida, a tal ponto que a relação pai–filha é colocada como evidência e como base para a relação amorosa.

EXCITAÇÃO DO PRÓPRIO DESEJO *VERSUS* INTROJEÇÃO

Quando uma figura pode emergir do fundo, carregada e energizada pelos elementos do fundo que se constituíram como plano de fundo para o *"id"* da situação, surge o primeiro momento da seqüência de contato em que aparece uma *relação dinâmica* entre a figura e o fundo. "O sentimento da formação da figura-fundo em situações de contato é a excitação" (Perls; Hefferline; Goodman, 1951, II, X, 2), recordávamos antes. Certamente, cada um dos momentos da seqüência requer uma excitação específica, mas a dessa fase tem a especificidade de fazer que o organismo passe do estado de "nada", de repouso, de silêncio, a um despertar do desejo. Trata-se do "meu" desejo, e esse "meu" abre-se para todos os fenômenos de identificação que caracterizarão a fase do estabelecimento do contato: tornar-se plenamente o próprio desejo, proceder às identificações e alienações de possibilidades do ambiente disponíveis para serem contatadas, agir... Esse apetite nascente necessita de um "objeto". Quem diz "objeto"* diz "jogado para a frente", isto é, diz alguma coisa do mundo a ser contatada, a ser tomada tendo em vista uma apropriação, uma assimilação, um encontro. Tradicionalmente, e talvez de um modo um pouco apressado, a Gestalt-terapia conservou uma relativa indiferenciação dos conceitos que designam o conjunto de processos de internalização, usando e abusando do conceito de introjeção. Os trabalhos posteriores, kleinianos e pós-ferenczianos em especial, estimularam maior discriminação e diferenciação.[5] A ruptura pessoal do fundador com Freud, ocorrida em razão de uma discordância sobre a importância que convinha atribuir à introjeção, certamente contribuiu maciçamente para o apego imoderado da comunidade gestaltista à palavra "introjeção", mais do que ao seu conceito.

Desde seu primeiro livro, Perls (1978a) limitou o uso da palavra introjeção a um processo "patológico", cujo equivalente sadio era chamado de "assimilação". Atualmente, a tendência maior é denominar como introjeção o conjunto do fenômeno, sadio ou não, de tomada do mundo ambiental e de apropriação que leva à assimilação (processo sadio) e, portanto, à construção de sentido, ou à constituição de um introjeto (processo disfuncional). O material introjetado designa o resultado da interrupção e da fixação sob a forma de um "corpo estranho", da experiência em processo de internalização.

---

* Ob-jeto (em francês "ob-jet", jet do verbo jétter = atirar, jogar adiante). (N. R.)

Notemos a distinção indispensável entre "introjeção" e "introjeto" que acabamos de esboçar e que, infelizmente, não é mantida por todos os gestaltistas. Ela leva a uma confusão entre processo e conteúdo: a introjeção é um processo, uma modalidade de contato; o introjeto é um conteúdo que se manifesta por outras modalidades, tais como a confluência (ausência de distinção entre si e o que foi introjetado), a projeção (cujo conteúdo muitas vezes é o material introjetado), a retroflexão (que nele depositará suas justificativas). Não é nessa fase da seqüência da construção da Gestalt que intervêm os famosos "deveria/não deveria", resíduos normativos e comportamentais de introjeções inacabadas. É aqui que eles se constroem, para posteriormente serem projetados ou alimentar retroflexões.

A introjeção sadia (conservemos provisoriamente esse conceito, mesmo que contestemos seu uso) ocorre fora de todo contexto coercitivo: adoção de convenções, de regras socioculturais, da linguagem etc. Essa apropriação, executada em condições que não acarretem perda de funcionamento do modo eu do *self*, pode ser "uma realização espetacularmente criativa" (Perls; Hefferline; Goodman, 1951, II, XV, 5).

FLEXÕES

Quando existe uma coerção qualquer por parte do ambiente, quando "a coerção é incompatível com a excitação" e quando o *self* não tem possibilidade de funcionar no modo *ego* durante o contato em curso, essa excitação ligada ao surgimento do desejo se imobiliza. A *awareness* dessa excitação gera ansiedade. O próprio desejo não pode ser reconhecido, assumido, desdobrado. A introjeção consiste em "deslocar o instinto ou apetite potencial" (ibidem), e adotar o desejo do outro, o sentido oferecido pelo outro para a experiência em substituição à construção do seu próprio desejo ou sentido. O afeto é invertido antes mesmo de ser reconhecido e, portanto, experienciado. Assim, a introjeção produzida não poderá prosseguir até a assimilação. Utilizando conceitos propostos por Piaget, poder-se-ia dizer que o indivíduo usa a acomodação em vez da assimilação que seria exigida pela situação.

A adoção pela criança do desejo do pai é semelhante à adoção pelo cliente do desejo do terapeuta. A ausência de vigilância por parte do terapeuta, aí incluídos os níveis contratransferenciais, abre as portas de par em par a uma possível introjeção, sem que seja possível restaurar um funcionamento do eu apoiado sobre o *id*. Pode haver vários tipos de flexões da experiência ligadas a uma interrupção da construção da Gestalt pela introjeção.

O tipo mais freqüentemente encontrado na psicoterapia contemporânea provavelmente se refere a pacientes que apresentam perturbações de sua experiência narcísica. A coação a que foram sujeitos precocemente e que os levou a substituir o próprio desejo pelo desejo de um dos pais para poder sobreviver afetivamente fez que eles criassem o "hábito" de ignorar o próprio desejo (a ponto de, às vezes, confundi-lo com o vazio nesse tema) e de estar em demanda repetida de introjeção. Quer se use o conceito de "falso *self*", caro a Winnicott, quer o de "personalidade *como se*", mencionado por Helene Deutsch, o fenômeno é idêntico, pelo menos em determinadas fases do processo terapêutico: os introjetos assumem o lugar da identidade, e a introjeção continua a ser procurada nos contatos em curso. Essas personalidades, aliás, possuem um talento individual, uma intuição, uma empatia para identificar o desejo do outro sem que esse o tenha manifestado abertamente, e para ajustar-se a esse desejo com maior ou menor pertinência.

Seria oportuno também examinar à luz da idéia de introjeção toda a problemática das perversões. Como o desejo do outro pode ser tomado e distorcido em benefício do gozo... e, portanto, em outro nível, a experiência masoquista (masoquismo secundário ou mortífero) e outras submissões que encontram sua realização na negação das próprias necessidades "com a aprovação das falsas identificações" (ibidem).

E uma atenção especial deverá ser dada às síndromes cuja expressão acontece por meio das perturbações do comportamento alimentar. Essa equivalência física da introjeção será, claramente, uma modalidade prioritária de um ser-no-mundo fixado segundo essas modalidades.

Bruno está em psicoterapia há vários meses. Ele me pede com regularidade que lhe diga o que eu penso de tal ou qual situação que ele menciona. Depois de algum tempo, ele toma consciência de que os pontos de referência fornecidos por seus amigos não lhe parecem mais tão confiáveis, levando-se em conta a sua evolução. Algum tempo depois, ele se dá conta de que tinha buscado substituir seus pais por seus amigos, depois seus amigos por mim, como figuras que lhe permitiam saber o que ele deveria sentir, pensar e agir, em cada situação. "Quando eu vou a uma festa, por exemplo, eu me mostro alegre e sociável, porque meus amigos são assim. Mas o que é que eu sinto? Nada! O que eu creio sentir não me pertence, não é meu, isso não sou eu... Eu só manifesto aquilo que se espera de mim na situação." Começa então uma grave fase depressiva, ligada a um sentimento de vazio emocional, e um início de consciência e de identificação de afetos que poderão pouco a pouco construir-se em sentimentos.

A evolução das modalidades de introjeção de Julien pode ser seguida no decorrer dos meses mediante sua relação com suas escolhas em matéria de automóveis.

Primeiro período, depois de um ou dois anos de terapia: "Acho que vou mudar de carro. O que eu tenho hoje é um carro de luxo. Eu o escolhi para impressionar os outros. Hoje isso não corresponde ao que sou nem ao que quero... mas, a propósito, qual é o seu carro?..."

Segundo período, cerca de seis meses depois: "Mudei de carro, há alguns meses, para um 205 diesel. É robusto, não deslumbra, é confiável, rústico, simples; imagino que esse deva ser o tipo de carro que você tem!... mas, a propósito, qual é o seu carro?..."

Terceiro período, alguns meses depois: "Tive um sonho, eu estava no meu mecânico e percebi no fundo de sua oficina meu antigo GTI, que ele não tinha vendido, e senti uma certa nostalgia. Você sabe, eu

me arrependo um pouco porque o carro que tenho não me serve.
Vou mudar de carro. A propósito, qual é o seu carro?..."
Última fase, ainda alguns meses mais tarde, um sonho é trazido
para a sessão. Entre outros elementos, ele conta que se encontrava
nas ruas de Bordeaux (cidade em que ele faz terapia, pois mora a
150 km de distância), preso em um congestionamento ou parado
em um farol vermelho, e se dá conta de que está dirigindo um car-
rinho de pedalar de criança. Evidenciamos no trabalho com esse
sonho que ele tem o sentimento de começar a apropriar-se de seu
próprio desejo, como se ele retomasse a construção no ponto em que
havia sido interrompida, voltando metaforicamente ao seu primei-
ro "automóvel" realmente pessoal.

Sabine está em psicoterapia comigo há algumas semanas.
Anteriormente, ela havia feito psicanálise clássica durante seis anos.
A atmosfera é descontraída, às vezes divertida. Um dia, no fim da
sessão, ela me fala de sua confusão: "Não entendo muito bem a sua
terapia. Eu tinha uma imagem da terapia como algo sério, triste,
penoso e doloroso... e nós nos divertimos, rimos etc. Estamos traba-
lhando? Isso pode me ajudar a mudar?"

PERCEPÇÃO DO AMBIENTE *VERSUS* PROJEÇÃO

Se a excitação do desejo não foi interrompida em uma introjeção
passiva que implica um abandono do funcionamento em modo
eu, o desejo pode então voltar para o plano de fundo, excitar o
fundo como repositório de recursos para a construção da Gestalt
em curso.

Particularmente nesse momento da seqüência, a formação da
figura requer o investimento da energia dos dois pólos do campo:
o organismo e o ambiente. A excitação do desejo, que era figura
na fase precedente, dá lugar ao "objeto" ou à série de objetos possíveis. É um momento especialmente sensível, pois a figura passa
de um pólo do campo (o organismo) ao outro (o ambiente), ela
se desloca do "interior" para o "exterior".

"Deslocar-se para o exterior" evoca imediatamente o equivalente em latim: *ex-movere*, e-moção. Esse momento é realmente a fase privilegiada da emoção. A Gestalt-terapia aborda a emoção como um tipo de choque produzido pelo encontro do estado do organismo com o estado do ambiente: "É o *conhecimento imediato* e integrador de uma relação entre o organismo e o ambiente. É a figura de primeiro plano de combinações diferentes de propriocepções e percepções. Como tal é uma função do campo" (ibidem, II, 12, 6).

Em outras palavras, para que haja emoção, é necessário que "a excitação seja aceita e o ambiente, confrontado", isto é, que haja "vinculação do apetite ou outro desejo com um objeto vagamente percebido" (ibidem, II, 15, 6).

Nessa operação de encontro e de ajustamento ao ambiente, as hesitações, as acomodações sucessivas com grande freqüência usam a projeção como instrumento comum de orientação no campo.

Esse fator "alucinatório" normal, de intuição, de pressentimento, ou, mais simplesmente, essa capacidade de imputar à experiência em curso alguns conhecimentos ligados à experiência adquirida anteriormente se originam, na verdade, na projeção, entendida em seu sentido mais amplo.

FLEXÕES

Mas, e este é também o caso no que diz respeito a muitas outras palavras, o uso ampliado e generalizado de um conceito esvazia sua especificidade e sua substância. Se projeção se tornar sinônimo de qualquer forma de exteriorização, ou designar o processo pelo qual um indivíduo cria uma idéia do campo, do outro ou do ambiente, a partir de sua subjetividade, seremos obrigados a aceitar que a projeção é permanente. A perspectiva construtivista contemporânea abarcaria apenas um "princípio de projeção generalizada". Para manter a utilidade operatória desse conceito, parece-me útil defini-lo de modo mais restrito.

Na projeção, tal como definida em Gestalt-terapia, trata-se muito mais de uma recusa não consciente (negação, impossibilidade...) de se apropriar do afeto, da emoção, do sentimento, e das representações que os acompanham.

No exemplo banal do paciente que diz ao terapeuta algo como: "Você me lembra minha mãe", não é na irrupção – plenamente consciente – da mãe que reside a projeção, mas na atribuição ao terapeuta daquilo que, na realidade, pertence ao paciente: o "Você me lembra..." que substitui o "Eu me lembro...".

Isadore Fromm, membro do grupo fundador da Gestalt-terapia, prestava extrema atenção ao manejo da linguagem por parte do cliente, em especial para daí destacar os sinais de projeção da experiência: nem pensar, por exemplo, em deixar o paciente pontuar suas frases com pequenas frases ritualizadas do tipo: "Você sabe...", "Se você quiser...", sem responder com um "Não, eu não sei!", "O que você acha que eu quero?" ou outras respostas a possíveis projeções. Michael V. Miller (1995) relembra uma história que aconteceu durante um grupo de formação (eu mesmo fui testemunha de múltiplas intervenções semelhantes realizadas por Isadore Fromm): "O que vocês preferem que alguém lhes diga: 'Eu te amo' ou 'Eu te amo de verdade'? A segunda frase deve incitá-los a ficar um pouco em guarda, pois quem fala pode estar projetando o fato de que ele não será acreditado, o que faz pensar que ele mesmo tenha dúvidas".

Pela projeção, o indivíduo constrói uma tela em relação ao campo. Os afetos desapropriados são atribuídos ao outro, as características do ambiente não são percebidas, pois o ambiente é restrito a imagens virtuais fabricadas pelo próprio indivíduo.

A paranóia e suas variações em formas sensitivas ou interpretativas constituem, certamente, um modo de contato que utiliza de modo privilegiado a projeção persecutória, mas outros estilos psicopatológicos usam também a projeção. Toda forma de negação é acompanhada por projeção; por exemplo, a negação da diferença sexual nas perversões; as posturas generalizadoras (sexismo, racismo, homofobia, fascismos...), as certezas rígidas, a constituição do objeto fóbico, a contribuição para a elaboração de rituais compulsivos e de formações reativas, a culpa neurótica, as superstições e crenças, mitologias e mitomanias, os ciúmes, os delírios... Pode-se também supor a hipótese de que o processo da conversão histérica se assemelhe muito mais à projeção do que à retroflexão, ainda que o indivíduo tome a si mesmo como "ambiente" para expulsar seus afetos.

A postura de Catherine sempre me chamou a atenção: ela ainda nem tem 25 anos e é arcada, a cabeça enfiada entre os ombros. Depois de algum tempo de terapia, pôde exprimir um sentimento de ameaça quando se trata de arriscar-se em uma interação direta comigo: a postura se fecha, a cabeça se recolhe um pouco mais e as costas se curvam ainda mais. A segurança progressiva encontrada na terapia tornou possível que ela abordasse as violências físicas sofridas em sua família quando ela queria dizer algo a seu próprio respeito. Ela toma consciência pouco a pouco de que o medo que se instalou em sua relação com seu pai foi generalizado e tornou-se crônico em sua relação com os outros. "Como se o mundo inteiro fosse meu pai... e eu tivesse de me proteger!", ela me disse certo dia.

O trabalho sobre esse mapa do mundo, incluindo a elucidação da transferência construída sobre essa projeção, resultou no realinhamento físico (e não apenas físico!) progressivo de Catherine a ponto de, no fim de sua terapia, sua postura corporal ser radicalmente diferente sem que ela tenha recorrido a nenhuma manipulação corporal ou postural.

Etienne e Sophie estão em terapia de casal há algumas sessões. O diálogo se refez e Sophie, que estava muito distante de Etienne, a ponto de pensar em deixá-lo (depois de vinte anos de vida em comum), reencontrou uma certa intimidade com ele. Tocado por essa aproximação, Etienne lhe contou algo que havia mantido em segredo: que, quando criança, ele sofrera abuso sexual por parte de

seu pai. Este não é o lugar certo para considerar quais jogos de poder
e de controle podiam estar envolvidos nessa revelação, mas sim sua
conseqüência imediata: humilhada, Sophie começou a reconstruir,
a partir desse fato, a história conjugal deles, que incluía muita vio-
lência: "Você se casou com uma enfermeira! Você só me escolheu
para sair de sua família! Você nunca confiou em mim! etc." O con-
tato foi momentaneamente interrompido.

IR PARA *VERSUS* RETROFLEXÃO

Quando o ambiente pode ser percebido e construído, a excitação
pode então se engajar plenamente na situação: "ir para" e "contatar plenamente". As identificações e alienações restringem progressivamente o campo das possibilidades, mas esse "ir para"
pode despertar ansiedade ou angústia, e essa função "que na origem é orientada para o mundo pelo indivíduo, modifica sua
direção e retorna a seu criador" (Perls, 1978a, parte II, cap. 3).

Ir para, em latim *ad-gressere*, corresponde à concepção gestáltica
de agressividade: "Poder benéfico de expressão pessoal e de criação
do qual dispõe o ser humano para fazer alguma coisa, ou de fazer
que alguma coisa reproduza, de estar disposto a recolocar sua pessoa no mundo assim como a receber algo deste" (Miller, 1995). Essa
concepção de agressividade se distingue, portanto, do "exercício
hostil do poder combativo contra os outros que é geralmente a
concepção que atualmente se faz a respeito da agressão" (ibidem).

A retroflexão é, nesse estágio, a modalidade do contatar que
possibilita evitar a ansiedade da agressão. A ação é então voltada
contra "os únicos objetos seguros disponíveis no campo: sua própria personalidade e seu próprio corpo" (Perls; Hefferline;
Goodman, 1951, II, 15, 7). Na abordagem habitual, a retroflexão
torna possível o atraso do engajamento, permitindo o reajusta-
mento da emoção, a correção dos fundos e, portanto, a reconsi-
deração da emoção. É a isso que chamamos controle de si, ligado
à intervenção da vontade. Por vezes, os medos podem desencadear essa retroflexão; às vezes, também os medos resultam de

projeções. Pode ser pertinente que o indivíduo torne mais lenta a ação agressiva ou não se engaje nela, considerando o contexto e o ajustamento que esse contexto requer. Uma retroflexão poderá então, com justiça, ser considerada como ajustamento criativo.

Pensar (re-fletir) é uma forma de retroflexão, é falar consigo mesmo. Será a própria pessoa um interlocutor apropriado? "Eu me pergunto...", dizemos muitas vezes. Somos a pessoa apropriada a quem essa pergunta deve ser dirigida? Pensar para preparar o estabelecimento da relação não equivale a pensar em vez de agir.

FLEXÕES

Como no caso da maioria dos fenômenos que evocamos anteriormente, a retroflexão pode intervir como modalidade de interrupção da Gestalt em curso, com ou sem a intervenção da função *ego*, com ou sem consciência imediata, e é isso que constituirá a diferença. Quando a agressão, no sentido que já mencionamos, não pode ser manifestada, ela pode se converter em hostilidade ou voltar-se sobre si mesma. O medo de destruir despertou a angústia; a destruição se voltará contra os únicos objetos disponíveis: o próprio corpo e a própria personalidade. Essa retroflexão se manifestará por meio de comportamentos de auto-agressão, da automutilação à masturbação, das obsessões às doenças consideradas psicossomáticas, do suicídio a certas formas de masoquismo, da compulsão ao fracasso e aos remorsos, da resignação à autoconquista.

Em seu primeiro livro, Perls sublinha bem a diferença entre repressão e retroflexão; nessa última, "muito pouco material é perdido [e que só se trata] a de reorientação, pois os conflitos que provocaram a retroflexão estão próximos da superfície" (Perls, 1978a, parte III, cap. 8).

Em outro artigo (Robine, 1985), esbocei algumas pistas que demonstram que o destinatário supostamente abstrato do contato não é, em geral, totalmente excluído, e que a retroflexão poderia alcançá-lo mediante um efeito indireto. Uma tentativa de suicídio, por exemplo, afetará facilmente pessoas que não poderiam ser agredidas diretamente.

Durante uma sessão de psicoterapia de grupo, tem início um trabalho com Daniel. Ele e eu estamos sentados no chão, face a face. Ele aborda coisas diferentes que, progressivamente, reúnem-se em uma figura que ele constrói em relação a mim. Sentimentos ambivalentes se anunciam, feitos de demanda de reconhecimento e de afeto, por um lado, e de ressentimento e medo, por outro. Em um dado momento de nossa interação, em que ele se prepara para me dizer aquilo que acaba de vir à luz, instaura-se um silêncio. Observo uma modificação sutil em sua respiração: antes de expirar, um breve momento de bloqueio, de apnéia revelada por um barulhinho que eu introduzo em seu campo de consciência. Abre-se um tipo de parêntese na construção da Gestalt em curso a respeito dessa respiração, ponto em que lhe proponho um experimento. Proponho-lhe experimentar, em silêncio, "dar e receber". Dirigir sua expiração para mim, enquanto eu inspiro, acolher minha expiração, que eu dirigirei para ele quando ele estiver para inspirar. Respirações alternadas. Depois de algumas "trocas", ele começa a soluçar, invadido por emoções, invadido por lembranças, invadido por imagens. Ele encontra lembranças muito enterradas: quando ele tinha 6 ou 7 anos, sua mãe casou-se novamente e seu padrasto o aterrorizava. A mensagem que recebia permanentemente, de modo verbal e também não-verbal, ele expressou da seguinte forma: "Tudo o que sai da sua boca é mau, é veneno, é tóxico. Em você só existe merda e veneno". No contexto de uma abordagem unitária como a Gestaltterapia, não fiquei surpreso por sua respiração exprimir essa mesma dinâmica: antes de expirar (ex-primir, ex-pulsar...), ele bloqueia, retém, por medo de represálias ou de humilhação.

Há algum tempo, Monique passa a maior parte das sessões com a mão sobre os olhos. Esse gesto foi trabalhado de diversos modos, mas o tema de que se fala a partir de então se centra na visão: o que é que ela não deseja "ver"?, será que ela não quer ver que está sendo vista? etc. Mesmo que coisas diferentes possam ser evocadas a partir disso, o gesto se mantém, o que me indica que ela ainda precisa dele e que tudo o que pudemos evocar a partir desse gesto não fez realmente sentido para ela. Um dia, depois de três ou quatro sessões desse modo, uma evidência surge para mim: "Como estão seus olhos, por debaixo da sua mão?" "Eles estão fechados." Certamente! Se não se quer ver, basta fechar os olhos! "Imaginemos o que você poderia fazer com sua mão se não a colocasse na frente dos olhos..." Ela tira a mão da frente dos olhos (que continuam fechados) e me responde: "Eu não vejo!" (sic), enquanto acaricia ternamente o braço com a mão que agora estava disponível. Demanda retrofletida.

A partir daí, abriu-se uma nova fase da terapia, durante a qual demanda, transferência e relação puderam ser trabalhadas diretamente.

SOLTAR *VERSUS* EGOTISMO

Introduzido por Goodman na Gestalt-terapia, o conceito de egotismo não chegou a ser bem aceito pelos Gestalt-terapeutas. Esquecido na maioria dos textos teóricos e clínicos, às vezes apenas esboçado, que eu saiba ele só foi abordado em dois estudos, um de R. Burnham (1982) e o outro de D. Davidove (1990).

Em Goodman, esse conceito pode parecer um pouco paradoxal, pois ele o evoca ao abordar as perdas da função *ego* enquanto, como a própria palavra o indica, designa um "excesso" de *ego*. Excesso ou perda?

Para que o contato final seja alcançado, a espontaneidade deve poder suceder ao caráter deliberado (*deliberateness*) que muitas vezes prevaleceu na fase de estabelecimento do contato; relaxar o controle, soltar-se, ter a audácia de terminar a ação empreendida, abrir as fronteiras ao encontro do objeto contatado, permitir que o Eu–Tu se transforme momentaneamente em um Nós. O problema desse controle, que torna a fronteira estanque e fechada a um contato verdadeiramente pleno, é que o controle não é controlado. Excesso de *ego* envolvido nessa fase do *self*, certamente, mas sem que o *ego* possa optar por terminar seu controle. O controle está fora de controle. Excesso *e* perda da função *ego*.

Considero que o egotismo seja uma forma específica de retroflexão, na medida em que ele corresponde plenamente a uma das definições dadas por Perls e Goodman para a retroflexão: "Qualquer ato de autocontrole deliberado durante um envolvimento difícil é uma retroflexão" (Perls; Hefferline; Goodman, 1951, II, 15, 7). Quando o indivíduo encontra uma ansiedade de amplitude razoável nesse momento de sua experiência, o egotismo se limita a um atraso "para garantir que as possibilidades do fundo estejam realmente esgotadas – que não haja perigo nem surpresa – antes que estejamos envolvidos" (ibidem, II, 3, 9). Ele se manifesta por meio da insegurança, do ceticismo, da lentidão.

FLEXÕES

Mas, em determinadas situações, a aproximação do contato final é de tal forma ansiogênica que o egotismo é utilizado como freio último para evitá-lo. Ele é facilmente encontrado no final da terapia, quando a "introspecção" tiver se transformado em uma segunda natureza do cliente. Ele será manifesto e de grande amplitude nos indivíduos que apresentam perturbações narcisistas de sua experiência. Ansiosos diante do soltar-se, ansiosos diante da perda do controle, ansiosos ao se abrirem para o outro, ansiosos diante de uma possível aniquilação no Nós do encontro, ou ansiosos diante de um possível abandono posterior, tais indivíduos se isolam do ambiente e o reduzem a conhecimentos que possam ampliar seu controle e seu poder.

Robert utiliza cada vez mais expressões como "lançar-se, dar o passo, ousar, arriscar, saltar no vazio" para falar de si mesmo. Nem sempre é fácil saber se ele fala daquilo que vive ou do que desejaria viver. Em uma sessão na qual essas mesmas expressões saíram de sua boca em um momento preciso no qual a Gestalt em curso poderia chegar ao contato final, ele bloqueou tudo e o que falou não passou de palavras, palavras "sobre", como teria dito Perls. Eu o convido a experimentar colocar em ação as expressões metafóricas que utiliza. Tenho em meu consultório um estrado com quinze centímetros de altura. Proponho que suba nele e, quando sentir que chegou o momento, salte para o assoalho. Robert é esportista e sabe realizar um salto perigoso, mas do alto desses quinze centímetros, ele bloqueia tudo, é tomado pela vertigem, não consegue saltar, assustado, conforme declara, pelo soltar-se que isso implicaria no decorrer de sua "queda"!

Isadore Fromm insistia que a ansiedade poderia ser mobilizada por uma forma qualquer do "nós", aí incluído o nível da linguagem, em personalidades que apresentassem perturbações graves de sua experiência narcisista. Philippe não só não conseguia usar o "Nós" ao me contar de seu casamento, não só não conseguia dizer "MINHA mulher" ou "MINHA esposa" para designá-la, mas chegava a usar sistematicamente paráfrases como: "a mulher com quem vivo neste momento", "Bernadette, que é a mulher com quem me casei há dez anos"...

Luce, em todas as suas relações, mesmo comigo, desprende-se manifestamente antes do contato final: em sessão, é o momento em que tudo fica enevoado, em que ela começa a pensar em outra coisa etc. Em suas relações amorosas, múltiplas e sem futuro, durante os momentos de encontro sexual, ela sonha com todos os homens que gostaria de conquistar.

CONCLUSÃO

A PSICOTERAPIA COMO SITUAÇÃO DE EMERGÊNCIA

Colocado em uma situação nova de desequilíbrio, de perigo, de ameaça, de sobrevivência, situação que os autores da "abordagem unitária" designam sob o termo genérico de "situação de emergência" (*emergency*), o organismo elabora uma resposta global e adap-

134 JEAN-MARIE ROBINE

tada: global, porque põe em jogo as percepções, as propriocepções, as representações e o pensamento, a atividade motora etc.; adaptada, porque a possibilidade na fronteira de contato que se atualiza permite a gestão do acontecimento de modo espontâneo e criativo. As capacidades de orientação e de manipulação no campo se desdobram plenamente e resistem à desorganização do campo.

Contudo, pelo jogo das repetições e do fracasso em restabelecer o equilíbrio ou do refúgio na "ocultação e na alucinação",[6] uma cronificação do desequilíbrio e da Gestalt adaptativa se produzirá em baixa intensidade. A tensão passará a ser dupla: perigo *e* frustração, que se potencializam mutuamente até a neurose. É isso que Perls e Goodman chamam de "situação de emergência crônica de baixa intensidade" e que propõem como uma das definições da neurose.

Nessa situação, a fronteira de contato tende a simplificar o campo graças à utilização de duas funções de emergência: a repressão (ibidem) deliberada e a hiperatividade não-deliberada.

> Numa reação diferente daquela que se produz na situação de emergência aguda, a atenção se afasta das exigências proprioceptivas e a percepção do corpo como parte do *self* diminui. A razão disso está em que as excitações proprioceptivas são as ameaças mais controláveis dos dois distúrbios que se agravam mutuamente [...] A propriocepção é reduzida [...] E se o processo se prolonga, o estado de alerta deliberado ao perigo torna-se mais um estado de prontidão muscular que um estado de aceitação sensorial [...] Se está cronicamente preparado para fugir, mas sem jamais realmente o fazer e liberar a tensão muscular [...] Temos aqui o quadro típico da neurose: *propriocepção subconsciente e finalmente percepção, e hipertonia da deliberação e da muscularidade.* (ibidem, II, III, 9)

Essa perturbação corresponde igualmente ao que, em outros textos, os autores chamaram de uma perturbação da "orientação" (percepção e propriocepção), que desencadeia em sua esteira uma perturbação da "manipulação" (atividade psicomotora).

O SELF DESDOBRADO 135

> Se o estado neurótico é a resposta a uma situação de emergência crônica
> de baixa intensidade não existente, caracterizada por um tono muscular
> médio e estado de prontidão apático e fixo, em lugar de relaxamento
> ou um tono galvânico e um estado de prontidão agudo e flexível, então
> o objetivo terapêutico consiste em concentrar-se em uma situação de
> emergência existente de auto grau de intensidade, a qual o paciente
> pode realmente enfrentar e desse modo crescer. (ibidem, II, 4, 2)

É na utilização da situação de emergência atual, ou mesmo na criação *in situ* de uma situação de emergência experimental de alto grau de intensidade que o conceito de experimento, central no método gestáltico, toma sentido pleno. Irredutível a um exercício comportamental, o experimento gestáltico, proposto de modo inteligente, é metonímia da experiência do indivíduo, do mesmo modo que a situação de emergência experimental de alta intensidade estará metonimicamente articulada com a situação de emergência crônica de baixo grau de intensidade: identidade de estrutura, identidade de Gestalt, identidade de função. "Contudo o problema é que o paciente vivencie seu comportamento em sua verdadeira função de emergência, e que ao mesmo tempo se sinta seguro em poder enfrentar a situação" (ibidem).

A Gestalt-terapia, assim como as outras abordagens psicoterapêuticas, não saberia dissociar seu instrumento diagnóstico de seu instrumento de intervenção, do mesmo modo que o diagnóstico não é dissociável da relação terapêutica específica e do campo em geral.

⌐

NOTAS

1 Não seria então mais apropriado, conforme os últimos trabalhos de Bluma Zeigarnik, falar de patopsicologia, para designar um ramo da psicologia que se interessa pela patologia da experiência, em vez de usar o termo psicopatologia, que designaria um ramo da medicina (patologia e psiquiatria) que se interessa pela patologia sob a perspectiva psicológica?

136   JEAN-MARIE ROBINE

2 Tomo emprestado a Binswanger o conceito de "*flexão*" da experiência. Esse termo polissêmico designa um tipo de deformação. Ele também é utilizado em lingüística para designar a modificação de uma palavra com o auxílio de elementos (desinências) que exprimem determinadas relações gramaticais: declinações, conjugações, sufixos etc.

3 Para uma abordagem mais aprofundada desses conceitos e de sua relação com a confluência, ver Lapeyronnie & Robine (1995).

4 Lembremos que o conceito de *awareness* não abrange a totalidade do conceito de consciência, no sentido em que entendemos essa palavra habitualmente, mas se refere a um de seus componentes: o conhecimento imediato e implícito do campo. Ver, a esse respeito, Robine (1995a).

5 Ver, a esse respeito, a última parte de Robine (1985).

6 O termo utilizado pelos autores é "*blotting-out*", "apagamento" (Perls; Hefferline; Goodman, 1951, II, III, 7).

8
O inesperado* em psicoterapia

Uma nova sessão de grupo havia recém-começado quando Philippe tomou a palavra para expressar sua dificuldade de integrar o que ele vivera durante a sessão precedente, dois meses antes. Ele explicou que, durante um trabalho sobre sua família de origem, precisou confrontar suas imagens e representações com algo a que chamou "a realidade", encontrada durante esse trabalho. Quando pronunciou a palavra "realidade", eu a repeti com um ar interrogativo, até mesmo de dúvida, sem que aparentemente ele integrasse minha interpelação.

No momento do reinício no período seguinte, ele me interrogou sobre minha "realidade?". Declarou-se perturbado, desconcertado com a minha perplexidade, e pediu que eu fosse mais preciso. Comentei brevemente que aquilo que ele descobrira durante a sessão precedente poderia também ser somente uma imagem e representação, pois não existe nenhuma outra realidade além da SUA realidade, aquela que ele construiu.

Ele se disse então incapaz de suportar o fato de ser possível existir diversas imagens de uma mesma "realidade": "É como se eu não pudesse mais contar com nada de real, como se eu não tivesse mais nada em que *me agarrar*. Eu tenho o desejo de ser um, de ser completo e perfeito, e me impeço de viver enquanto

---

* No original francês, "L'étonnement", o espantoso, o surpreendido, o inesperado, o surpreendente. (N. R.)

não estiver completo e perfeito. O que posso fazer se nada mais é estável?"

Veio-lhe, então, uma imagem de roda. Ele se levantou de modo espontâneo para fisicamente exprimir essa imagem: "Isso me desespera, eu me sinto condenado ao movimento, como se eu não tivesse escolha, condenado a me mover..." Ele andou a passos largos, batendo os pés, exprimindo física e verbalmente sua raiva, e se comparou a um leão enjaulado: "Não sei se quero sair ou se quero sair!" (*sic*). Ele apontou na minha direção: "A saída é por ali!", para acrescentar pouco depois que eu bloqueava sua saída.

"É como se eu te dissesse, como um cordeiro: 'você quer me deixar sair?', como se te pedisse autorização para sair, sair do teu domínio, de você que é forte demais, tem poder demais." Quase de imediato, ele tomou consciência de que não sabia se se dirigia a mim ou à sua mãe: "Eu te imagino como minha mãe, cheia de sabedoria; ela sabe coisas a meu respeito que nem eu mesmo sei. Portanto, você bem sabe o que é bom para mim! Conto contigo!" Ele riu. (É necessário deixar claro que Philippe fazia também psicoterapia individual comigo há vários anos.)

"Não suporto que você saiba mais a meu respeito do que eu mesmo sei. Isso me deixa furioso, eu me sinto seu prisioneiro, como se estivesse preso. É como se eu passeasse no pátio da prisão... O fato de você existir me torna prisioneiro; se você não existisse, não haveria prisão."

Ele abriu parênteses por um momento para dizer mais uma vez que não sabia se falava comigo ou com sua mãe, apesar de eu ter lhe proposto que escolhesse: "Você me mantém prisioneiro dentro de você. Eu me sinto engolido por você, pois é você quem sabe muita coisa. Eu tenho vontade de tomar para mim as coisas que você sabe de mim. São minhas. Eu as guardo!"

"O que você gostaria que eu lhe devolvesse? O que você poderia retomar?"

"É estranho, mas a palavra que me vem é 'incerteza'! Sim, eu gostaria que você me devolvesse tua incerteza. Estou cansado de imaginar que você sabe tudo e gostaria que você me falasse de sua incerteza. Falo também para minha mãe! Eu gostaria de ouvir minha mãe dizer 'Eu não sei', gostaria também de ouvir você dizer 'Eu não sei'!"

Depois de alguns segundos de silêncio, eu disse: "Vou te fazer uma proposta: *surpreenda-me!*"

Minha proposta teve o efeito de um raio fulminante, seguido de um silêncio nebuloso e agitado: "Eu não te digo aquilo que estou pensando!", disse ele com um tom irônico. E eu respondi no mesmo tom: "Você não me surpreende!"

Depois ele manifestou alguma resistência: "Tenho a impressão de que não poderei te surpreender. Sinto-me desamparado". E contou algumas das fantasias em que pensou no momento de minha proposta: "Eu podia te agarrar pelos culhões, te enrabar... Que merda de história! Justamente as coisas mais difíceis que me sinto incapaz de fazer".

"Você está querendo dizer que, para me surpreender, quer abordar a questão da homossexualidade?"

O trabalho prossegue então a propósito do seu medo do perigo que enxerga e da proibição que impõe a si mesmo: "Se eu atuar assim e sentir prazer, seria uma catástrofe! E se, no fundo, eu não passar de *um homossexual?*" Etc.

No dia seguinte, trouxe um sonho que associou ao trabalho da véspera e à leitura de um livro de Marguerite Duras, antes de dormir. Nesse sonho, ele se encontrava na cidade de sua infância, e mais precisamente no cemitério. Em resumo, todas as pessoas haviam sido desenterradas e tentava-se identificar os cadáveres para recolocar as placas com nomes sobre os caixões ou sobre os túmulos. Algumas pessoas propunham colocar um nome qualquer nos cadáveres irreconhecíveis, mas Philippe se opunha dizendo que eles poderiam ser novamente sepultados, sem etiquetas – o que o surpreendeu muito.

Esse momento de trabalho aborda claramente e de diversas maneiras a questão do inesperado em psicoterapia. É claro que eu já havia refletido sobre esse tema e que minha preocupação não era estranha ao próprio desenrolar da sessão, mas os fenômenos encontrados nesse trabalho são familiares a qualquer psicoterapeuta, quer ele se interesse ou não por falar do inesperado. Inicialmente, trata-se de algo que poderíamos chamar de "recusa do inesperado". O tema do apego (apegar-se a pessoas, apegar-se a representações) é uma questão recorrente nessa terapia. Ele manifesta a dificuldade de abordar a novidade e de realizar ajustamentos criadores. Se um indivíduo se apegar às suas representações, tenderá a reduzir a novidade do campo ao já conhecido e, portanto, a limitar suas possibilidades de contato, e, conseqüentemente, de crescimento. Já há algum tempo, nas sessões de psicoterapia individual de Philippe, trabalhávamos com o fato de que cada uma de minhas intervenções, cada uma de minhas perguntas ou de meus comentários era recebido com um "Acabei de pensar nisso!"

Em seguida, há esse "Você sabe tudo de mim, você sabe mais coisas de mim do que eu mesmo". Nessa projeção, não existe lugar para o não-conhecido, a incerteza ou a dúvida, e essa onipotência atribuída à mãe e ao terapeuta não lhe possibilita nenhuma surpresa. Minha proposição – "surpreenda-me" – é uma maneira de responder à sua demanda de um "eu não sei". Se chegar a me surpreender, coisa de que não duvido, ele deverá se render à evidência de que existem coisas que não sei a respeito dele. Essa proposta, por sua aparente desconexão em relação à demanda, cria uma surpresa, uma brecha, propícia ao aparecimento criativo (e fantasioso).

Aparecem então fantasias sexuais surpreendentes, pelo menos cuja expressão pode ser surpreendente em um contexto grupal, e minha designação desse conjunto em termos de questões de homossexualidade permite que ele se surpreenda, mesmo com medo e angústia, com a autorização que deu a si mesmo de não reprimir imediatamente esse tema e (a eventualidade de) seu desejo.

No sonho – enfim, que, tenho consciência, poderia ser abordado em diversos níveis –, vemos Philippe recusar as etiquetas, recusar na incerteza de imputar uma representação arbitrária. Poderíamos dizer: ele não busca apegar-se, ele aceita a dúvida, o "não sei", com uma certa surpresa.

Por meio dessas diversas experiências, o inesperado se revela como experiência de brecha, de intervalo. Antes de designar o sentimento de surpresa, que é o uso contemporâneo dessa palavra francesa (*"l'étonnement"*), o sentido da palavra evocava um solavanco físico violento. Posteriormente, falou-se de *"étonnement"* em arquitetura para designar uma rachadura em um edifício; e, em joalheria, uma rachadura em um diamante. Solavanco, brecha, rachadura, intervalo, descontinuidade...

O inesperado, portanto, é um modo possível do episódio de contato e manifesta a capacidade de permitir que a função *id* do *self* seja interpelada pelo ambiente. Se com freqüência terapeutas evocam a função *id* como o conjunto de impulsos, de intenções do *self* em direção ao ambiente – força centrífuga –, não é menos verdadeiro que o ambiente pode solicitar ou provocar o apetite do *self*. Essa incitação só pode ser verdadeiramente percebida se o *self* não estiver refugiado ou fixado em uma confluência com hábitos egotistas, introjeções ou projeções crônicas a ponto de não deixar lugar algum para a novidade.

É aceitável deixar que o ambiente rompa a confluência e provoque apetite e excitação? Se o indivíduo criou o hábito de interromper a excitação e imobilizá-la sob a forma da ansiedade, a novidade inesperada poderá ser anulada para evitar essa ansiedade. No fundo, um exame das diferentes modalidades de ausência de surpresa levará a reencontrar os diferentes estilos neuróticos de perturbação da experiência, pois eles remetem aos diversos modos de evitar o encontro com o desconhecido; portanto, a excitação e a angústia.

Às defesas pessoais juntam-se as defesas socioculturais. Nossa sociedade, pela difusão da informação que impõe, engessa a capacidade de se surpreender: basta sentar diante da TV com o controle remoto nas mãos por algumas horas e logo descobriremos desde paisagens de alguma região quase inexplorada, arquiteturas mágicas de lugares distantes, os anéis de Saturno ou a dança dos espermatozóides, a guerra e a morte em transmissão ao vivo, e mesmo aquilo que ocorre depois da morte, o amor e o sexo mais bem enquadrados do que se espiássemos pelo buraco da fechadura; a surpresa repetida que aplaina progressivamente toda capacidade de se deixar surpreender. Se antes de começar a viver, tudo já foi vivido por procuração, por imagens e representações: como se surpreender que o excitamento se encontre embotado?!

A própria língua se encarrega de reduzir a distância necessária para a surpresa: "Vindo dele, isso não me surpreende!", dizemos quando poderíamos ficar surpresos, mas nos defendemos... "Nada mais me surpreende em você!", ou então "Isso sempre me surpreende!", em que o *sempre* anula a surpresa sentida.

Inesperado, surpresa e novidade, como já mencionei diversas vezes, são acompanhados por intervalo, fratura, descontinuidade. O primeiro desses intervalos é a suspensão da respiração, o ar retido. Essa síncope mais ou menos longa, mais ou menos percebida, consagra um intervalo entre o fazer-entrar e o fazer-sair, entre o "ir para" e o "pegar", como se a operação de transformação vacilasse em comprometer-se, como se um apego momentâneo ao interno ou ao externo tornasse possível garantir as bases de segurança necessárias ao encontro do desconhecido.

Delineio a hipótese de que a capacidade de se deixar surpreender de um indivíduo é proporcional à sua capacidade de intervalo.

Os autores de *Gestalt-terapia*, Goodman e Perls, insistem desde as primeiras linhas de sua obra fundadora no caráter primordial da experiência de contato e desenvolvem a teoria e o método como declinações desse paradigma. Levando em conta a amplitude de uso do termo "contato", tenho me dedicado há algum tempo a tentar uma abordagem específica e técnica no contexto da abordagem unitária da Gestalt-terapia. Assim, aceitemos considerar que o contato, ou o contatar, não designa ainda as relações (relações objetais, relações Eu–Tu...), não designa ainda o investimento de um objeto ou de outra pessoa, mas sim aquilo que poderíamos chamar de um esquema sensório-motor, um "ir para" e "pegar", um processo de orientação/manipulação de um organismo em um ambiente.

Se o contato é a "experiência primeira", voltemos às primeiras experiências de contato: as do bebê e de seu mundo. O conhecimento dos primeiros meses de vida progrediu muito nos últimos anos, e diversas teorias, umas mais definitivas que outras, enriquecem os conhecimentos do clínico. Christopher Bollas (1987), um psicanalista da Escola Britânica, complementando o trabalho de Winnicott sobre o que ele denominava "a mãe-ambiente", afirma que "a mãe é menos significativa como objeto do que como processo identificado, graças ao acúmulo de transformações internas e externas". Dado que "o objeto" é buscado por sua função de transformação, Bollas fala de "objeto transformacional".

O bebê tem um certo número de necessidades, desejos, apetites cuja característica é serem *vagos*. Antes de ser um "objeto" de contato, a mãe será *aquilo* que dará sentido às mensagens do bebê, que criará formas a partir do pouco material formal emitido. Essa função de criar formas – que, especialmente a partir de Prinzhorn, convencionou-se denominar *gestaltung* – designa a seqüência da gênese das formas, a seqüência de contato do ajustamento criativo. Dependendo de tal ou qual choro ou de outro sinal, a mãe desenvolverá uma atividade de tocar, de acariciar, de trocar fraldas, de amamentar, de dar calor, ou seja, oferecerá uma forma de contato em retorno que dará sentido ao sinal anteriormente emitido. Pode-se inferir que a seqüência, originalmente, diferencia pouco ou mesmo nada, o que é proprioceptivo do que é perceptual. É uma série, um estabelecimento progressivo da forma. Se ainda não se trata do objeto-mãe, trata-se de um ambiente que satisfaz e realiza a aspiração do *self*, de *gestaltung*, de um *ambiente-gestaltung* a que Bollas (1987) chama de processo de transformação. O objeto é transformador do sujeito, o mundo é *gestaltung* da experiência.

Bollas afirma – e eu concordo com ele – que essa característica do funcionamento precoce é reencontrada no adulto, e que neste encontramos buscas de objeto que remetem, mais do que à posse, a uma procura da função de transformação, da função *gestaltung* do *self*: "A lembrança dessa relação objetal precoce se manifesta na busca de um objeto (pessoa, local, acontecimento, ideologia) que promete transformar o *self*".

A qualidade de *gestaltung* da mãe-ambiente será, portanto, determinante na escolha das modalidades de contato posteriores. A *gestaltung* reencontrada permitirá o intervalo? Permitirá uma respiração? Um silêncio aberto à criação em retorno, mesmo por parte do recém-nascido?

Imaginemos uma mãe-ambiente intrusiva. Imaginemos uma mãe-ambiente contatando seu bebê pelo modo privilegiado da identificação-projetiva. A identificação-projetiva, segundo o modelo kleiniano, possibilita depositar, "em" um outro, alguns de seus "objetos internos", tanto para livrar-se deles como também para controlar o outro. Quando alguns de meus pacientes praticam comigo a identificação-projetiva, eu não sou mais capaz de sentir, experimentar, pensar a partir de mim mesmo: eu sinto, penso e ajo a partir dos depósitos de meu paciente, do qual sou o receptáculo não consciente. Meus desejos, intenções, sensações, afetos próprios são eliminados, descartados em benefício de um substituto que surgiu de outro lugar sem que eu saiba. Não passo de um prolongamento do outro. Como poderei surpreendê-lo? Quase não existe nenhum intervalo!

Suponhamos ademais que a mãe-ambiente pratique a operação que Bollas, em outro estudo, denomina "introjeção extrativa" e que representa a operação exatamente inversa da identificaçãoprojeta. Pela introjeção extrativa, "uma pessoa rouba, durante certo tempo (que pode variar desde alguns segundos ou minutos até uma vida inteira), um elemento da vida psíquica de outra". Bollas cita alguns exemplos tirados da vida cotidiana para embasar sua introdução a esse novo conceito. Mencionarei apenas um. Uma criança derruba seu copo de leite. O pai grita com ela. Na fração de segundo que precedeu a reação do pai, a criança teve tempo para perceber o erro e sentir-se perturbada por seu ato, mas a reação do pai lhe rouba sua expressão diante do choque, a expressão de autocríticas ou de necessidade de reparação. O pai, não conscientemente, cria a hipótese de que a criança não sentiu nada, não se critica nem tem desejo de reparar o ato, suposição que em si constitui uma violência contra a criança. Ao exprimi-la, o pai se arroga o direito de ser o único detentor do choque, da crítica e da reparação. O pai rouba (extração) o afeto da criança e o introjeta.

Novamente, nesse caso, qual espaço, que intervalo é oferecido à criança para contatar a novidade da situação e dar uma forma a seu contato com a situação? A capacidade de se surpreender é aniquilada; pior ainda, roubada pelo outro.

Suponhamos, por fim, que a mãe-ambiente pratique a identificação-projetiva *e* a introjeção-extrativa! O ambiente-*gestaltung* a um mesmo tempo rouba a resposta pessoal de ajustamento e de criação no contato com o acontecimento E o substitui imediatamente por uma outra resposta... O que ocorre com o indivíduo? O que ocorre com sua capacidade de se surpreender? Sem querer desempenhar o papel de críticos primários do sistema, não seria algo assim que se passa com nossos meios de comunicação, que não param de dizer o que somos, o que sentimos e pensamos, e nos dão a conhecer nossas supostas necessidades e nossos apetites que, na verdade, são apenas deles?

Dizer que a relação sadia é isenta de identificação-projetiva ou de introjeção-extrativa seria provavelmente uma utopia, mas a questão é saber se a formação de formas proposta pela mãe-ambiente (ou o terapeuta) torna possível o intervalo, permite o respiro, permite a *gestaltung* por parte do indivíduo que recebe essa forma. É essa a diferença entre "reagir" e "responder". Reagir não oferece nenhum espaço de transição para a surpresa ou a *gestaltung*, enquanto a resposta pode possibilitar, caso aquele que responde esteja atento, que haja um espaço de liberdade e de criação. A mãe-ambiente e o terapeuta devem ser tanto "confirmadores do *id*" como "confirmadores do *ego*".

Situei até agora o inesperado como fenômeno de contato, e a idéia de contato supõe ao menos "dois", eu e não-eu. Expressões de uso corrente como "estar em contato com seus sentimentos etc." são, do ponto de vista da Gestalt-terapia, equivocadas – exceto se considerarmos uma dualidade entre o indivíduo e seus sentimentos, um eu e um não-eu. É o que pode ser vivido, por exemplo, na experiência da dor em uma parte do corpo. O mesmo acontece com a surpresa. Posso viver o inesperado como experiência solipsista, surpreender a mim mesmo; nesse caso, ou a experiência é uma experiência de contato e é o contato que me revela a mim mesmo e me surpreende, ou então a surpresa ocorre diante de uma parte desconhecida de mim mesmo (como se eu suspendesse todo contato com o ambiente), parte essa que vivencio no momento como sendo "não-eu". A função-personalidade do *self*, isto é, o conjunto de saberes e representações que o indivíduo tem a respeito de si mesmo é então mobilizada no primeiro plano da experiência, e todos sabemos como nossas reticências podem exercer um poderoso efeito de desestabilização dos saberes e representações, verdadeiros ou falsos, que temos de nós mesmos.

O inesperado, portanto, levanta a questão da mudança. No mundo da Gestalt-terapia, um artigo escrito há mais de vinte anos é a referência em matéria de teoria da mudança: trata-se do texto de Arnold Beisser (1970), intitulado "The paradoxical theory of change" ["A teoria paradoxal da mudança"]. A tese que o autor desenvolve pode ser resumida do seguinte modo: "A mudança surge quando um indivíduo torna-se aquilo que ele é, não quando ele tenta tornar-se aquilo que não é". É aqui que Beisser coloca o paradoxo. A meu ver, o paradoxo se situa especialmente no fato de um Gestalt-terapeuta poder propor tal teoria, embora eu consiga pressentir a intenção "gestaltista". Se minha mudança consiste em me tornar o que sou, isto é, "alguma coisa" que não existia (*ek-sistere* = encontrar-se fora), que não se manifestava, isso quer dizer que isso preexistia ou provinha de uma "experiência inconsciente" (se puder haver sentido em associar essas duas palavras). Estamos então longe de ter a pretensão fenomenológica da Gestalt-terapia segundo a qual só existe aquilo que acontece na consciência. A experiência de um indivíduo se limita a atualizar um estoque de dados preexistentes ou a tornar seu inconsciente consciente? Para ser mais trivial, eu diria que se, graças a minha Gestalt-terapia "beisseriana", eu me torno capaz de agressividade ou de ternura enquanto não o era anteriormente, postula-se que essa agressividade ou essa ternura preexistiam em mim e que a psicoterapia não fez nada além de trazê-las à tona? Como saber, sem usar de inferência, se essa novidade é revelação ou se é criação?

Parece-me que, mais uma vez, com a tese de Beisser, somos confrontados com os perigos do deslocamento de um campo para um outro. Quando Nietzsche propôs seu "torna-te quem tu és", ele o fez em um campo filosófico, falando da condição de homem; transposto para o campo da Gestalt-terapia, nós falaríamos do organismo-humano-animal que ele nos propôs reencontrar. Transferido para o domínio psicológico, o "torna-te quem tu és" é interpretado como um conjunto de características psicológicas, ou mesmo comportamentais, que poderiam reavivar a discussão estéril entre "o inato e o adquirido".

O "torna-te quem tu és" remete a um desconhecido "em alguma parte" conhecido. A surpresa remete a um desconhecido não conhecido. A surpresa que engendra meu espanto está, obviamente, sujeita à minha experiência, a meu fundo pessoal e social. O que ME espanta não é necessariamente o que TE espanta. Essa capacidade de espanto é um sinal de que o desconhecido não é redutível ao conhecido, embora esteja suficientemente próximo de meu fundo para poder ser assimilado e possibilitar meu crescimento. Uma pequena diferença...

9
Vergonha e ruptura de confluência

Existem emoções que praticamente não são estudadas pelos clínicos, e a vergonha é uma delas. Freqüentemente pouco diferenciada da culpa, ela nos faz penetrar em um domínio no qual por vezes é difícil distinguir o que se origina da moral daquilo que diz respeito à psicologia e à psicopatologia. Entretanto, os trabalhos recentes da clínica anglo-saxã, com a ênfase que dão às perturbações precoces da identidade e aos distúrbios do narcisismo, modificam consideravelmente o olhar do psicoterapeuta e o obrigam a incluir a "vergonha" entre os conceitos incontornáveis para se abordar a patologia da experiência de tais pacientes.

Existem conceitos fundamentais que são utilizados cotidianamente pelos Gestalt-terapeutas. A confluência é um deles. Experiência de fronteira, ou melhor, de não-fronteira, a confluência deu lugar a múltiplas derivações supostamente teóricas que muitas vezes não passam de contra-sensos em relação às intenções e definições básicas. Contudo, os pacientes que apresentam as perturbações específicas da experiência que mencionamos aqui têm uma relação tão específica com a confluência que seria difícil avaliá-la, se quiséssemos realizar comparações, no registro clínico, a partir de premissas implicitamente diferentes.

Se porventura tivermos a idéia de tentar compreender "a vergonha" no contexto da teoria da Gestalt-terapia, muito rapidamente precisaremos incluir a noção de confluência.

Se dermos prosseguimento aos trabalhos de pesquisa gestálti-ca sobre o narcisismo realizados por Isadore Fromm,[1] os desen-volvidos na Alemanha por J. Müller-Ebert, M. Josewski, P. Dreitzel, B. Müller (s. d.), os realizados em nosso Instituto e na Itália por M. Spagnuolo-Lobb (1990), teríamos, por um lado, de delimitar melhor essa confluência cuja forma sadia torna o "nar-cisista" tão ansioso, e, por outro, de aprofundar alguns temas até então simplesmente esboçados, como o da "vergonha". Dentro dos limites deste capítulo, todavia, devo limitar meu objetivo. Não pretenderei seguir a vergonha em seus meandros transtemáticos nem tentar uma abordagem exaustiva. Abordarei apenas tangencialmente a questão das perturbações do narcisis-mo (e a função reguladora da vergonha) que foi, no entanto, o que levou ao meu interesse pela vergonha. Limitar-me-ei, corren-do o risco de sentir-me envergonhado por esse limite, a apresen-tar alguns temas que têm estimulado minha reflexão nos últimos meses com base em minha prática psicoterapêutica, minhas lei-turas sobre o assunto e em um esboço de articulação no campo conceitual da Gestalt-terapia.

A CONFLUÊNCIA

O modo pelo qual o conceito de "confluência" é abordado na literatura gestaltista de segunda ou terceira gerações, assim como o modo pelo qual ela é evocada pelos clínicos contemporâneos, com algumas poucas exceções, sempre me pareceram questioná-veis. Algumas vezes ouvi falar de "simbiose", de "introjeção", de "identificação projetiva", e até mesmo de "amor", "lealdade", "cul-tura", "sociedade" e de muitas outras coisas mais, dependendo das tendências e da referência de quem fala.

Desde seu primeiro livro, *Ego, fome e agressão*, Perls (1978a) toma emprestado aos psicólogos da Gestalt o conceito de con-

O SELF DESDOBRADO 151

fluência para designar, a partir de então, a "fusão" do leite na boca do lactente, marcando assim a ausência de limites do Eu. A confluência, nessa primeira descrição, é evocada em oposição à função *ego* e designa aquilo que, posteriormente, tornou-se uma das marcas da "perda da função *ego*" do *self.* Se a confluência é definida por Perls e Goodman como "a condição de não-contato (nenhuma fronteira de *self*), embora estejam ocorrendo outros processos importantes de interação – por exemplo, o funcionamento fisiológico, a estimulação ambiental etc." (Perls; Hefferline; Goodman, 1951, II, 15, 4) –, é então pertinente considerar que "confluência" e "não-consciência" coincidem no essencial em um único e mesmo fenômeno.

Para melhor compreender a confluência, talvez seja mais fácil fazer um desvio pela introjeção e/ou assimilação das quais, na maioria dos casos, a confluência será uma elaboração secundária. Após o contato, ocorre a assimilação durante a qual o *self* diminui progressivamente de intensidade para dar lugar aos hábitos e conhecimentos adquiridos por meio desse contato e também por meio de contatos anteriores.

> Todo contato sadio pressupõe a consciência (o processo perceptual figura/fundo) e a excitação (o aumento na mobilização da energia). Inversamente, todo bloqueio necessita que se estabeleça um trabalho efetivo para impedir o contato. Esse trabalho consiste precisamente em manipular sua própria orientação (isto é, limitar ou deformar as funções receptoras), de modo a que o processo figura/fundo não se forme e, em vez de surgirem duas partes do campo diferenciadas, o que seria figura e o que seria fundo se fundem e se tornam indistinguíveis. Em outras palavras, existe *confluência*. (ibidem, I, 4, 1)

Assim, a confluência designa, na teoria da Gestalt-terapia, a indiferenciação da figura e do fundo que, na ausência da figura de contato, permanece em um estado fora da consciência. Perls e Goodman enfatizam quanto "áreas imensas de confluência relativamente permanente são indispensáveis, como fundo subjacente e inconsciente dos fundos conscientes da experiência" (ibidem, II, 15, 4).

A memória é confluência, recordar é ruptura de confluência. Os hábitos não conscientes, os laços não conscientes da "criança com sua família, do adulto com sua comunidade, do homem com o universo" são resultados da confluência; a consciência é o oposto da confluência, pois supõe uma figura de contato e, portanto, diferenciação.

Durante a fase de pré-contato, uma figura destaca-se progressivamente de um fundo; isto é, rompe a confluência de um conjunto indiferenciado de experiências, sensações, introjeções etc., não conscientes no momento, para transformar-se em figura de contato, movimento instintivo, consciência de algo e para algo.

A confluência sadia refere-se a esse fundo mobilizável, acessível ao contato, acessível à consciência e pela consciência. A confluência patológica se caracteriza, segundo Perls e Goodman, pela não-acessibilidade de algumas de suas experiências em razão do jogo das defesas e, especificamente, da repressão. Não estou convencido de que apenas o caráter de não-acessibilidade seja suficiente para definir o caráter não-sadio dessa confluência, mas considero que uma avaliação a respeito da "situação" do material internalizado seja necessária. Em especial, a experiência foi metabolizada sob forma de assimilação ou constituiu-se como material introjetado, como Gestalt fixa não consciente e não-assimilada? Algumas experiências assimiladas e esquecidas são mantidas como fundo necessário para a experiência em curso; elas não são contatáveis, a não ser na medida em que constituam um trauma ou uma situação inacabada na experiência do indivíduo; e outras experiências não são contatáveis de modo algum. O esquecimento não é sistematicamente patológico!

Talvez um exemplo disso possa ser encontrado entre as diversas aprendizagens humanas, tais como a da linguagem. As condições de aquisição da língua materna são esquecidas e, de modo

O SELF DESDOBRADO 153

geral, não-contatáveis, exceto se foram acompanhadas de sofrimentos, angústias ou outros traumas; e, no entanto, o idioma que falamos constitui uma das "imensas áreas de confluência necessária" às quais Goodman se refere.

Poderíamos considerar confluência patológica, nesse exemplo, a incapacidade de questionar a linguagem (em uma posição "meta"), de colocar em dúvida tal ou qual articulação entre "significante" e "significado" etc., ou mesmo a incapacidade de brincar com as palavras (jogos de palavras, neologismos, metáforas e metonímias...).

Para que a confluência ceda durante a fase de pré-contato de uma experiência, isto é, para que uma figura possa emergir, é necessário que se produza um tipo de relaxamento, deliberado ou espontâneo. Instinto significa impulso. Não existe impulso sem que haja relaxamento concomitante. Relaxamento das forças de censura ou repressão, relaxamento do organismo em repouso. O *id* impulsiona ou Eu puxo. O organismo se engaja em uma transição na direção do mais deliberado, do mais consciente, mais sensorial, mais motor. Do fisiológico ao psicológico. Do não-contato ao contato. Do ajustamento conservador ao ajustamento criativo.

A fase de estabelecimento do contato, a fase de orientação e, sobretudo, a de manipulação (ou de *transformação,* segundo o termo talvez mais feliz proposto por P. Dreitzel) fazem que o *self* intervenha por meio de suas funções. É a fase ativa por excelência, a fase deliberada, a fase da "vontade" no sentido de Otto Rank, a *Will to form.* Energizado pelo fundo, que é confluente como o que presidiu a constituição de uma figura no pré-contato, com ou sem consciência, o organismo se volta deliberadamente para o ambiente a fim de proceder às identificações e alienações, às escolhas e rejeições. A figura permanece estreitamente articulada ao fundo: baseia nele a sua pertinência. O que constitui a figura nessa fase, lembremos, é estabelecido pelo ambiente como potencial de satisfação do instinto. Os "objetos" não têm então sentido a não ser na coerência com o fundo (a necessidade identificada, *aware*, assim como toda experiência confluente, não-*aware*, acumulada com a história).

No momento do contato final, o objeto e o impulso momentaneamente são um. Não existe fronteira entre o objeto do "desejo" e o "desejo". E essa experiência de relaxamento, que podemos considerar como um "momento de confluência sadia", momento de indiferenciação do impulso e de seu objeto, é, essencialmente, não consciente.

Entretanto, e isso é algo demonstrado claramente no trabalho psicoterapêutico com personalidades que apresentam distúrbios do narcisismo primário (isto é, segundo os termos de Isadore Fromm, as personalidades "ansiosas diante da ameaça da confluência sadia do contato final") e que interrompem a construção da Gestalt durante essa fase, trata-se da angústia do relaxamento do deliberado, parece-me, muito mais do que da angústia da "fusão". A fusão? A pessoa que apresenta distúrbios do narcisismo é verdadeiramente angustiada, pois ela percebe sem cessar sob uma forma introjetiva: introjetar o desejo do outro e tomá-lo como seu, tendo há muito tempo renunciado ao seu próprio desejo. Na fase de contato final, não existe teoricamente mais fundo disponível, pois o fundo disponível uniu-se novamente à figura em uma configuração unificadora. Existe perda do controle do jogo figura/fundo, perda do "querer-formar", perda das funções *ego* do *self* em benefício de uma *gestalt objeto-afeto*. Tudo o que não está *na* figura do contato final (objeto + impulso do objeto) deveria então retornar para um fundo inacessível nesse momento, de tal forma inacessível que podemos falar de "fundo vazio" (vazio na experiência do indivíduo), e é isso que angustia o "narcisista".

A confluência designa de novo a não-fronteira entre figura e fundo, de acordo com modalidades um pouco diferentes das que operam no pré-contato. A confluência sadia designará então a capacidade de relaxar a acessibilidade do fundo para se consagrar inteiramente à figura. Se a figura contatada é um TU, então o momento pode aparecer como uma confluência Eu–Tu em um Nós, mas isso é apenas a conseqüência do processo, muito mais "primário", de abolição momentânea da fronteira entre o fundo e a figura desse contato.

NO COMEÇO ERA A VERGONHA

Em nossa mitologia mais antiga, a vergonha aparece, se não como o primeiro, pelo menos como um dos primeiros sentimentos experienciados pelo Homem. Na leitura popular do livro do Gênesis, Adão e Eva descobriram a vergonha com a nudez. Vergonha e nudez permanecem associadas até hoje, mas o mito nos sugere muito mais.

Adão e Eva descobrem a vergonha da nudez depois de provar do fruto da Árvore do *Conhecimento* ("No dia em que comerem desse fruto, seus olhos se abrirão..."). A vergonha é a conseqüência direta do conhecimento – da *awareness,* diríamos nós, da consciência de si –, e é imediatamente associada à exposição de si mesmo, à nudez, ao olhar do outro.

Esse ato de apropriação do fruto proibido é apresentado como resultado da sedução da serpente e da sedução do próprio objeto ("a mulher viu que [o fruto] da árvore se podia comer e tinha aparência sedutora") e do desejo ("e que era desejável obter o entendimento"). Esse "desejo" pode também ser considerado como introjeção, pois se trata do desejo do outro ("a serpente") adotado pela mulher.

A conseqüência dessa transgressão não é imediatamente evocada em relação à falta ou culpa: em vez da vergonha, é o medo o que a transgressão desencadeia no homem, e diante da interpelação de Jeová, o Homem usa um mecanismo bem conhecido: "Foi a mulher que..." E a mulher segue o exemplo: "Foi a serpente que..."

Depois da maldição pronunciada por Jeová, poderíamos ter a expectativa de ler algumas palavras sobre os sentimentos, por exemplo, de culpa, que o Homem ou a Mulher sentiram. O Gênesis não nos diz nada, mas o que se segue é surpreendente: "O Homem chamou sua mulher de 'Eva'". O que significa "viver". Assim, desde a origem mitológica de nossa condição humana, encontram-se associados com a experiência da vergonha: consciência, conhecimento, olhar do outro, sedução, desejo, nudez, ruptura de confluência, introjeção, projeção, culpa... fenômenos a que o Homem nomeia: "VIVER".

VERGONHA E CULPA

Embora esses dois afetos estejam muitas vezes bem emaranhados em nossa experiência, na experiência de nossos pacientes, e alguns autores às vezes também os confundam, parece indispensável distinguir o mais claramente possível a vergonha e a culpa. A culpa pressupõe um ato que provoca a punição proveniente de uma lei ou de uma regra interna, ao passo que a vergonha remete a algumas características de identidade que foram colocadas em questão. Resumindo, o sentimento de culpa está ligado ao ato, enquanto o sentimento de vergonha está ligado ao ser.

Na culpa, o indivíduo cometeu uma falta diante do outro e espera a punição; algo se passa na ordem do comportamento. Uma vez determinada a punição e expiado o erro, o indivíduo está liberado e pode até mesmo pensar em reconciliação.

Na situação de vergonha, o indivíduo não é o que deveria ser, e se houver ameaça de castigo, ou pelo menos uma projeção de ameaça de castigo, é a de uma privação emocional tal que pode desequilibrar sua integridade. "A vergonha é provocada por uma ferida relativa não a um objeto, mas a uma norma mental. Isso é fonte de angústia, muito mais profunda do que a do castigo: a angústia de ser excluído da comunidade dos homens. A vergonha é a angústia da solidão total, da aniquilação não mais física, mas sim psíquica", escreve Hultberg (1987).

O conjunto dos autores parece, todavia, convergir para a idéia de que esses dois sentimentos não podem ser tão claramente separados, que eles podem se aproximar e que, muitas vezes, um serve para se defender do outro.

Mas a insistência da maioria na referência ao *self* (qualquer que seja a definição que dêem a esse termo), no caso da vergonha, em oposição à referência a um outro ferido na culpa, poderia fazer supor a ausência ou quase-ausência do outro na vergonha. Não é assim, e é exatamente pelas formas específicas da presença do outro que nos interessaremos:

> Acabei de fazer um gesto torpe ou vulgar: esse gesto fica colado a mim, eu nem o julgo nem o culpo, eu simplesmente o vivo, eu realizo no modo para si [para mim mesmo]. Mas, de repente levanto a cabeça: alguém está lá e essa pessoa me viu. De imediato eu me dou conta da vulgaridade de meu gesto e sinto vergonha [...] O outro, esse mediador indispensável entre eu e mim-mesmo: sinto vergonha de mim pelo modo em que me mostro ao outro. (Sartre, 1943, p. 266)

A VERGONHA, CERTEZA DE UM CONTATO

Junto com a vergonha se instala em mim a certeza de um outro ao qual estou ou posso ser exposto. A vergonha segue-se a um momento de exposição, de ampliação das *fronteiras de exposição*, para retomar um conceito de E. e M. Polster, momento durante o qual o indivíduo pode aparecer de modo especialmente sensível, íntimo ou vulnerável. Léon Wurmser (1981, 1987) reagrupa os diferentes conteúdos possíveis da vergonha em diversos feixes:

> 1. Eu sou fraco, eu fracasso em competições. 2. Eu sou sujo e desarrumado, o conteúdo de meu *self* é olhado com desdém e desgosto. 3. Eu

sou deficiente, tenho defeitos físicos ou mentais. 4. Eu perdi o controle de minhas funções corporais e de meus sentimentos. 5. Eu sou excitado sexualmente pelo sofrimento, a degradação, a aflição. 6. A observação e a exposição de si mesmo são atividades perigosas que podem ser punidas.

"A vergonha supõe sermos vistos e que estamos conscientes de que outras pessoas nos olham: resumindo, ficamos constrangidos. Somos vistos e não estamos prontos para isso", escreveu Erik H. Erikson, que fez da vergonha (*versus* a autonomia) uma das "oito etapas do homem".

RUPTURA DE CONFLUÊNCIA

Uma figura nascente, uma consciência de si, atestada pela existência do outro é extraída de um campo indiferenciado, de um momento de confluência. Tendo criado uma figura para o outro, a figura é o *self* em sua insuficiência, figura sustentada e energizada por um outro ou pela comunidade que está no plano de fundo. A confluência poderia ter sido mantida pelas retroflexões crônicas ou pela repressão, mas a *awareness* introduzida pela presença do outro rompe a confluência e deixa o indivíduo com suas retroflexões.

De que maneira não evocar aqui a situação psicoterapêutica como geradora de vergonha? Além da vergonha de estar se submetendo a uma terapia, mencionada por Hultberg, a exposição do paciente ao olhar de um outro, mesmo benevolente, a exposição cada vez mais intensa dos espaços de sombra, das fragilidades e intimidades da experiência, a tomada de consciência (*awareness*) no contato com o terapeuta é inevitavelmente acompanhada por um sentimento de vergonha, e mesmo de uma vergonha dessa vergonha que leva o paciente a se calar. Se a exposição de suas próprias fragilidades é acompanhada habitualmente por um sentimento de vergonha, a situação psicoterapêutica revela a vergonha oculta, gerando uma vergonha específica a tal ponto que, para alguns, a vergonha poderia ser considerada uma das doenças iatrogênicas da psicoterapia. Um outro aspecto da vergonha como ruptura de confluência pode ser encontrado na obra de Hermann (1972). Em Imre Hermann, discípulo e "eminência parda" da Ferenczi, segundo as palavras de N. Abraham, a vergonha é um dos três afetos derivados da angústia (os outros são o ciúme e o remorso). Ela "se liga ao inconsciente-mãe [...] Isso não ocorre para comunicar-lhe algo, pedir-lhe socorro etc., mas sim para indicar a um terceiro extrapsíquico, que rompemos com a mãe, que recusamos o próprio desejo de apego". Uma das duas características estruturais da vergonha é, então, a ausência do desejo ativo de se apegar.

No pensamento de Hermann, a vergonha é um afeto "imposto de algum modo pelo exterior", o que pressupõe a presença de um terceiro, ao menos virtual, que avilte ou humilhe. Ele prossegue, expondo que uma vez que o desenvolvimento tenha permitido a instalação do conjunto *id-ego-superego*, as situações de vergonha são excluídas e substituídas pela culpa; assim, "a culpa pode ser expiada e a vergonha, apenas negada ou dissimulada".

Hermann enfatiza então a segunda característica estrutural da vergonha: a existência de relações com a coletividade. A vergonha, para ele, é um *afeto comandado,* e todo mandamento exige submissão. A vergonha torna-se um tipo de *angústia social*: o indivíduo vergonhoso é separado não de outro indivíduo, mas de um grupo. Novamente, em relação à Gestalt-terapia, podemos falar de ruptura de confluência. A criança saiu da situação de apego, que já não é física, pois a criança pertence agora a uma comunidade. Hermann acrescenta também que "o objeto da vergonha pode ser um ato cometido não por quem sente a vergonha, mas por um membro do grupo social ou familiar ao qual ele pertence". Por isso podemos sentir vergonha por identificação, quando, por exemplo, um membro do grupo social ou profissional ao qual pertencemos ou com qual nos identificamos comete um ato que vai contra os costumes, a boa educação etc. ("Quando vejo alguns compatriotas se comportando mal no estrangeiro, sinto vergonha de ser francês", "Quando me falam sobre algumas práticas de alguns colegas, sinto vergonha de ser psicoterapeuta..."). A confluência com as identificações é rompida.

O próprio Freud evocara essa "brutal ruptura identificatória" em *Os chistes e sua relação com o inconsciente*, e é certo que um dos aspectos funcionais da vergonha reside no convite a uma adaptação social, à conformidade e à pertinência.

A DEPENDÊNCIA DO CAMPO

A partir de meados da década de 1950, em torno de Witkin e seguindo os trabalhos da psicologia da Gestalt e de Lewin (topologia do campo), realizou-se uma série de pesquisas sobre a dependência ou independência com relação ao campo. A partir de testes que avaliavam a capacidade de um sujeito em destacar uma figura de seu contexto ou fundo, os autores evidenciaram dois tipos de sujeitos: os dependentes do campo e os independentes do campo.

Posteriormente, os mesmo autores levaram sua pesquisa para uma direção clínica, e Helen Block Lewis (1971, 1987) estudou, em especial, a correlação entre esses modos privilegiados de funcionamento e a questão da vergonha e da culpa.

Assim, ela pôde demonstrar que os sujeitos dependentes do campo tendiam mais à vergonha que à culpa nos primeiros encontros terapêuticos, enquanto os sujeitos independentes do campo tendiam mais à culpa que à vergonha. Em outras palavras, a vergonha parecia muito ligada à hostilidade dirigida contra si mesmo, ao passo que na culpa a hostilidade podia tanto ser dirigida contra si mesmo quanto voltada para o exterior. Como se podia esperar, a dependência do campo estava, portanto, associada à depressão, enquanto a independência do campo ligava-se às organizações de tipo paranóide.

Mesmo que em minha prática de psicoterapeuta eu não tenha outros meios além dos empíricos para designar como "dependente ou independente do campo" tal ou qual modo privilegiado de funcionamento de meus pacientes, essa dependência do campo, outra forma de confluência, parece-me efetivamente constituir um fundo comum aos pacientes que tendem espontaneamente para a vergonha e a depressão.

DA CONFLUÊNCIA À EXCITAÇÃO: A VERGONHA COMO AFETO

Quando a primeira confluência do pré-contato começa a formar uma figura na consciência, essa construção de figura é acompanhada por uma excitação que possibilitará a energização necessária ao estabelecimento do contato, e por emoção que marcará a oscilação do *self* como figura para o ambiente contatável como a seguinte figura.

Se os desenvolvimentos da teoria psicanalítica, em sua maioria, negligenciaram o estudo da vergonha, o mesmo ocorreu com relação ao domínio mais amplo do afeto, da emoção e dos sentimentos.

Pioneiro incontestável do estudo do afeto, fora de qualquer referência a uma teoria preexistente específica, Silvan Tomkins, desde 1962, propôs e refinou o sistema mais completo até hoje a respeito do afeto. A partir do estudo dos recém-nascidos, Tomkins fez uma primeira constatação: algo que se parece com emoção surge no rosto de um organismo que não tem nenhuma história nem experiência da vida. Portanto, ele foi forçado a reconhecer que alguns mecanismos ou padrões preexistem e podem ser desencadeados por um estímulo apropriado. Ele chama de *afetos inatos* essas primeiras respostas faciais que podem operar desde o nascimento. Mais tarde, a criança pequena aprenderá a jogar com seus padrões faciais, a modular por meio de uma atividade voluntária seus afetos inatos. Assim, alguns autores, depois de Tomkins, foram levados a sugerir que *o afeto* fosse definido em referência aos acontecimentos biológicos, o *sentimento* como consciência do afeto, e a *emoção* como uma combinação do afeto com as experiências anteriores que a ele estão associadas (dimensão biográfica).

A segunda constatação proposta por Tomkins é a seguinte: o afeto é um amplificador daquilo a que ele se associa – impulso, conhecimento, lembrança, outro afeto etc.

Terceira constatação: a emoção e o afeto transparecem no rosto muito antes de o indivíduo estar consciente deles.

Poderíamos nos sentir tentados a discutir a questão do caráter inato de tais afetos. Estou disposto a aceitar a hipótese de Tomkins, pois o debate assim deslocado me parece ter interesse apenas secundário. De fato, e segundo os próprios termos de Tomkins, trata-se de um "afeto-facial", sem raiz em uma história ou em qualquer experiência de vida. Esse esquema sensóriomotor, apenas posterior e progressivamente nomeado, somente se tornará significante na interação e na designação de um conteúdo, de uma intenção e de uma referência a um código emocional e relacional por parte dos pais. O que ele mostra será chamado de raiva, prazer etc., e ele aprenderá depressa a associar um contexto emocional e relacional ao esquema sensório-motor em questão.

Dentre os afetos evidenciados por Tomkins, encontram-se o *interesse*, a reação precoce diante da novidade, e seu desenvolvimento: a *excitação*. No modelo "tomkinsiano", cada afeto é proposto de modo duplo, a forma menos intensa associada à forma mais intensa: interesse/excitação.

> O interesse sustenta, ao mesmo tempo, aquilo que é necessário à vida e aquilo que é possível em virtude dos vínculos com os subsistemas que abarcam desde as questões de transporte de energia, dentro e fora do

corpo, até questões de características de sistemas formais como a Lógica ou a Matemática. O ser humano se ocupa de muitas coisas e pode fazê-lo porque o afeto geral "interesse" está ligado de modo estrutural a aparelhos diversificados que ativam esse afeto de modos diversos e apropriados às necessidades específicas de cada sub-sistema. (Tomkins apud Nathanson, 1987a)

Acrescenta, porém, Nathanson (1987b), "o interesse é um afeto que exige um modulador, do mesmo modo como a fome tem necessidade de sentinelas que constituem o olfato e o paladar". No comportamento alimentar, o asco, a rejeição têm uma função reguladora e inibidora quando o organismo atinge a saciedade ou quando alimentos não-sadios lhe são oferecidos. A vergonha desempenharia função similar diante do interesse-excitação, ou mesmo diante de algumas formas de alegria. Na literatura clássica, tanto psicanalítica quanto gestáltica, o asco é considerado protótipo da "formação reativa", e a vergonha muitas vezes é vista da mesma maneira, especialmente por Freud, como uma formação reativa diante de um interesse excessivo pelos órgãos genitais. A essa idéia de reação, de defesa contra a emergência de algo excessivamente ansiogênico, parece-me interessante acrescentar a idéia da regulação, de modulação, mais de acordo com a abordagem gestáltica de uma auto-regulação do organismo, recusando a cisão sadio/patológico.

OUTRO INTERROMPIDO

É verdade que o organismo dispõe de numerosos meios de redução ou de aniquilação da excitação. Na teoria da Gestalt-terapia, quando a construção da Gestalt no campo organismo/ambiente já está suficientemente engajada na fase que chamamos de "estabelecimento do contato", o fenômeno "privilegiado" como modo de interrupção da excitação é a introjeção. No modelo fisiológico, a excitação "fome" é interrompida pela ingestão, "introjeção"; no domínio psicológico, a introjeção designa o movimento que faz passar do exterior (ambiente) para o interior (organismo) por meio dos sentidos. Lembremos que, em Gestalt-terapia, a introjeção se refere à adoção do desejo, necessidade, apetite do outro em substituição ao próprio. Embora esteja convencido de que a introjeção não seja o único modo possível de interrupção da excitação, pergunto a mim mesmo a respeito da possível articulação entre a vergonha e a introjeção. Não há nenhuma dúvida quanto à articulação entre vergonha e introjeto (resultado sedimentado das introjeções anteriores). Mas e com relação à introjeção como fenômeno presente, em curso de desenvolvimento?

Talvez a teoria da Gestalt-terapia, teoria do contato organismo/ambiente considerado a partir do ponto de vista da experiência do indivíduo, tenha negligenciado os efeitos contraprodutores de tal abordagem. Se eu sou "organismo" em um campo e um outro é, em um dado momento, uma figura específica de meu ambiente, é evidente que a recíproca é verdadeira e que eu posso, da mesma forma, ser ambiente para o outro e figura de contato na experiência dele. Os fenômenos de fronteira, da forma como são teorizados e trabalhados na Gestalt-terapia (confluência, introjeção, projeção, retroflexão, egotismo), são modos de contato cujos conteúdos podem ser alimentados tanto pelos impulsos instintivos do indivíduo em direção ao ambiente como pelos do ambiente em direção ao indivíduo.

Assim, se na vergonha pode parecer que a projeção seja o fenômeno de fronteira mais comum, parece-me que o conteúdo dessa projeção poderia ser o seguinte: "Eu não poderia ser introjetado por outro tal como eu sou". Que o "tal como eu sou" diga respeito a uma espinha no nariz, à exposição de meus órgãos genitais, ou a um sentimento de pouco valor pessoal (o que abarca experiências de vergonha extremamente diversas, segundo a quase-totalidade dos autores), considero que não posso ser introjetado pelo outro. O "insuficientemente bom" que eu sou ou penso ser se transforma em "insuficientemente bom" para ser introjetado, isto é, apropriado, adotado, apreciado, amado etc. Novamente, vergonha e rejeição se encontram associadas, e podemos dizer que minha vergonha está ligada a uma projeção da rejeição do outro. Essa hipótese inclui também a constatação de que o conteúdo de uma projeção é muitas vezes constituído por uma formação reativa.

Depois de uma comunicação de Adler, em 1909, a respeito do conhecimento precoce sobre a sexualidade, Freud observou que "essa vergonha do saber sexual prematuro está estreitamente ligada ao gozo sexual furtivo e clandestino". Se, na época, e levando-se em conta diversos fatores que bem conhecemos, a ênfase era colocada na articulação da vergonha e da sexualidade, hoje eu estaria tentado a insistir no caráter prematuro do conhecimento, acercando-me assim das análises que mencionei anteriormente a respeito do Gênesis e do Pecado Original. Esse conhecimento introjetado prematura ou indevidamente não pode ser assimilado em confluência.

ENRUBESCER, ENFIAR-SE NA TERRA

Diversos autores citados anteriormente (Sartre, Erikson etc.) insistem no olhar do outro. Imre Hermann, nas belíssimas páginas que dedica aos olhos ("aos olhos brilhantes"), fala do "fogo que queima no olhar do outro" e que provoca o enrubescer de quem sente vergonha – "enrubescer pela transfusão do olhar 'ardente' que 'humilha'". Mas esse enrubescer possui um caráter paradoxal: ao mesmo tempo que revela ao mundo, por um tipo de projeção ao nível do rosto, segundo os termos de Hesnard, os afetos sentidos, atrai o olhar que cria a vergonha e simultaneamente a revela. Assim, a vergonha é acompanhada por outras vivências, talvez menos paradoxais.

Quando tenho necessidade de introjetar (mesmo no modelo alimentar), eu me oriento no campo, identifico o que é suscetível de satisfazer o instinto e alieno o restante. O material "oferecido" à introjeção já se encontra presente no campo: cabe a mim percebê-lo e selecioná-lo. Porém, se me considero "nãointrojetável", como algo que não *deve* ser introjetado, a manipulação mais simples é a seguinte: eu me retiro do campo do outro, eu me oculto, desapareço. Todos que já viveram o sentimento de vergonha mencionam o desejo de desaparecer, de se esconder em um buraco, de que a terra se abra sob seus pés. Desaparecer do campo do outro, encolher *seu* campo de experiência. Apagar-se. Por não poder obrigar o mundo a não olhar, por não poder destruir os olhos do mundo, quem sente vergonha deseja ser invisível.

Parece-me que, nessa retroflexão da manipulação, nesse apagamento de si mesmo ligado à vergonha, pode ser encontrada uma epigênese do apagamento de si mesmo que vemos nas personalidades com perturbação do narcisismo: o apagamento do *self* torna-se crônico, com retração do afeto, apagamento de algumas funções do *ego* em benefício de uma confluência generalizada no fundo e construção do que Winnicott chamou de um "falso-*self*", dado a ver e suscetível de preencher as projeções ou as expectativas do outro.

"SINTO FALTA DA VERGONHA..."

Quando há vergonha, sempre há alguém que fez ou que causou vergonha, e que deixa o indivíduo sozinho com sua introjeção, como se ele se retirasse do campo: "Você deveria ter vergonha!", subentendido, "mas o problema é seu, não é mais o meu, eu coloco você diante de si mesmo; julgue você mesmo!" O sentimento da vergonha permite então, em certa medida, que eu pactue com aquele que me deixa envergonhado.

Foi certamente essa possibilidade de pactuar com o inimigo que levou Perls (1978a) a chamar a vergonha e o constrangimento de "os Quisling do organismo". A história nos conta que Quisling, um político norueguês, pediu a Hitler que ocupasse a Noruega, o que lhe permitiu depois proclamar a si mesmo primeiro ministro. Seu nome se converteu de certo modo em sinônimo de "colaboracionista". "Em vez de ajudar o bom funcionamento [do organismo], eles o dificultam e impedem [...] Os Quisling se identificam com o inimigo e não com seu próprio povo; a vergonha, o constrangimento, o mal-estar e o medo restringem as expressões do indivíduo, que se transformam em repressões."

Em uma perspectiva semelhante, Peterson-Cooney (1985) fala de suas experiências de "vergonha-punição", como ela pode ser levada a expor publicamente aquilo que foi capaz de fazer para sentir-se tão envergonhada. Um de meus pacientes, tornando-se consciente de seu modo de criar situações de vergonha-punição, quando se encontrava em um espaço social de bem-estar que lhe teria permitido esquecer por um momento sua vergonha fundamental, disse-me: "Seria possível dizer que eu sentia falta da vergonha!"

A vergonha revela um perigo ligado à diferenciação no campo. O perigo reside na organização do campo entre a consciência de si e a crítica projetada. A tentação poderia então ser reencontrar a confluência ou uma pseudoconfluência, anulando um dos pólos do perigo.

Uma maneira freqüente de se livrar da vergonha consiste em efetuar uma retaliação: envergonhar o outro. Esse é também um mecanismo que pode invadir a contratransferência do psicoterapeuta. O psicoterapeuta chegará mais facilmente à consciência da possibilidade de culpa do paciente, mas, sensível à responsabilidade do paciente por sua própria existência, ele poderá retrofletir a culpa e utilizar outras formas projetadas da vergonha – responsabilização excessiva, sarcasmo e ironia etc. Esse processo ocorre,

168 JEAN-MARIE ROBINE

é claro, especialmente quando o paciente não satisfaz as expectativas do terapeuta e se coloca de modo particularmente ameaçador nas seqüências de experimentação que o terapeuta pode propor a seu paciente, para o seu bem...

No decorrer da terapia, o trabalho da vergonha é abordado essencialmente por meio da re-introdução do outro e, em particular, do que provoca a vergonha. As projeções que alimentam a vergonha dão lugar progressivamente ao ressentimento que, como Perls demonstrou, é apenas uma forma projetada da culpa: desejar que o outro se sinta culpado. Esse ressentimento pode então se transformar em reprovação direta, isto é, ser substituído em um contato agressivo não interrompido pelas projeções ou pelas retroflexões.

Eva, como já mencionei, está associada à origem mítica da vergonha, e o nome que ela recebeu, no final dessa primeira experiência, significa "Viver". É verdade que a vergonha é parte integrante da experiência humana da vida na dialética exibir-inibir e que o Homem soube inventar inúmeros meios para tentar contorná-la. Assim, para evitar *viver no campo da vergonha*, a Sociedade nos oferece por vezes a possibilidade de *morrer no campo da honra*...

〜

NOTA

1 Esses trabalhos, não publicados, foram desenvolvidos por ele nos seminários de que participei no início dos anos 1980. A redação deste capítulo é anterior à maioria das publicações francesas a respeito desse tema. O leitor poderá, contudo, encontrar essas obras nas referências bibliográficas desta edição.

10
O nicho ecológico –
Um ensaio sobre a teoria
de campo da Gestalt-terapia

> *O ambiente não é um espaço circular fechado, mas é o lugar onde as coisas se dão. É o nicho ecológico no qual vive e se reproduz uma única espécie, embora ela pareça estar rodeada por muitas outras espécies [...] A experiência é anterior ao "Organismo" e ao "Ambiente", que são abstrações da experiência [...] Não existe nenhuma função de um organismo qualquer que não suponha, de modo essencial, um ambiente. Reciprocamente, o ambiente real, o lugar, é aquele que é escolhido, estruturado e apropriado pelo organismo.*
>
> *(Paul Goodman, 1972, p. 5, 7, 9)*

A experiência acontece na fronteira entre o organismo e o ambiente (Perls; Hefferline; Goodman, 1951, II, 1, 1). É com essa afirmação fundadora que se inicia o livro *Gestalt-terapia*. O conjunto da obra será constituído por desenvolvimentos e declinações desse paradigma e marcará a ruptura teórica e metodológica fundamental da Gestalt-terapia.

Denominemos essa interação entre organismo e ambiente o "campo organismo/ambiente" [...] A relação organismo humano/ambiente não é naturalmente apenas física, mas também social. Desse modo, em qualquer estudo do homem, como a fisiologia, a psicologia ou a psicoterapia, devemos falar de um campo no qual interagem pelo menos os fatores socioculturais, animais e físicos. (ibidem)

Mais de quarenta anos depois da redação dessas linhas tão proféticas, se alguns Gestalt-terapeutas ainda buscam pensar e inscrever sua prática nessa perspectiva do campo que define sua especificidade, se outras abordagens psicológicas ou psicoterapêuticas parecem encaminhar-se cada vez mais na direção de uma acentuação da dimensão interacional, outros retornam a um modelo tradicionalmente denominado "intrapsíquico", ou o ampliam para o "intra-organísmico", apoiando-se no paradigma biológico ou fisiológico para embasar sua abordagem psicoterapêutica.

É certo que a teoria do campo e suas implicações não foram objeto de muito aprofundamento, nem por parte dos Gestalt-terapeutas nem dos pesquisadores em ciências humanas desde Kurt Lewin.[1] Ao contrário, pouco depois da introdução, por Lewin, de um grande uso do conceito de campo em psicologia, um outro pesquisador formulou um modo diferente de abordar a complexidade de uma situação em seu conjunto: Von Bertalanffy (1973), com a *Teoria geral dos sistemas*. Conhecemos a popularidade atual da abordagem sistêmica e as aplicações que dela derivaram, especialmente no campo das ciências humanas. Considerar essa abordagem como referência pode parecer absolutamente necessário para quem atende grupos (casais, famílias, instituições, organizações...), e os Gestalt-terapeutas não escaparam dessa colonização. O que acontece então com a referência ao campo em tal perspectiva? Essas duas abordagens são complementares? Antagônicas? Mutuamente excludentes? Os conceitos que elas utilizam tornam possível passar facilmente de uma a outra? Não pretendo ter resposta para todas essas, e outras, questões, mas desejo contribuir para esse debate.

Meu objetivo consistirá, inicialmente, em esboçar um panorama da "teoria do campo" em ciências humanas e, em particular, na psicoterapia. Ele se orientará em seguida para uma tentativa de esclarecer quais os níveis lógicos dos diversos aparelhos conceituais usados pelos terapeutas, a fim de abordar as situações com que se defrontam. A partir daí, apresentarei algumas aberturas a conceitos originados em pesquisas contemporâneas que me parecem coerentes e compatíveis com a teoria da Gestalt-terapia, antes de abordar os corolários na prática.

A TEORIA DO CAMPO

Tomado de empréstimo às ciências naturais do fim do século XIX pela psicologia da Gestalt, o conceito de campo traz para as ciências humanas um de seus paradigmas fundamentais. Ele torna possível estabelecer a reciprocidade de posições e de modalidades operatórias entre o todo e as partes por transposição e analogia com os fenômenos descritos a respeito do campo magnético.

O CAMPO MAGNÉTICO

Se colocarmos um ímã sobre uma superfície recoberta com limalha de ferro, essa limalha se organizará segundo uma determinada disposição em relação ao ímã, evidenciando, assim, as linhas de força de seu magnetismo, denominadas "campo magnético". Outro exemplo: coloquemos três ímãs em um espaço; esses três ímãs são orientados de modo deliberado e possuem massas magnéticas mensuráveis. Eles criam imediatamente um campo magnético que resulta do campo magnético próprio a cada um dos três ímãs. Coloquemos nesse campo um pedaço de ferro doce não imantado: esse ferro se imantará imediatamente em razão do campo criado pelos três ímãs e, *ao mesmo tempo*, pelo próprio fato de sua nova imantação, ele agirá sobre a estrutura constituída desse campo, sendo assim um co-criador do campo.

A quantidade de influência recebida em um dado ponto do campo é medida em *gradientes*.

AMPLIAÇÃO DO CONCEITO DE CAMPO

Na linguagem corrente e também nos domínios especializados, ouvimos falar, por exemplo, de campo visual, de campo da consciência, de campo de investigação, do campo da medicina ou de uma outra disciplina etc.; a Gestalt-terapia falará do campo organismo-ambiente como definição de seu domínio e do da psicologia em geral. Trata-se de um mesmo conceito? Ou apenas de uma mesma palavra?

PRINCÍPIO FUNDAMENTAL DA TEORIA DO CAMPO

Embora pouco ou nada evidenciado pelos diferentes autores, um princípio fundamental é comum a todas as declinações do conceito de campo. É esse princípio que, a meu ver, nos possibilitará diferenciar a epistemologia e a metodologia da teoria do campo de algumas outras teorias, tais como a teoria dos sistemas, cujo domínio de aplicação é muitas vezes idêntico ou comum.

Quer falemos de campo visual, de campo da psicologia quer de campo magnético, estamos designando um território relativo a um princípio constitutivo e organizador: o campo visual só existe em relação a um olho, o campo da psicologia em relação à psicologia, o campo magnético em relação a uma dada fonte magnética.

Esse princípio organizador do campo apresenta uma outra característica particular: ele pertence ao campo que define, e ele próprio está submetido às forças desse campo. Portanto, o princípio organizador não pode, teoricamente falando, ser abordado como entidade separada, a não ser por uma abstração, "retirando-o" do campo para fins de análise específica. Nesse último caso, a teoria e o método da teoria do campo não são mais apropriados para abordar o elemento considerado isoladamente. Abstrair o pedaço de metal "imantado" do campo magnético, por exemplo, para estudar sua estrutura molecular, constitui uma mudança de nível lógico que não permite evidenciar o fenômeno "campo magnético".

A especificidade dos instrumentos que evidenciam os fenômenos de um campo decorre do princípio organizador desse campo: o conjunto dos fenômenos relevantes de um determinado campo só pode ser evidenciado à medida que exista um instrumento apropriado. Por exemplo: sabemos que as ondas de rádio se originam em um emissor e são captadas por um receptor (uma antena de rádio). É evidente que essas ondas existem e passam por nós independentemente de possuirmos ou não um receptor; ou seja, a ausência de uma antena de rádio não seria uma condição suficiente para negar a existência dessas ondas. Portanto, podemos criar a hipótese da existência de um determinado número de campos (naturais ou não) que o estado atual de nossos conhecimentos e instrumentos não torna possível evidenciar. O princípio organizador pode ser teórico (ou paradigmático). Assim, se nos interessamos pelo campo visual, vamos nos referir a um "olho teórico", pois o *meu* campo visual não é o *seu* campo visual. Nesse caso, é a generalização das experiências singulares que tornará possível o acesso à conceituação de um campo determinado.

AS LEIS DO CAMPO

Em um campo qualquer, o elemento tem duas posições (*status*) e desempenha duas funções (Simondon, 1989):

1 Como receptor da influência do campo, ele é submetido às forças do campo; ele está em um determinado ponto de gradiente pelo qual podemos representar a divisão do campo.

2 Ele intervém no campo, de modo criador e ativo, modificando as linhas de força do campo e a divisão do gradiente.

Existe, portanto, uma reciprocidade entre a função de totalidade e a função de elemento no interior do campo; existem processos refinados de interação entre as partes por intermédio do todo no qual intervêm trocas seletivas.

A TEORIA DO CAMPO DA PSICOLOGIA DA GESTALT

Embora o nome de Lewin tenha sido ligado em especial ao uso do conceito de campo nas ciências humanas, grandes precursores como Köhler ou Wertheimer não devem ser esquecidos.

Malcolm Parlet (1991a, 1991b, 1992), retomando o trabalho desses pesquisadores, pôde enfatizar as características da teoria do campo, reagrupando-as em cinco grandes princípios:

1 O PRINCÍPIO DA ORGANIZAÇÃO

O sentido provém de uma consideração da situação total, da totalidade dos fatos co-existentes. "O significado de um simples fato depende de sua posição no campo [...] as diferentes partes do campo estão em interdependência recíproca" (Lewin, 1952). Portanto, Lewin nos convida a ultrapassar as propriedades permanentes dos objetos – supostamente constantes em outros sistemas de referência – para enfatizar a interdependência. Ele não nega que possam existir invariantes na estrutura da situação: estrutura e função não são separadas, mas são duas abordagens de uma totalidade inseparável.

2 O PRINCÍPIO DA CONTEMPORANEIDADE

No campo presente, ocorre a constelação de influências que "explicam" o comportamento presente. Desse modo, não se dá importância especial nem *status* causal ou determinante ao passado. O mesmo acontece com relação ao futuro. O passado-lembrado-agora e o futuro-antecipado-agora só fazem parte do campo na forma em que são vivenciados por uma dada pessoa. A "realidade" dos acontecimentos, passados ou futuros, não diz respeito ao campo, pois não é parte constitutiva das condições reais do campo presente.

3 O PRINCÍPIO DA SINGULARIDADE

Cada situação e o campo de cada pessoa em uma situação são únicos. Assim, todas as generalizações são suspeitas: os significados devem ser construídos de modo individualizado e as conclusões não podem ser idênticas. Isso não descarta os princípios de similaridade, de continuidade ou de coerência, nem as generalizações que tornam as teorias possíveis, mas convida a posicioná-las no plano de fundo para enfatizar a especificidade da situação presente.

4 O PRINCÍPIO DE PROCESSO MUTÁVEL

A experiência é provisória: nada é fixo nem estático de modo absoluto. Esse princípio já havia sido enfatizado por William James (1946) em sua teoria da "corrente de consciência", que destacava o caráter mutável da experiência, de instante a instante, a necessidade de recriar incessantemente nossas percepções da "realidade".

5 O PRINCÍPIO DE UMA POSSÍVEL RELAÇÃO PERTINENTE

Segundo esse princípio, nenhuma parte do campo deve ser excluída nem considerada *a priori* como não-pertinente: cada elemento do campo faz parte da organização total e é potencialmente significativo. Os automatismos que se tornaram invisíveis devem ser levados em consideração tanto quanto as figuras que podem se impor por sua força e estabilidade (pregnância).

UM PROBLEMA DE MÉTODO

Para permanecer coerente com seus próprios princípios, toda postura científica baseada sobre a teoria de campo deve poder apreender seu objeto sem omitir que o pesquisador e seu objeto constituem, por sua vez, um campo – como tal, submetido ao princípio da influência recíproca –, e isso qualquer que seja o objeto da investigação. Isso complica consideravelmente o método, em especial nas ciências humanas; se podemos imaginar que o efeito do olhar do astrônomo sobre o campo astral possa ser relativamente insignificante (uma simples hipótese de leigo!), pode-se compreender facilmente que o impacto do olhar de um observador, por exemplo, sobre uma interação conjugal, seja considerável, a ponto de tornar difícil saber se o que é observado provém da relação conjugal ou é o efeito da presença do observador.

O CAMPO ORGANISMO/AMBIENTE

A Gestalt-terapia, ao se referir à teoria do campo, designa um campo específico que ela denomina "campo organismo/ambiente". Seu aparelho conceitual e metodológico foi, portanto, elaborado para abordar esse campo específico. Portanto, organismo/ambiente deve ser entendido como relativo aos fenômenos (que a Gestalt-terapia chama de "contato") que se desenvolvem entre um dado organismo e seu ambiente, entre um indivíduo e o que não é ele. O organismo é aqui estabelecido como princípio organizador, elemento referente; o ambiente é a outra parte do campo, e o próprio organismo está incluído no campo.

Mesmo que o ambiente – ou um elemento do ambiente – de um dado organismo possa ser um organismo, o aparelho conceitual e metodológico da Gestalt-terapia não é plenamente apropriado para abordar a *relação* organismo/outro organismo, na medida em que cada um desses organismos constitui as experiências de dois campos singulares nos quais eles são princípios organizadores. Na teoria da Gestalt-terapia, um organismo é certamente uma "abstração" do campo, isto é, um elemento "abstrato", retirado de um conjunto indivisível mais amplo (aqui denominado campo organismo/ambiente); porém, a Gestalt-terapia é apropriada para abordar, por sua referência à teoria do campo, aquilo que se desdobra entre um organismo e aquilo que não é ele, em uma referência a si mesmo como sujeito da experiência. A postura é, portanto, fundamentalmente assimétrica. Por um lado, trata-se de apreender como o organismo intervirá em seu ambiente e sobre ele, e por outro, como o ambiente intervirá no organismo e sobre ele, sendo o todo considerado *em referência ao organismo constitutivo desse campo.*

Os dois pólos do campo não podem, portanto, pelo menos com esse aparelho conceitual, ser apreendidos como entidades separadas, ainda que essas possam ser separáveis em outros níveis lógicos. Parece necessário constatar que a teoria do campo organismo/ambiente da Gestalt-terapia, embora tomando emprestada grande parte da teoria geral dos campos, distingue-se dessa ao se restringir aos movimentos de um organismo específico em relação a um ambiente próprio, e vice-versa.

OS NÍVEIS LÓGICOS DAS ABORDAGENS TERAPÊUTICAS

CONSEQÜÊNCIAS NO APARELHO CONCEITUAL

Considerando-se a lógica utilizada até aqui em nossa abordagem do campo, o conceito de interação e suas diferentes declinações parecem relativamente pouco discriminadores para diferenciar os fenômenos do campo e os fenômenos de sistema. O conceito de interação diz respeito a entidades separadas, ainda que os elementos em interação pertençam a um mesmo domínio. As propriedades atribuíveis aos elementos não podem ser depreendidas simplesmente de suas naturezas intrínsecas. Na interação, a reciprocidade é primordial, mesmo que não seja simétrica, e o observador tem diante de si os efeitos de A sobre B e de B sobre A, em que A e B constituem um campo comum a que denomino "sistema" e do qual o observador O é parte integrante. Seria possível dizer que o campo de A, o campo de B e o campo de O, em sua interação e por meio dela, constituem um sistema. Se o observador O deseja abordar sua relação com o subsistema AB como entidade não-eu – o modo como ele influencia esse subsistema ou é influenciado por ele –, ele se apoiará, mesmo empiricamente, na teoria do campo. Eventualmente, ele poderá substituir essa abordagem, em um contexto ampliado, mudando o nível lógico para entrar no da interação que é também o do sistema.

O conceito de interação tornará possível assim a abordagem das entidades que compõem o campo, considerando-as em seu caráter separado ou individual. Um conceito de tipo "intro-ação" seria necessário para dar conta dos movimentos internos do campo, abordados em seu holismo intrínseco.

No contexto de uma abordagem fundamentada sobre a teoria do campo, o "local" de aparecimento do fenômeno que associa o elemento e seu contexto é uma fronteira que, ao mesmo tempo, limita e liga. Coloco "local" entre aspas porque, dependendo das modalidades de experiência, esse local pode não ter nada de espacial. Esse local-experiência de duas faces é denominado "fronteira de contato" pela Gestalt-terapia. A fronteira de contato "não *separa* o organismo e seu ambiente; em vez disso, limita o organismo, o contém e protege, *ao mesmo tempo* que contata o ambiente" (Perls; Hefferline; Goodman, 1951, II, 1, 3). O fenômeno fundamental que pode designar os fenômenos que surgem no campo é, assim, aquilo que a Gestalt-terapia denomina "contato".

Esse conceito de contato, diferentemente do conceito de interação que pode designar um processo de alternância, pressupõe necessariamente uma simultaneidade. Se a etimologia da palavra "contato" remete ao estado de dois corpos que se tocam, o tato pode não ser senão uma metáfora. Todavia, deve-se observar que o tato é o único de nossos cinco sentidos que pressupõe reciprocidade simultânea: posso ver sem ser visto, ouvir sem ser ouvido etc., mas não posso tocar sem ser tocado pelo próprio objeto de meu toque.

ESPECIFICIDADE DAS DIFERENTES ABORDAGENS

É preciso observar que o contato do ambiente pelo organismo só é observável por meio da "face externa" da fronteira de contato, ou mesmo por meio do próprio ambiente. Se retomarmos o exemplo do campo magnético, podemos observar – sem destruir – o efeito do ímã sobre o ambiente, mas o efeito recíproco do ambiente sobre o elemento só poderá ser observado por meio de um novo efeito que ele, por sua vez, produzirá em seu ambiente. A modificação eventual da estrutura do elemento-imantado não pode ser observada sem retirá-lo ou destruí-lo. Portanto, sua modificação é aceita por meio de uma ação de inferência, isto é, mediante uma operação que consiste em decidir de onde provêm os fatos observados.

No domínio psicológico, alguns conceitos se originam de uma atitude similar de inferência e serão considerados como "intrapsíquicos". Portanto, essas inferências são decisões tomadas pelo psicólogo para tentar explicar determinados fatos da observação. É o caso de conceitos como "inconsciente",[2] "*id*" ou "superego", "repressão", "cisão" etc., que descrevem os supostos fenômenos a partir das conseqüências observadas.

Outros conceitos derivam dos fenômenos do campo: as emoções, a projeção, a introjeção, a transferência, a apreensão, a empatia, a identificação projetiva, a autoridade, a afeição, a percepção... Eles indicam uma modalidade do contatar o ambiente por parte de um organismo, ou o inverso.

Outros ainda pertencem a uma abordagem do sistema, pois a dimensão de interação é fundamental em sua definição: o vínculo, a hierarquia, o diálogo, a simpatia, o incesto, o amor, o poder, a relação, o Eu–Tu etc.

Seria necessário definir, é claro, aquilo que está englobado em cada um desses conceitos. Assim a força e a autoridade designam, em princípio, uma capacidade, um potencial, enquanto o poder pressupõe que um outro se submeta a ele e assim torne possível que a força seja exercida.

Esse inventário, embora possa ter o inconveniente de ser reducionista, convida a esclarecer os níveis de referência, manifesta ao mesmo tempo a interpenetração de tais níveis, ou, mais exatamente, restringe a abordagem de certas problemáticas de modo específico aos três níveis enunciados (na medida em que elas podem originar-se desses três níveis).

Examinemos o exemplo característico da transferência.

No nível intrapsíquico, o clínico se centrará na organização arcaica da experiência relacional em suas sedimentações psíquicas.

No nível do campo, o clínico considerará a transferência como uma modalidade do "contatar o mundo" por meio de um esquema recorrente.

No nível do sistema, o clínico não dissociará a transferência da contratransferência e abordará a concomitância desses fenômenos em sua interatividade.

Esses três níveis podem igualmente possibilitar que consideremos a evolução e a diferenciação de algumas correntes da psicanálise. Se é possível dizer que Freud fez que o modelo psicanalítico evoluísse para uma posição metapsicológica cada vez mais intrapsíquica, pode-se igualmente dizer que alguns de seus sucessores tendem para a teoria do campo e que outros adotaram uma posição mais sistêmica. A psicanálise kleiniana, em alguns de seus aspectos, a psicanálise das relações objetais ou a psicanálise dita intersubjetiva me parecem privilegiar um modelo interacional, enquanto a psicanálise húngara ou anglo-saxã de Balint, de Winnicott e outros, com conceitos como os de "mãe-ambiente" (Winnicott) ou de "mãe transformacional" (Bollas), aproxima-se mais da teoria do campo. Resta saber, e voltaremos a esse ponto, se é possível um enfoque que considere a abordagem da transferência no contexto da "psicanálise como campo bi-pessoal" (W. & M. Baranger).[3]

Se a Gestalt-terapia se posiciona claramente em uma referência à teoria do campo, e essa é uma de suas especificidades, não é menos verdadeiro que em segundo plano não se pode excluir nem a metapsicologia freudiana, que permite inúmeras inferências a respeito do intrapsíquico, nem a abordagem sistêmica, que possibilita que se leve em conta a interação terapêutica. Alguns conceitos mencionados por Perls e Goodman, como os de repressão e de formação reativa, remetem, em algumas de suas acepções, a um modelo intrapsíquico. As orientações mais contemporâneas da Gestalt-terapia, como as que se centram na "relação dialógica" e o "Eu–Tu", são manifestamente mais sistêmicas, assim como, é claro, a aplicação da Gestalt-terapia à família ou às organizações.

Toda disciplina tem uma determinada propensão a se ampliar, ganhando terreno sobre as disciplinas próximas. Assim, as disciplinas dominantemente "intrapsíquicas" se expandirão preferencialmente para uma epistemologia do campo; o mesmo pode ocorrer com relação à abordagem sistêmica, que tenderá a se expandir para um trabalho sobre o campo organismo/ambiente. Uma disciplina fundamentada na teoria do campo, posicionada na interface entre as outras duas, poderá então voltar-se facilmente para cada uma delas. Desse modo, podemos ver que alguns Gestalt-terapeutas tentam expandir seu modelo para o lado das ciências do organismo (especialmente a biologia), e o mesmo poderia acontecer com o lado das ciências do ambiente (sociologia, política, ciências da cultura e das religiões...) – o que talvez outros tentem desajeitadamente para o lado "transpessoal", buscando assim ampliá-la para uma dimensão supra-individual.

A distinção entre o nível intrapsíquico e os níveis interpessoais encontra-se no cerne dos debates atuais e parece poder ser esclarecida graças à perspectiva desenvolvimental.[4] De qualquer modo, os conceitos utilizados marcam, de maneira relativamente clara, seu domínio de origem e de aplicação.

A distinção entre o nível sistêmico e o nível do campo parece muito mais fraca se não reduzirmos o sistêmico a uma abordagem mecanicista. O que poderíamos chamar de "sistêmico em relação à segunda cibernética" é muito menos redutível por uma crítica mecanicista na medida em que ela leve em conta a presença do observador/interveniente como parte integrante do sistema. Nos fatos e também na elaboração conceitual, parece-me que além da declaração de intenção, essa nova sistemática funciona como justaposição ou sucessão de abordagens; a abordagem sistêmica "tradicional" do sistema estudado (independentemente do observador interveniente), seguida e ponderada por um olhar orientado por uma teoria empírica do campo que considere a interação que ocorre entre o observador interveniente e o grupo estudado. As críticas formuladas ao corajoso estudo de Joel Latner, "Teoria do campo, teoria dos sistemas em Gestalt-terapia",[5] parecem-me fundamentadas e facilitadas por seu desconhecimento da passagem para essa segunda cibernética. Resta saber se o fundo do problema não continua em grande medida o mesmo...

Gary Yontef,[6] por sua vez, está com razão empenhado em estabelecer uma distinção entre "o campo" e a "teoria do campo". As "teorias de campos" da teoria da Gestalt e também a abordagem lewiniana poderiam talvez, nessa perspectiva, passar a concorrer com a teoria geral dos sistemas, enquanto "o campo" permaneceria como um fenômeno aberto a diversas modalidades de teorização, das quais a teoria de Lewin constituiria um exemplo, a da Gestalt-terapia um outro, e até mesmo a de Von Bertalanffy ainda um outro... Muitas discussões poderiam estar associadas a essa confusão.

CONTRIBUIÇÕES CONTEMPORÂNEAS À TEORIA DO CAMPO

A psicologia da Gestalt conhece somente uma forma, uma forma de equilíbrio, um equilíbrio estável. A noção de forma é definida como um estado para o qual o sistema tende, resolve sua tensão e encontra seu equilíbrio. Esse equilíbrio estável exclui toda evolução, todo futuro, já que corresponde ao mais baixo nível de energia potencial; todas as transformações possíveis foram realizadas, nenhuma força existe, todos os potenciais estão atualizados e o sistema não pode mais se transformar de novo.

Em muitos sistemas, contudo, e em especial no domínio do vivo, é necessário incluir a noção de energia potencial de um sistema (cf. a *autotransformação* de Piaget, ou o *princípio do processo mutável*, de Lewin), a noção de ordem, e até mesmo a do aumento crescente da entropia. Simondon (1989, p. 14ss) propõe que se abandone o dualismo estabilidade *versus* instabilidade (movimento *versus* repouso), e apresenta o conceito de *equilíbrio metaestável*.

METAESTABILIDADE

FIGURA 1 – ESQUEMA TRADICIONAL DA METAESTABILIDADE

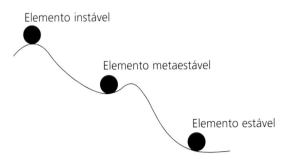

O ser vivo conserva em si uma atividade de individuação permanente: "ele não é apenas *resultado* da individuação, mas *teatro* da individuação. Existe nele um regime de ressonância interna que exige comunicação permanente e manutenção de uma metaestabilidade que é condição para a vida". "O estado mais estável é um estado de morte: é um estado degradado a partir do qual nenhuma transformação é possível sem a intervenção de uma energia exterior ao sistema degradado." A situação de metaestabilidade pressupõe, portanto, a energia potencial de um sistema. O ser vivo, especialmente o ser humano, não é dotado de uma unidade estável em que nenhuma transformação seja possível. Ele possui o que Simondon chama de uma *unidade transdutiva*, isto é, ele pode deslocar-se com relação a si mesmo, extravasar de um ponto a outro a partir de seu centro.

Os elementos metaestáveis, em sua aparente estabilidade, constituem sem dúvida a fixação geradora de sofrimento e do sintoma. Poderíamos dizer que o terapeuta será convidado a identificá-los e a possibilitar que sejam colocados novamente em movimento?

TRANSDUÇÃO

Simondon (1989, p. 22-5ss) designa por transdução[7] toda operação (física, biológica, mental, social...) pela qual "uma atividade se propaga pouco a pouco no interior de um campo, baseando essa propagação em uma estruturação do campo operada de lugar a lugar": cada região de estrutura constituída serve como princípio e modelo, como um início de constituição para a região seguinte, embora uma modificação se estenda assim progressivamente e ao mesmo tempo que essa operação estruturante. (Veremos aqui, sem nenhuma dúvida, o fundamento de uma nova espécie de paradigmatismo analógico, como pode ter sido o caso da operação holográfica.)

REDEFINIÇÃO DA "BOA FORMA" DA TEORIA DA GESTALT

Não me parece ser com a noção de equilíbrio estável, e sim com a de equilíbrio metaestável, que um certo número de problemas (e de limites) poderá ser ultrapassado. A "boa forma", tal como proposta pela psicologia da Gestalt, não é mais então a forma simples, a forma geométrica, forte e estável etc., mas a forma *significativa*, isto é, aquela que estabelece uma ordem transdutora no interior de um sistema metaestável, de um sistema de realidade que inclui potenciais.

Simondon, portanto, evidencia uma contradição entre a noção de equilíbrio estável, que seria a expressão do funcionamento da lei da pregnância, e a noção de "boa forma", que seria a mais provável; o estado mais estável, ele explica, é um estado de morte, como mencionamos anteriormente, é um estado degradado a partir do qual nenhuma transformação é possível sem a intervenção de uma energia exterior ao sistema degradado. Os processos de degradação seriam assim, na teoria da Gestalt, os processos de gênese da boa forma!

INFORMAÇÃO

Em um sistema em estado de equilíbrio metaestável (portanto, passível de evolução), a noção de forma deve, segundo Simondon, ser completada, corrigida (ou até mesmo substituída?) pela de *informação*. Para que haja informação, é necessário que exista novidade, surpresa; a informação corresponde ao inverso da probabilidade, ao inverso dos processos de degradação, a uma entropia negativa (ou neguentropia).

A teoria de informação, tradicionalmente, leva em conta o estabelecimento de correlação, e examina esse estabelecimento de correlação, de um emissor e de um receptor, mas – paradoxalmente –, quanto maior for a correlação entre receptor e emissor, menor será a quantidade de informação, pois o receptor, por sua "proximidade" com o "emissor", tem maior probabilidade de conhecer a informação supostamente nova. Portanto, não é apenas à quantidade de informação, mas também a qualidade, a *tensão de informação*, que se refere a questão.

CONSEQÜÊNCIAS

A noção de forma desempenha, portanto, um papel funcional essencial: a forma é um *núcleo estrutural* (Simondon, 1989, p. 31), isto é, possui um certo poder diretor e organizador. A noção de informação é indispensável para introduzir a reciprocidade e a reversibilidade dos fenômenos de campo.

> A operação de transdução [Simondon, 1989, p. 32-3] seria a propagação de uma estrutura que avança cada vez mais em um campo a partir de um núcleo estrutural, como uma solução supersaturada cristaliza a partir de um núcleo cristalino. Isso supõe que o campo esteja em equilíbrio metaestável, isto é, contém uma energia potencial que somente pode ser liberada pelo aparecimento de uma nova estrutura, que é como uma resolução do problema. A partir daí, a informação não é reversível: ela é a direção organizadora que emana de uma curta distância do núcleo estrutural e avança para o campo: o núcleo é o emissor, o campo é o receptor e o limite entre o emissor e o receptor se desloca de modo contínuo enquanto a operação de tomar forma está em progresso. O limite entre o núcleo estrutural e o campo estruturável, metaestável é um *modulador* [...] A operação de modulação [ibidem, p. 55] pode se desenrolar em uma micro-estrutura que avança progressivamente através

> do domínio que toma forma, constituindo o limite móvel entre a parte informada (portanto, estável) e a parte ainda não informada (portanto, ainda metaestável do domínio).

Nessa operação transdutiva de modulação, contudo, não é qualquer forma que pode desencadear a atualização da energia potencial de qualquer campo metaestável: a tensão da forma de um esquema depende do campo ao qual ele se aplica. (Um líquido supersaturado não pode se cristalizar a partir de um núcleo qualquer.) O campo que pode receber uma forma é o sistema no qual as energias potenciais acumuladas constituem uma metaestabilidade favorável às transformações (Simondon, 1989, p. 59). Esse núcleo formal,[8] que só pode provocar a tomada de forma em um determinado momento de supersaturação e, portanto, de maturação de um organismo, nos leva a considerar que toda ciência humana deve ser fundamentada sobre uma energética humana, e não somente sobre uma morfologia; ela deve agregar o aspecto arquetípico, isto é, o núcleo estrutural no processo de tomada de forma, e o aspecto de *relação entre matéria e forma*.[9] Simondon propõe, então, que reservemos o termo "campo" para designar a tensão da forma, e chama de "domínio" o conjunto da realidade que pode receber uma estruturação, que pode tomar forma mediante uma operação transdutiva ou de outro tipo de operação.[10]

É a tomada de forma em um campo metaestável que cria as configurações. Em um estado de supersaturação, um acontecimento está prestes a ocorrer, uma estrutura está prestes a irromper: basta que o núcleo estrutural apareça e, às vezes, o acaso pode produzir o equivalente a esse núcleo estrutural.

A ENTROPIA

A segunda lei da termodinâmica[11] refere-se ao fenômeno da entropia: se o sistema estudado é um sistema fechado, sua evolução espontânea é no sentido da entropia[12] crescente, isto é, a *qualidade* da energia se degrada de modo constante, enquanto sua quantidade permanece constante. A energia não está mais disponível para realizar o trabalho. A entropia negativa (ou neguentropia) designa então a qualidade das diferentes ações possíveis em um sistema.

No contexto da teoria estatística, o segundo princípio da termodinâmica passa a ser: "abandonado a si mesmo, um sistema fechado tende para um estado de desordem máxima, estado de maior probabilidade no qual a entropia é máxima". Aplicada à teoria da informação, a entropia negativa equivale à informação, pois a informação trazida por uma mensagem ou um acontecimento é tanto maior quanto sua probabilidade de ocorrência é baixa, e, além disso, traz organização e ordem ao sistema considerado. Von Bertalanffy, teórico de sistemas, bem demonstrou que nos sistemas vivos, que são sistemas abertos, é a inclusão de entropia negativa que lhes torna possível aumentar seu nível de organização e de ordem, lutar contra a desintegração provocada pelo aumento da entropia, renovar a energia e a organização por meio do acesso ao ambiente – ele só pode subsistir e se desenvolver com trocas com o meio ambiente e por meio delas.

O ambiente, entretanto, não traz apenas ordem: ele é fonte de perturbações e de acontecimentos ao acaso; portanto, de desordem. Essa desordem constitui ao mesmo tempo uma ameaça *e* um enriquecimento da complexidade do sistema vivo. A introdução da informação (da neguentropia) torna possível a elaboração de respostas homeostáticas cada vez mais numerosas, mas quanto mais o sistema elabora respostas homeostáticas, mais ele se reduz a elas, torna-se mecanizado e rígido. É quando um sistema apresenta o máximo de entropia que ele atinge o máximo de flexibilidade (Bateson). A flexibilidade de um sistema vivo reside em sua capacidade para se desorganizar a fim de se abrir para uma "potencialidade de mudança".

Para Edgar Morin (1977),[13] a única realidade é a conjunção entre ordem e desordem. Essa conjunção está ligada à idéia de organização, à idéia de interação e à de transformação: "Uma ordem é morte: a ordem é um princípio de invariância supratemporal e supraespacial, ou seja, a ordem das Leis da Natureza".

Como bem observa J. Miermont, quer queiram ou não, os terapeutas estão expostos a esse debate tanto em suas teorias como em suas práticas, de modo explícito ou implícito. Mesmo que, às vezes, não acompanhem o debate epistemológico que permanece conjetural e aberto, a experiência do conflito entre ordem/desordem encontra-se no cerne das relações humanas e do contato organismo/ambiente. As noções de "Gestalt", de "boa forma", de construção/destruição de gestalts, de Gestalt fixa representam a formulação escolhida pelos autores da escola unitária para abordar esses fenômenos no domínio terapêutico.

OS CAMPOS MORFOGENÉTICOS

A teoria dos campos morfogenéticos foi proposta por A. Gurwitsch em 1922, e depois por P. Weiss em 1926. No entanto, nenhum desses autores foi além, na época, de uma simples afirmação de sua importância no controle da morfogênese, e, em especial, nenhum deles chegou a explicar o que eram ou como funcionavam. Foi necessário esperar pelos trabalhos de Waddingdon (1957), e mais tarde pelos de René Thom, para se apreender um pouco melhor essa hipótese de trabalho. Atualmente, em especial entre os biólogos, essa tese tem sido objeto de importantes pesquisas. A principal formalização deve-se a Rupert Sheldrake (1985a, 1985b, 1992), autor de três obras e de inúmeros artigos dedicados ao tema.

O Gestalt-terapeuta não pode permanecer insensível a essas teses na medida em que elas abordam a gênese das formas e que nosso método diz respeito à "terapia das formas", por um lado, e, por outro, pelo anedótico, assinalando que Sheldrake (1985a, p. 54-5) apóia a corrente que inclui, entre outros, os trabalhos de J.-C. Smuts, inspirador de Perls, e também explicitamente da Gestalt-terapia.

Nessa teoria, campos invisíveis geram formas e são a matriz de todas as formas, desenvolvimento e comportamento, e podem operar atravessando o tempo e o espaço. Desse modo, o campo é considerado causa da forma específica. Assim como ocorre em outros tipos de campos (gravitacional, eletromagnético...), os campos morfogenéticos não podem ser percebidos diretamente e podemos inferir sua existência somente de seus efeitos morfogenéticos. Seu domínio diz respeito à biologia, às ciências sociais e psicológicas etc.

> A morfogênese não intervém em um vazio. Ela só se inicia a partir de um sistema já organizado, que funciona como *núcleo germinal morfogenético* [...] O germe morfogenético é uma parte do sistema em evolução [...] O resto do campo [...] inclui a *forma virtual* do sistema final que só se manifestará quando todas as suas partes materiais estiverem em seus lugares adequados. (Sheldrake, 1985a, p. 83)

Essa idéia de núcleo germinal morfogenético é estranhamente similar à de núcleo estrutural proposta por Simondon.

A RESSONÂNCIA MÓRFICA

Esse processo de influência é exercido graças ao que Sheldrake (1985a, p. 104-5) denomina "ressonância mórfica", definível unicamente por analogia: ela se assemelha ao efeito observado quando uma corda de um instrumento musical vibra por "simpatia" em resposta a uma onda sonora específica. Cada sistema responde apenas a uma freqüência específica.

FORMA E ENERGIA

Os diferentes fenômenos mencionados (nos diferentes tipos de campos) são explicados por uma combinação de conceitos de campos espaciais e de energia. A energia pode ser considerada a causa da mudança, mas a organização da mudança depende da estrutura espacial dos campos. Sheldrake propõe uma analogia arquitetural:

para construir uma casa, são necessários materiais, operários para usar os materiais e também um plano arquitetônico que determinará a forma da casa. Com os mesmos materiais e uma energia idêntica, poderia surgir uma casa completamente diferente se a edificação tivesse sido baseada em um plano diferente. Desse modo, o plano pode ser considerado uma das causas, embora ele não seja energia em si mesmo. Um sistema associado a um campo morfogenético diferente teria um outro desenvolvimento.

COROLÁRIOS PARA O DOMÍNIO DA PSICOTERAPIA

Certamente sob a influência de um holismo mal-compreendido ou excessivamente sincrético, sob a influência do paradigma holotrópico ou de modos de pensar influenciados pelas filosofias orientais, provavelmente mal transpostas, algumas abordagens do campo induzem um modo de pensar excessivamente globalizante, negligenciando a diferenciação, da mesma forma como algumas abordagens de sistemas têm um modo de pensar fragmentado e interacionista, negligenciando a globalidade.

Mesmo em uma teoria do campo, devemos diferenciar o campo em elementos de posição e experiência diferentes (por exemplo, o terapeuta, o cliente ou os clientes).

Segundo Koffka (1935, p. 22):

> Proclamamos que o universo e todos seus acontecimentos formam uma única e grande Gestalt?
>
> Se o fizéssemos, também seríamos tão dogmáticos quanto os positivistas que afirmavam que nenhum acontecimento é ordenado nem significativo, e quanto aqueles que afirmam que a qualidade é essencialmente diferente da quantidade. Mas, da mesma forma que a categoria da causalidade não significa que todo acontecimento está, em suas causas, ligado a qualquer outro, a categoria da Gestalt não significa que dois estados ou acontecimentos pertencem juntos a uma única Gestalt.

O SELF DESDOBRADO *191*

Aplicar a categoria das causas e efeitos significa descobrir quais são as partes da natureza que se encontram neste tipo de relação. Da mesma forma, aplicar a categoria da Gestalt significa descobrir quais são as partes da natureza que pertencem a totalidades funcionais, descobrir suas posições nessas totalidades, seu grau de independência relativa, e sua articulação de totalidades maiores em subtotalidades.

A partir dos princípios fundamentas da teoria do campo elaborada pela teoria da Gestalt e pelas que a sucederam, já se manifestam algumas conseqüências para a teoria e a prática da Gestalt-terapia:

a. Do princípio da organização deriva a pertinência da atenção do psicoterapeuta a atos e gestos, palavras e acontecimentos, que poderiam passar despercebidos, por serem triviais, epifenomenais ou atribuíveis ao acaso. Esses pequenos acontecimentos estão em interdependência com a globalidade do campo e muitas vezes representam vias de acesso a um esquema importante, uma Gestalt fixa ou uma experiência inacabada.

b. No princípio da contemporaneidade é fácil reencontrar a insistência da Gestalt-terapia sobre o aqui-e-agora: não esse aqui-e-agora de uma moral hedonista nem de uma psicoterapia que rejeite o passado e o futuro!... Mas uma consciência de que a referência ao passado e a antecipação do futuro são acontecimentos que se desdobram no presente e que o cruzamento dessas linhas de tempo tem significado para o campo do presente.

c. O princípio da singularidade confirma a reticência do Gestalt-terapeuta em proceder a uma generalização estrutural tal como poderia ser proposta, por exemplo, pela nosografia tradicional ou por algumas psicopatologias derivadas da psiquiatria ou do behaviorismo.

d. O processo em movimento incessante é o objeto de trabalho do Gestalt-terapeuta. Quando um terapeuta gestaltista fala, por exemplo, de introjeção, ele fala de uma experiência que está acontecendo e não de um resíduo qualquer, nem mesmo de uma

192   JEAN-MARIE ROBINE

característica de um indivíduo que seria assim considerado como um "introjetor". Esse trabalho sobre o processo poderia, pareceme, ser evocado em termos de intervenção sobre os elementos metaestáveis que se apresentam como estruturas, mas que, se recolocados em movimento, dissolveriam toda ou parte de sua fixidez.

e. Segundo o princípio do vínculo pertinente, nada deve ser descartado *a priori* do interesse do psicoterapeuta – e, portanto, da tomada de consciência do paciente –, pois todo elemento do campo faz parte da situação global e é potencialmente significativo. A atenção seletiva e *a priori* dos atos ou das palavras supostamente significativas provém de uma atitude de inferência que visa confirmar as hipóteses do terapeuta e que exclui a imediaticidade do campo.

Esses diferentes princípios, e suas conseqüências, embora estabeleçam premissas epistemológicas e metodológicas, por enquanto, tornam possível relativamente pouca aproximação e consideração dos fenômenos do campo.

RESSONÂNCIA E RESSONÂNCIA MÓRFICA

Se nos situamos em uma abordagem da relação terapêutica no contexto da teoria do campo (campo organismo/ambiente ou campo bi-pessoal terapeuta/cliente), podemos afirmar que esse campo, como tal, é gerador de formas. Cada terapeuta sabe, empiricamente, que a forma que toma a relação com seu cliente não é determinada por ele e por suas próprias características, nem pelo cliente, mas será uma resultante, uma co-criação, uma "alquimia" como dizem alguns. Formulo a hipótese de que os conceitos de "transferência e contratransferência" são insuficientes para dar conta de tal fenômeno, e mais ainda para designá-lo. Essa hipótese se apóia na definição básica (freudiana) da transferência, e não em ampliações posteriores que englobam tudo aquilo que se desdobra entre o terapeuta e o paciente, pois o uso de tal palavra associa aquilo que ela designa à idéia de deslocamento e de repetição, idéias às quais eu recuso a submeter a totalidade dos fenômenos relacionais em terapia.

O conceito de "ressonância", se não pode explicar, poderia, a meu ver, nomear aquilo que surge ou não surge. Mony Elkaïm (1989, p. 15), terapeuta sistêmico de famílias, coloca esse conceito de ressonância no centro de sua teorização e de sua prática:

> A ressonância se manifesta em uma situação em que a mesma regra se aplica, ao mesmo tempo, à família do paciente, à família de origem do terapeuta, à instituição em que o paciente é recebido, ao grupo de supervisão etc. As ressonâncias são constituídas por elementos semelhantes, comuns aos diferentes sistemas em intersecção [...] [A ressonância] nasce na construção mútua do real que se opera entre aquele que a nomeia e o contexto em que ele se descobre ao nomeá-la. (ibidem, p.153)

Não poderíamos utilizar a ressonância para abordar um dos principais conceitos da abordagem contemporânea da relação, a saber, a empatia, ou *einfühlung*,[14] ou inclusão?[15]

Em uma relação com um indivíduo ou com um sistema cria-se (ou não) um campo de ressonâncias mútuas, e da amplitude dessa ressonância dependerá a eficácia do núcleo germinal morfogenético introduzido pela práxis terapêutica. Postulo, seguindo a analogia com a ressonância musical, que apenas os elementos não-fixos em definitivo, ou, em outras palavras, os metaestáveis, são capazes de ressonância e, portanto, de ser colocados em movimento, tanto no terapeuta quanto no cliente (indivíduo ou sistema).

Se criarmos a hipótese de que cada indivíduo gera seu próprio campo morfogenético, poderemos também formular a hipótese de que um sistema (familiar ou outro) constitui e é constituído por uma síntese homeostática de campos individuais, do mesmo modo que poderemos formular a hipótese de que os campos morfogenéticos individuais sejam uma diluição mais ou menos homotética do campo coletivo.

Para ir além na especulação, poderíamos dizer que há produção de sintoma, no nível lógico do indivíduo, quando existe impossibilidade de ressonância mórfica do indivíduo com seu ambiente e seu campo morfogenético está em posição de isolamento ou de retroflexão; ou então, quando a ressonância mórfica é excessiva e domina a confluência.

No nível lógico do grupo e do sistema, familiar ou outro, o paciente identificado poderia ser considerado um ressoante "privilegiado" do sistema, que constituiria a "forma" gerada pela homeostase patogênica e indicaria, por meio de sua "aceitação" em manifestar o sintoma, ao mesmo tempo sua capacidade morfogenética de restabelecer o equilíbrio (núcleo estrutural), mas, também, o fracasso do conflito necessário à elaboração de uma homeostase resultante de ressonâncias mórficas compartilhadas e elaboradas em um campo morfogenético unificado.

A SITUAÇÃO TERAPÊUTICA

O encontro terapêutico é o encontro de dois campos organismo/ambiente – considero aqui o caso mais simples: o encontro de duas pessoas. Cada uma é parte do ambiente da outra, provavelmente uma parte privilegiada. Cada uma tende a constituir a totalidade de seu campo, ampliando-o a partir de sua experiência como organismo (Robine, 1990c). Cada uma seria assim geradora de um campo morfogenético, isto é, tenderia a dar forma ao que se apresenta nesse campo.

A situação terapêutica consistiria então em introduzir, a partir de um feixe de ressonâncias mútuas, um núcleo germinal suscetível de cristalizar alguns elementos metaestáveis presentes para criar uma nova configuração.

Embora não adote todos os seus termos, aprecio muito este enunciado de P. Fedida (1992, p. 223):

Em qualquer situação analítica, as palavras descobertas e pronunciadas tramam verdadeiros espelhos germinativos nos quais se reestrutura, zona por zona, e segundo uma lógica imanente à construção, uma identidade corporal, no sentido de uma capacidade do *si mesmo* – fenômeno *entre dois*.

E o autor continua com palavras que os Gestalt-terapeutas teriam poucas reservas em adotar:

A intuição correta, e também o erro de alguns analistas, tais como Guntrip ou Kohut, foi avaliar bem o lugar que seria conveniente dar ao conceito de si mesmo, do ponto de vista técnico, mas também ter buscado teorizá-lo de tal modo que ele seja sistematizado às vezes como uma quase-instância e perca assim sua estrutura de metáfora transferencial/contratransferencial.

Evidentemente, é a linguagem que recebe aqui a atribuição de poder germinativo essencial, mas eu acrescentaria também todos os outros ingredientes da situação terapêutica – desde o espaço até o contexto, da forma física até o estilo das vestimentas, do verbal ao não-verbal, do corporal ao sonho etc.

Vários fatores são portanto importantes nesse processo:

■ Se cada um dos membros da díade terapêutica gera permanentemente um campo morfogenético, uma grande parte dessa influência se efetuará fora do alcance da consciência. Isso pode levantar inúmeros problemas éticos que confirmam a necessidade de que o terapeuta tenha um conhecimento profundo de si mesmo, tenha resolvido suas situações inacabadas e tenha consciência de suas modalidades idiossincráticas de contato.

■ A ênfase colocada pela Gestalt-terapia na consciência, na consciência imediata (*awareness* e *conscious-awareness*) e na consciência postergada (*consciousness*), do aqui-e-agora da situação de contato abre-se em uma morfogênese (parcialmente) deliberada graças ao jogo das identificações/alienações restauradas, e o núcleo morfogenético possibilita uma estruturação dos elementos presentes, em seu contato com a novidade.

JEAN-MARIE ROBINE

■ O campo bipolar, terapeuta-cliente, estrutura-se em uma situação de conflito dos núcleos germinais estruturais de ambos. O universo caótico e entrópico do cliente apresenta uma desordem que não conseguiu atingir o ponto de crise. A pacificação prematura dos conflitos (Perls; Hefferline; Goodman, 1951, II, 8, 9) se exerce tanto diante de conflitos denominados interiores quanto diante daqueles que se desdobram com outra pessoa. O patológico é a impossibilidade da crise: a crise é a aceitação do caos, sua gestão criativa e construtiva. O terapeuta deve poder trazer à tona a situação de conflito abortada, explicitar a crise e oferecer suporte suficiente que permita criação e construção em contato com a novidade.

CONCLUSÃO

CAMPO E SISTEMA EM TERAPIA FAMILIAR E EM TERAPIA DE GRUPO

O aparelho conceitual da Gestalt-terapia torna possível uma abordagem das modalidades de contato que operam no campo de um dado organismo diante de seu ambiente (nicho ecológico). O aparelho conceitual da teoria sistêmica torna possível acessar um metanível: o da dialética dos campos individuais em uma configuração mais ampla. Se as primeiras terapias familiares limitavam sua abordagem ao sistema como sistema, percebeu-se rapidamente a necessidade, em um contexto terapêutico, de poder acessar em determinados momentos a experiência de um ou outro membro do sistema em seu contato com seu ambiente.

A riqueza da Gestalt-terapia, em sua postura metodológica em interface com as posições intrapsíquicas e sistêmicas, torna possível que se acolham hipóteses de trabalho provenientes dessas duas abordagens; contudo, e é importante estar atento a esse ponto, saímos então momentaneamente do método gestáltico para acessar um outro nível lógico – o da psicoterapia geral –, em que a Gestalt-terapia é apenas uma das entradas possíveis.

⟿

NOTAS

1 A respeito de Kurt Lewin, recomendo especialmente ao leitor: *Psychologie dynamique* (1959); *A dynamic theory of personality* (1935); "Will and needs" (1938); *Field theory in social sciences* (1952); "Décisions de groupe et changement social" (1965); Kaufmann (1968); Marrow (1972).

2 Mesmo que a dinâmica do inconsciente seja apreendida como campo ou como sistema – dentro do qual múltiplos impulsos e resistências defrontam-se com a imagem dos elementos de uma determinada organização –, trata-se apenas do uso de uma metáfora aplicada ao aparelho psíquico, e não fruto de uma *observação*.

3 Publicado na *Revue Française de Psychanalyse*, 1985, n. 6.

4 Ver a esse respeito, por exemplo: Stern (1991).

5 Publicado no *The Gestalt Journal*, v. VI, p. 2, outono 1983; tradução francesa em *Documents de l'Institut de Gestalt-thérapie de Bordeaux*, n. 4. Ver também os números seguintes da revista para um animado debate sobre o tema.

6 Comunicação pessoal, 1993; ver também Yontef (1984).

7 Aparentemente retoma aqui conceitos já utilizados por Piaget.

8 Esse núcleo germinal formal é o que Simondon, conforme Platão, chama de arquétipo.

9 Cf. a forma hilemórfica definida por Aristóteles em oposição à concepção arquetípica de Platão.

10 A operação transdutiva não é a única: existem também processos disruptivos que são destrutivos e não estruturadores (Simondon, 1989, p. 64).

11 Sadi Carnot, 1850.

12 "Entropie", no *Dictionnaire des thérapies familiales*, sob a direção de J. Miermont (1987).

13 As posições enunciadas por ele a esse respeito provocaram uma intensa polêmica com René Thom, que busca observar as restrições estáveis nas estruturas, às quais estariam submetidos os fenômenos vivos e não-vivos.

14 *Einfühlung* foi traduzido de modo aproximado por "empatia", e em princípio pertenceu ao domínio da estética (ver Worringer, 1978). Lipps, que lhe dedicou um estudo de mais de mil páginas, fala de "gozo objetivado de si", e Freud utilizou esse conceito para extrair pouco a pouco o de "identificação".

15 Esse termo, proposto por Martin Buber e retomado pela corrente dialógica de psicoterapia, designa a capacidade de viver no interior da experiência do outro na relação Eu–Tu, como se fosse vivenciada por si mesmo, ao mesmo tempo que se conserva a consciência da própria identidade.

11
Teorizar sobre o que sempre nos escapará – Sobre a relação terapêutica

ESBOÇOS

Apoiar sobre uma teoria do campo organismo/ambiente nos leva ao conceito de "contato" para designar as operações de ligação e de reciprocidade entre essas duas abstrações, mas também a reconhecer o homem como ser psicossocial, como ser de relação, para além de uma possível redução à "utensilidade"* do mundo ao qual uma restrição unicamente ao fenômeno do contato poderia nos levar. A clínica do indivíduo nos indica, portanto, a direção da clínica do social. Devemos considerar cada problema "em um campo no qual interagem pelo menos fatores socioculturais, animais e físicos" (Perls; Hefferline; Goodman, 1951, II, 1, 2). Se aceitarmos esse postulado, colocado desde as primeiras páginas por Perls e Goodman, cabe-nos perguntar como os mesmos Gestalt-terapeutas que flertam com a psicanálise para enriquecer seu conhecimento dos fenômenos da fronteira de contato e também para melhor abordar o "fundo" a partir do indivíduo negligenciam com freqüência as competências psicossociológicas e culturais que lhes permitiriam alcançar uma compreensão do fundo a partir do ambiente.

---

* Em francês, "ustensilité", de "ustensil" (utensílio). (N. R.)

Acredito que a conceituação da relação terapêutica precisará cada vez mais buscar seus instrumentos tanto do lado psicossociológico (teoria do campo, teoria dos sistemas ou outras...) quanto do lado psíquico. Isso também significa, talvez com um toque de idealismo ou de utopia, que o sujeito da intervenção deveria tanto ser situado no social quanto do lado do indivíduo monádico. Uma questão deveria permanecer em nossa consciência: *Será que agimos sobre o indivíduo por sermos impotentes para agir sobre o social?* Essa questão deve, apesar de tudo, ser dialetizada com a sugestão de Epiteto: "Saber distinguir entre as coisas que dependem de nós e as que não dependem de nós", e que constitui uma proposição que restaura nossa postura em limites mais modestos.

O QUE É A TEORIA DO CAMPO DA GESTALT-TERAPIA?

Quando se refere à teoria do campo, a Gestalt-terapia faz menção a um campo específico a que denomina "organismo/ambiente". Seu aparelho conceitual e metodológico foi, portanto, elaborado para abordar esse campo específico. "Organismo/ambiente" deve, assim, ser entendido como um termo que designa os fenômenos (que a Gestalt-terapia chama de "contato") que se desdobram entre um dado organismo e seu ambiente, entre um indivíduo e aquilo que não é ele. O organismo é aqui estabelecido como princípio organizador, elemento de referência, e o ambiente é a outra "parte" do campo, e o próprio organismo está incluído no campo.

Mesmo que o ambiente – ou um elemento do ambiente – de um dado organismo possa ser um organismo, o aparelho conceitual e metodológico da Gestalt-terapia não é totalmente apropriado para abordar a *relação* organismo/outro organismo, na medida em que cada um desses organismos constituem as experiências de dois campos singulares nos quais eles são princípios organizadores. Um organismo, na teoria da Gestalt-terapia, é, certamente, uma "abstração" do campo, isto é, um elemento "abstrato" retirado de um conjunto indivisível mais amplo (aqui chamado de campo organismo/ambiente); porém, a teoria da Gestalt-terapia é apropriada para abordar, por sua referência à teoria do campo, aquilo que se desdobra entre um organismo e aquilo que não é ele, em referência a si mesmo como sujeito da experiência. Portanto, a postura é fundamentalmente assimétrica. Por um lado, trata-se de apreender como o organismo intervirá no e sobre seu ambiente e, por outro, como o ambiente intervirá sobre o próprio organismo, sendo o todo considerado *em referência ao organismo constitutivo desse campo*.

Desse modo, os dois elementos do campo não podem, pelo menos com esse aparelho conceitual, ser apreendidos como entidades separadas, ainda que possam ser separáveis em outros níveis lógicos. Parece necessário constatar que a teoria do campo organismo/ambiente da Gestalt-terapia, embora coerente em grande medida com a teoria geral dos campos, distingue-se dessa por restringir-se aos movimentos de um organismo específico com relação a um ambiente próprio, e vice-versa.

Arthur Koestler, em seus estudos que continuaram a obra de Smuts dedicada ao holismo, introduziu o conceito de "holon" para designar um nível lógico que poderia ser considerado uma totalidade. Ele demonstra que o holon pode ser abordado isoladamente (Goodman falaria de abstração, Koestler fala de asserção), embora também faça parte de um todo mais amplo (tendência integrativa). Por exemplo, o coração é um órgão que pode ser estudado isoladamente e, como tal, pode ser designado pelo conceito de holon; no entanto, faz parte do sistema circulatório que pode passar a ser o holon considerado, e que também faz parte do organismo, por sua vez outro holon, e assim por diante.

Se aceitarmos a definição de Goodman segundo a qual o contato designa essencialmente a operação que articula o organismo com aquilo que não é ele, podemos admitir que essa operação se dê na articulação com o nível lógico superior. Em compensação, também podemos supor que a operação "relação" se dê a partir desse nível lógico superior, considerado como sistema de referência, e designe o tecido que se cria entre eu e os outros situados no mesmo patamar lógico.

FIGURA 1 – ESQUEMA DE OPERAÇÃO "CONTATO"

O nível a partir do qual a experiência é considerada está representado em branco.

FIGURA 2 – ESQUEMA DA OPERAÇÃO "RELAÇÃO"

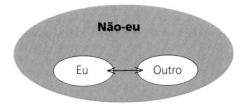

O nível a partir do qual a experiência é considerada está representado em branco.

É claro que tal esquematização só pode ser redutora. Ela apenas pretende auxiliar a esclarecer os níveis lógicos de organização da experiência (e, portanto, de vocabulário e de conceitos) e tentar sair da confusão crônica entre "contato" e "relação". Ao mesmo tempo, é evidente que de ser humano para ser humano não existe relação sem contato (embora possa haver contato – por exemplo, contato visual – sem relação).

NOTA SOBRE O MÉTODO CONTEXTUAL

Perls e Goodman definiram a Gestalt-terapia como um método contextual. O que quiseram dizer com isso? Eles enfatizam assim a importância capital da experiência de quem realiza a intervenção: "As condições em que o problema é percebido, o meio social e as defesas pessoais de quem realiza a intervenção" vão interferir na estruturação da relação figura/fundo.

Assim, o que Perls e Goodman chamam de "contexto" designa, essencialmente, a parte própria a cada um dos participantes da relação, a parte que constitui o fundo, a parte geradora ou cogeradora da figura que emergirá.

Pode-se também dizer que o contexto designa o metabolismo dos diferentes campos nos quais cada um pode viver, metabolismo que se torna fundo (ou função-personalidade), enriquecendo ou bloqueando a experiência presente.

Gary Yontef (1993, p. 296), no capítulo que dedica à teoria do campo em seu livro recente, parece-me confundir campo e contexto ao escrever: "Em Gestalt-terapia, estudamos as pessoas em seus campos organismo/ambiente. O ambiente de seus campos organismo/ambiente pode ser a escola, o trabalho, a família, o casal, o grupo de formação, o indivíduo em seu espaço vital". O campo organismo/ambiente, e o método que daí decorre, só pode limitar-se ao campo constituído pela sala de terapia, mesmo que nela sejam convocados, por meio do imaginário, múltiplos fantasmas e figurantes. Toda clínica individual está saturada de imaginário social: quando um paciente se queixa a seu terapeuta a respeito de tal ou qual relação familiar, como saber se ele fala dessa relação, se ele dissimula aí sua vivência com seu terapeuta, ou se ele se refere a ambas? Essa é uma questão tão antiga quanto a psicoterapia. As respostas escolhidas pelos terapeutas nem sempre o são! Por certo, nosso conhecimento da teoria do campo pode nos ajudar a esclarecer as problemáticas exteriores que são trazidas ao nosso conhecimento; por certo, a elaboração

O SELF DESDOBRADO 203

de novas modalidades de relação com o terapeuta pode levar o paciente a reexaminar suas relações sociais e a reestruturá-las sob outros parâmetros (essa é a função metafórica da terapia), mas é importante que não se confunda o campo como se constitui na relação terapêutica com os campos múltiplos a que cada um, terapeuta e paciente, pertence.

RETORNO A "CONTATO" E "RELAÇÃO"

Se me parece cada vez mais fundamental fazer opções significativas a respeito das definições técnicas que podemos atribuir a esses dois termos, isso acontece, certamente, porque constato que o uso de um em vez do outro pode gerar confusões com conseqüências significativas. O conceito de relação remete a um relacionamento que liga, quer esse vínculo seja feito de dependência, de interdependência quer de influência recíproca. Já o conceito de contato designa a consciência sensorial e/ou o comportamento motor, e, assim, na literatura que lhe foi dedicada, podemos encontrar diferentes operações consideradas como contatos paradigmáticos. Seguindo a Escola Húngara de Psicanálise, Szondi falou de quatro operações fundamentais: se agarrar, reter, buscar, romper; Jacques Schotte as modificou para "fazer vir, vir, ir, fazer ir"; Henry Maldiney denominou-as "tocar, roçar, apalpar, esperar, encontrar, estar apegado a". Perls e Goodman apresentam alguns exemplos: apetite e rejeição, aproximação e evitação, sentir, ter sentimentos, manipular, avaliar, comunicar, lutar etc. Todos esses exemplos mostram um indivíduo operante – emissor ou receptor – com seu ambiente, sem que nada seja presumido a respeito daquilo que ocorre no ou para o ambiente.

Se o contato é uma das operações contidas no ato de relacionar-se, a relação pode ser abordada, por um lado, como resultante do contatar e seu retorno (contatar o outro e ser contatado por ele) e, por outro, como um tipo de sedimentação progressiva dos eventos de contato, pressupondo assim a temporalidade. Mesmo que, no estado de vigília, todo indivíduo esteja engajado em um contato qualquer, cujo objeto e cuja forma podem variar de momento a momento, o contato se refere a Kairós, o tempo-instante, enquanto a relação remete a Cronos, o tempo-duração.

A RELAÇÃO TERAPÊUTICA

Quando um psicoterapeuta fala de um de seus clientes, na maioria dos casos ele descreve o modo como o cliente o contata; mas, ao fazer isso, ele só pode falar da maneira pela qual ele mesmo experiencia esse contato, isto é, da forma como ele contata e se vê contatado. O conjunto desses fenômenos se desenrola no contexto de uma relação, da qual podemos falar *como se* aquele que a descreve ocupasse uma posição exterior (uma posição chamada de "meta").

O contato é um fenômeno observável. Relembro aqui uma parte da definição do fenômeno proposta por Tellenbach: "Aquilo que pode ser trazido à tona por algumas modalidades de abordagem, ou aquilo que, mais raramente, já está à tona".

Pode-se dizer o mesmo a respeito da relação? Deixarei a questão em aberto por enquanto.

No contexto da relação terapêutica, porém, existe uma particularidade que alguns consideram incontornável: a transferência. Eu a classificarei decididamente no registro da relação e não no do contato, pois não existe transferência sem contratransferência; entretanto, deixo claro que não aceito as extensões contemporâneas desse conceito que visam designar por transferência tudo o que se passa na relação terapêutica. Creio que não é pertinente falar de transferência, a não ser na medida em que exista um dispositivo para elaborá-la e analisá-la. Centrar a cura sobre a questão da transferência traz o risco de levar a dinâmica à repetição, em detrimento do contato com a novidade, do mesmo modo que a exploração do inconsciente cria um foco diferente do criado pela *awareness* (conhecimento imediato implícito) e pela tomada de consciência. Não se trata, de maneira alguma, de oposição, e ainda menos de hierarquização, mas simplesmente de sublinhar uma diferença na constituição das relações figura/fundo na atenção do psicoterapeuta.

O dispositivo teórico-clínico da Gestalt-terapia, diz-se, é organizado sobre o processo de contato ou, em outras palavras, sobre a *"gestaltung"* (a formação de uma figura que se destaca de um fundo). Isso quer dizer que os conceitos gestálticos encontram sua pertinência nesse nível e que se forem ampliados para falar da relação (e, portanto, da transferência), eles só podem limitar sua abordagem do fenômeno estudado a uma modalidade do contatar. Para falar da relação, terapêutica ou não, seria necessário que a Gestalt-terapia realizasse uma ampliação epistemológica cujas premissas estão sendo elaboradas por nosso grupo de pesquisa.

RELAÇÃO METAFÓRICA – CONTATO METONÍMICO

Para abrir uma via de reflexão a respeito das modalidades de relação e de suas conseqüências, tanto na postura do terapeuta como em suas premissas a respeito da mudança, utilizarei uma analogia tomada de empréstimo ao domínio das figuras de estilo: a metáfora e a metonímia. A metáfora baseia-se em um deslocamento de um contexto para outro, por analogia. A "noite" de "noite de sua vida" remete ao contexto do dia, enquanto a vida representa uma outra temporalidade. É uma relação de termos baseada sobre o "como". A metonímia, em especial na forma chamada de sinédoque, designa o todo por uma parte: "Uma vela no horizonte!" A vela não é "como" o barco, mas a partir da vela podemos visualizar o barco. A vela é apenas uma parte, ela designa aquilo que provavelmente é observável mais de imediato; o barco é o todo, às vezes mais difícil de ser apreendido.

Se a situação terapêutica se define, de modo prioritário, no registro da metáfora, a relação terapeuta–paciente será vivenciada na ordem do "como" outras relações, em particular as relações infantis. Supõe-se que a análise e a cura da relação aqui-e-agora recairão e se repetirão na vida social do mesmo modo como as relações sociais puderam, anteriormente, recair e se repetir na relação terapêutica.

Se a relação terapêutica se define, de modo prioritário, no registro da metonímia – e o contato é metonímia, pois ele pode designar a relação sendo apenas a "vela", isto é, uma parte de um todo não observável –, aquilo que é vivenciado na relação terapêutica terá de abrir um caminho para contaminar o resto da experiência. Assim, modelos tais como a ressonância, a transdução, a cristalização, a contaminação, a extensão serão muito mais operantes para dar conta do contato com a novidade e da ampliação do campo da experiência.

Para elaborar, porém, essa poética da relação terapêutica a que tendemos, não conviria orientar-nos, para usar a feliz expressão de Rosolato, na direção de uma "oscilação metáforo-metonímica"?

12
O desconhecido* levado à relação

Nós buscamos o sentido de cada forma moldada no próprio ato de formação.
(H. Prinzhorn, De la Gestaltung)

ECO NAS MASMORRAS

Há algum tempo, algo que hesito em chamar de "melancólico" opera dentro de mim. Será o impacto do que se abre nesse momento com certos pacientes? Sou eu quem os incita nessa direção? Tenho a impressão de que tanto eles vêm me buscar nessas terras mal conhecidas como eu mesmo vou procurá-los nessas zonas mal exploradas de suas experiências.

Também há algum tempo, sinto-me inclinado a reler os trabalhos de N. Abraham e Maria Torok, lidos muito rapidamente há alguns anos. Tenho a impressão de ter passado perto de algo importante, talvez de ter passado ao largo de um confronto essencial ou, pelo menos, de me haver esquivado a uma ressonância qualquer de seus conceitos com minha experiência. *A casca e o núcleo* me acompanham a diferentes locais e retomo muitas vezes as seções que refinam a distinção entre introjeção/incorporação, e algum de seus corolários: doenças do luto, cripta, fantasma...

---

* Em francês, "*Le insu porté*", o que acarreta um jogo de palavras que leva a um duplo sentido, pois "*insu*" = desconhecido, mas "insuporte" = insuportável. (N. R.)

208 JEAN-MARIE ROBINE

Folheio ao mesmo tempo um livro de Claude Nachin, que acabaram de me emprestar "por acaso" e que segue as teses de Abraham e Torok. Isso começa pouco a pouco a fazer sentido, mas ainda permanece distante. Nessa distância, algo se coloca em movimento, em um tipo de preocupação vaga, de obsessão indizível...

RESSONÂNCIAS

Moscou, último dia de trabalho com o grupo de aperfeiçoamento de psicoterapeutas. Esses cinco dias foram, a pedido deles, dedicados principalmente aos fundamentos teóricos da Gestalt-terapia, apesar de ter havido algumas seqüências de trabalho de tipo terapêutico, foco de longos debates teóricos e clínicos, em um vaivém com aquilo que eu ensinara. Apesar desse caráter aparentemente teórico-clínico, muitos afetos circulam no grupo, a dinâmica do grupo é muito viva, carregada de história, e os conceitos que eles descobrem falam muito de perto à sua experiência como psicoterapeutas. Meu próprio estilo e o conteúdo de meu ensinamento são a origem de muita excitação e desestabilização. Muito familiarizados com o estilo chamado de "californiano" que Perls praticava no final de sua vida, seu encontro com um pensamento mais semelhante ao de Goodman e com uma prática mais despojada, mais articulada sobre o trabalho da fronteira de contato, gera ou desperta emoções intensas sobre uma base de certezas antigas.

Andreï, por exemplo, mencionou no início do terceiro dia que não tinha pregado o olho de noite, abalado por suas descobertas e pela inclusão de sua experiência anterior em um novo contexto, em termos significativamente distintos. Sinto-me tocado por sua aflição, especialmente porque no primeiro dia ele se apresentara atrás de um escudo de certezas e de diplomas. Ele me fez lembrar das insônias por que já passei. Há alguns anos, quando eu já clinicava e ensinava Gestalt-terapia há certo tempo segundo um modelo em princípio californiano e depois mais próximo do ensinamento de Cleveland, participei de um primeiro seminário com

Isadore Fromm. Todas as minhas certezas foram abaladas, todo meu pensamento foi posto em movimento... A angústia, a dúvida, a perda, a excitação, as questões sem resposta. Enquanto Andreï fala, imagens desse campo florentino vêm à minha mente; os cheiros, os sons abafados e distantes, o sol, a luz da Toscana, o sentimento de solidão, de confusão, minha dificuldade de contato com os outros cinco ou seis membros do grupo que se conheciam e falavam entre si em um idioma que eu não compreendia. Tristeza, abandono, isolamento. Nem mesmo um carro à minha disposição para escapar, nem que fosse só por uma hora, e me atordoar com ruas e monumentos. Evitar a qualquer preço? Impossível...

UM TRABALHO DE LUTO

Antes da hora final do grupo, Fyodor pede para trabalhar:[1] "Estou realmente em estado de paciente". O intérprete se coloca a meu lado, o grupo se aproxima. A atmosfera é pesada, grave. Eu não esperava que Fyodor fizesse um pedido de trabalho pessoal: ele é um dos organizadores responsáveis por minha vinda e por minha estada e, fora da sessão propriamente dita, tínhamos um contato social freqüente: refeições, conversas, saídas noturnas nas quais o elemento lúdico não estava ausente.

JMR – Com o que se parece com um "estado de paciente"?
Fyodor – [com os olhos pregados no chão] Sinto... uma emoção.
[Descreve suas sensações corporais]
JMR – Tudo o que você acaba de descrever não me parece específico de um "estado de paciente". O que fez nascer em você o desejo de ser "paciente"?
Fyodor – Minha agitação... Há um problema pelo qual tenho passado no momento, o da morte de pessoas da minha família que me eram muito próximas. Como posso sobreviver a isso? E também minha pergunta...: afinal, estou ou não sofrendo? Essa é uma pergunta que faço a mim mesmo... Tenho a impressão de não sofrer o suficiente... Será que tenho um coração de pedra?

JMR – Não tenho certeza de ter entendido bem o que você disse: você fala da morte de pessoas próximas e se sente duro, insensível?

Fyodor – Sim. [Silêncio, longo suspiro] Isso existe em toda minha vida, nas minhas relações íntimas: tenho a sensação de ser duro, insensível...

JMR – Você pode tentar tornar-se consciente do que trouxe essa preocupação para este momento?

Fyodor – Agora, isso... [suspiro] veio bem de repente. Eu estava falando da morte de pessoas íntimas, durante o intervalo, com uma outra pessoa que também teve essa experiência, e me sentia forte o bastante para falar sobre isso. Mas agora é fácil ser "cliente" porque sinto agora que me é impossível passar por isso sozinho. Esse assunto agora é duplo: a morte de meu pai e a morte de meu filho.

[Silêncio, olhares pesarosos]

JMR – O que está diante dos seus olhos, nesse instante?

Fyodor – [Enxuga lágrimas] Não sei, talvez... me vem à mente a possibilidade de dizer "a imagem de meu pai",... mas acredito que é em relação a você que me vem a morte de meu pai. Em relação a você, ou melhor, em relação à sua imagem: isso não é tanto um fato seu, é em princípio um fato meu, de minha responsabilidade.

É doloroso para mim, mesmo agora.

Sinto agora uma tensão em meu peito, e uma forte pressão na minha cabeça.

[Longo silêncio]

JMR – Tente se concentrar nessa tensão. Você poderia utilizar imagens para descrever o que se passa aqui [gesto portando o peito]?

Fyodor – [Expandindo o peito] Sinto-me agora muito melhor, senti um tipo de liberação nessa área, mas ainda tenho a sensação de que meu coração não está batendo com muita regularidade, isso sobe e desce, e vai da frente para trás [gestos], como uma bola de aço muito pesada. São batidas bem fortes...

JMR – Tente imaginar... Proponho que você acompanhe na imaginação essa bola que passeia pelo seu peito... Você pode imagi-

nar que essa bola, pesada, possa estar pesada de palavras?... Você consegue perceber algumas das palavras que estão dentro dela?

Fyodor – Está aqui, sim: "Sou mais forte que você", "Posso te destruir a qualquer momento"!

JMR – Essas são as palavras que você ouve?

Fyodor – Sim... as palavras que estão na bola de aço. Isso começa a melhorar, as batidas do coração.

JMR – Quem poderia pronunciar as palavras que você ouve? "Sou mais forte que você", "Posso te destruir a qualquer momento!", "Sou mais forte que você"!

Fyodor – Essa não é uma pergunta simples! O problema tem muitos níveis! Por exemplo, o irmão da minha mãe. Ele jogava pedras nas janelas da nossa casa. Isso fazia parte da história da família. Quando eu era criança, ele jogou uma pedra que caiu na minha cama. Ele quebrou a janela, mas eu não estava na cama nessa hora...

JMR – ... E essa pedra ficou no seu peito?! [Silêncio]

Fyodor – Sim... é provável...

JMR – Você pode falar comigo como se eu fosse o irmão da sua mãe? O que você gostaria de poder me dizer?

Fyodor – Ele me parecia uma força destrutiva, um poder muito destruidor...

JMR – Fale comigo no presente!

Fyodor – Sim, eu tenho medo de você...., não, eu não tenho medo de você, eu te odeio! [Silêncio]

JMR – Você pode me dizer isso mais uma vez?

Fyodor – [Muito depressa] Eu te odeio!

JMR – Você pode dizer isso com uma voz que exprima realmente sua experiência?

Fyodor – Não! Isso me bloqueia, há alguma coisa na minha garganta, não sei o que é...

JMR – Como você faz para prender a voz?

Fyodor – [Mostra os ombros] Não sei, é alguma coisa aqui. Como se houvesse mãos ao redor da minha garganta.

JMR – Como são elas... O que essas mãos estão fazendo?

Fyodor – São as mãos da minha mãe. Elas estão atrás dos meus ombros e apóiam.

JMR – Como que para te impedir de falar?

Fyodor – Às vezes elas se fecham sobre minhas costas... Elas estão muito próximas!

JMR – O que elas significam pra você? "Você tem de calar sua raiva?", "Você deve calar sua violência?", "Você deve calar sua cólera?"

Fyodor – Às vezes tenho vontade de dizer alguma coisa e elas ficam mais apertadas, mais fortes... "Você deve ser respeitável, adequado, não deve se encolerizar"... Agora me parece que tenho vontade de afastá-las, mas tenho medo de fazer isso. [Torce as próprias mãos]

JMR – E as suas mãos? O que você está fazendo com as suas mãos?

Fyodor – Elas se debatem. Mas eu tento me conter. Tento parar, ser mais paciente e estar mais em paz. Mais em paz. Mas agora, enquanto falo, tenho medo de que seja ela a morrer... Minhas mãos não estão mais... eu não estou mais brigando, mas só em plena tensão. Eu tento me conter. [Coloca a cabeça entre as mãos e explode em soluços]

JMR – Você sente aquilo que tenta conter?

Fyodor – Tento conter minha agressividade porque tenho medo de me sentir culpado depois... Eu não poderia conter essa agressividade.

JMR – Sentir a agressividade, não sentir a agressividade, sentir a cólera, não sentir a cólera, sentir-se brutal, não se sentir brutal. Parece que você tem facilidade para se anestesiar e não sentir nada... ou de fazer de conta que não sente nada. O que está acontecendo agora? O que está diante dos seus olhos?

Fyodor – Um tipo de fronteira, ou de abismo, não sei ao certo. Tenho um pé aqui e o outro lá. Tenho um pé de cada lado da fronteira, ou do abismo.

JMR – Se você confiar naquilo que sente, o que deseja fazer? Onde você gostaria de estar?

Fyodor – Ficar dos dois lados, ficar neste estado. Isso criou por alguns instantes um tremor no meu corpo, e agora também... Eu me sinto, ao mesmo tempo, de um lado só e dos dois lados da fronteira.

[Ele faz uma respiração profunda e se endireita]
JMR – Posso sugerir uma coisa, para terminar?
Fyodor – Sim.
JMR – Eu proponho que você, simultaneamente, fique nessa posição e a sinta melhor, e também que dê um pequeno passo. Você poderia retomar o tema que mencionou em nossa situação de aqui-e-agora, neste momento em que estamos para nos separar, e vivenciar um luto. É claro que esse luto não vai ter a mesma intensidade da que você viveu quando da morte das pessoas próximas, mas de qualquer forma é um luto. Assim, proponho que, antes de nos separarmos, você se expresse, você me diga alguma coisa, algum sentimento negativo, de cólera, de ódio ou qualquer coisa assim que eu possa ter provocado em você durante nossos encontros. Isso faz sentido para você?
Fyodor – Sim, certamente. Eu sinto a mesma sensação física [mostra o próprio peito com a mão]. [Silêncio]
JMR – Se a minha sugestão lhe parece difícil demais, você pode simplesmente permitir a si mesmo identificar esse sentimento negativo, mas eu acho que não seria nada mau se você pudesse dizê-la a mim!
Fyodor – Isso fica remoendo dentro de mim! Estou consciente de que, em vez de dizer a primeira coisa que me passa pela cabeça, prefiro ficar remoendo por dentro. Mesmo assim, vou tentar, isso me interessa.
Você parece satisfeito consigo mesmo e isso me irrita. Eu não vejo em você nenhuma entonação de cólera, de raiva, de sentimentos negativos. Quase poderíamos dizer que você é "perfeito". Há um tempo para as ações apropriadas e um tempo para as outras.
JMR – Você pode me reprovar mais claramente?
Fyodor – Eu não gosto do seu aspecto correto, você sempre quer ter um ar adequado. Mesmo quando você faz algo inadequado, isso sempre fica dentro dos limites do conveniente.
JMR – Bem. O que você sente depois de me ter dito isso?
Fyodor – Um sentimento agradável e um pouco aborrecido...
JMR – Dá para notar. Você quer acrescentar alguma coisa antes de terminarmos?

Fyodor – Eu realmente senti como tentei evitar um contato verdadeiro. Quando falava, eu tentava arrumar as coisas dentro de mim de um modo adequado. Comecei a me dar conta de que não era com você que eu falava nesse momento, mas com minha mãe.
JMR – Podemos dizer "até logo"?
Fyodor – Sim.

A sessão termina. Muitos participantes estão visivelmente tocados, alguns soluçam, outros choram silenciosamente. O tempo de partilhas é pesado, entrecortado por longos silêncios.

Andreï é uma das pessoas que rapidamente tomam a palavra. Torcendo sua boca em todos os sentidos, articulando com dificuldade tanto suas palavras como suas idéias, exprime que seu maxilar está como que paralisado e anestesiado, e que essa é a única lembrança que lhe resta da morte de seu pai. Dez anos depois, recobra essa sensação que, para ele, não tem sentido, mas que ele sabe estar ligada a essa morte.

A palavra "incorporação" passa por minha mente, contudo a hora não é propícia para teorias. Pausa. Fechamento da sessão. Voltaremos a nos ver em uma data ainda incerta...

As despedidas são apressadas por Marina, que me arrasta e me puxa pela manga. Gostaria de ter mais tempo para me despedir individualmente das pessoas, mas parece que estamos um pouco atrasados. Esqueci-me de que ela havia comprado ingressos para irmos a um espetáculo, aparentemente excepcional, que poderei apreciar porque o não-verbal e a dança têm nele um grande papel. Embora ela já tenha visto o espetáculo há alguns meses, não consegue me dizer do que se trata, a não ser que é estrelado por travestis – o que, em Moscou, surpreende, provoca e é suficiente para ser rotulado como "de vanguarda".

"Vou ao teatro a fim de me ver, em cena..."[2]

As luzes se apagam, uma voz em *off* lê uma frase em francês e em russo: "Penso que as personagens das criadas devam ser representadas por homens. Jean Genet". Assim, fico sabendo que se trata de *As criadas*, de Jean Genet, peça da qual só conheço o título.

Quatro homens, com maquiagem carregada, atores-bailarinos, invadem a cena sobre um fundo de comédia musical e de canções. Teatralidade exagerada, gestual ampliado, grandiloqüência, estilo "histérico"...

Uma certa irritação cresce dentro de mim e minha atenção se fixa em tudo que pode fazê-la crescer: a iluminação não me agrada, a decoração estilo "novo-rico" deixa entrever uma certa pobreza de recursos técnicos, as palavras chegam ao espectador pelas caixas acústicas laterais, o que ainda não faz sentido e me incomoda.

Percebo-me resistindo, lutando, e depois cochilo por alguns minutos – a fuga...

Vem uma imensa tristeza. Conheço bem essa tristeza com a qual me encontro diante de toda teatralização de afetos, embora nunca tenha dedicado um tempo para realmente compreender isso. Estou quase chorando, mas nada faz sentido. Ouço alguns fragmentos de tradução que Marina me oferece em um inglês tão hesitante que essa pontuação me permite apenas uma compreensão bem reduzida. Isso não importa... Escolho deixar ir e vir o fluxo de minhas emoções e revestir minha percepção das minhas projeções, limitando minha compreensão da situação aos fragmentos que balizam e subestruturam minha percepção.

Papéis que desempenham papéis que desempenham papéis...

Homens que representam criadas que representam sua patroa...

A "Madame" que mergulha na melancolia de seu objeto perdido, o patrão, que está na prisão. A histeria da atuação dos atores começa a fazer sentido, pouco a pouco. Eu sei que o componente histriônico de minha identidade poderia ter sido muito mais desenvolvido: penso novamente em minha adolescência e em meus anos de juventude, em minha dedicação a direções que constituíam uma pseudo-identidade, um "como se", que mascarava um componente mais depressivo. Algumas dessas defesas foram derrubadas por meio da terapia, mas...

Uma questão toma forma: e se minha teatralidade da época exercesse uma função de defesa diante de uma perda? Rapidamente convoco minhas lembranças: relembro dois lutos, um vivido em grande dor, mas ao mesmo tempo teatralizado para mim mesmo e para os que me rodeavam; o outro vivido friamente, talvez segundo o modo evocado por Fyodor no início de seu trabalho. Relembro também a forma como esses lutos haviam sido reelaborados durante minha análise e me parece que essa é uma pista falsa. Então o quê? Quem?

Minha tristeza aumenta. Sinto-me buscar em minhas imagens, lembranças, sensações – como podemos buscar o ar quando estamos sufocando, como podemos nos enfiar embaixo de um móvel para procurar com ansiedade um objeto desaparecido.

A representação de *As criadas* continua, outras associações e sensações me vêm, mas eu perco a lembrança.

Ao sair do teatro, sinto prazer em conversar com minha amiga Marina. Conto a ela sobre esse momento de grande mal-estar. Percebo que isso lhe parece misterioso. De todas as formas em tão pouco tempo, consigo compreender mais que uma pequena parte desse mal-estar, e pressinto que essa tristeza se liga ao trabalho de Fyodor, de Andreï e dos outros; mas Marina nada sabe de minha história. Trocamos impressões e comentários sobre a peça.

Mais tarde, na mesma noite, quando eu conversava com ela e com outra amiga, os elementos se juntam, uma figura toma forma: Philippe.

PHILIPPE

Quando eu tinha 16 meses, aconteceu o nascimento prematuro de um irmão que morreu depois de algumas horas. Nunca dei muita importância a isso, pois ele permanecera um desconhecido. Meus pais nunca esconderam sua existência; ao contrário, sua foto estava em destaque sobre a lareira. "Você teria tido um irmãozinho, quase de sua idade", diziam-me quando eu reclamava da minha posição de mais velho, isolado de minhas duas irmãs, que nasceram depois de mim, e de meus três irmãos, ainda depois. Não ter tido esse irmão me parecia às vezes uma vantagem, às vezes um inconveniente. Palavras foram ditas, a sublimação colocada em palavras religiosas por minha mãe. Mas a dor de meus pais jamais foi expressa diretamente, especialmente por meu pai. E, hoje, muitos sinais me levam a pensar que, provavelmente, isso tenha constituído uma cripta em meu pai, um luto não-vivido, uma cripta que pode ter gerado um fantasma em mim...

Philippe, "aquele que ama os cavalos"...

Meu pai, que gostava muito de cavalos a ponto de hesitar em fazer deles a sua profissão, foi certamente quem escolheu esse nome.

Durante toda minha infância, quis aprender a montar (Ser Philippe? Conquistar o amor de meu pai?), e recebi sistematicamente uma resposta evasiva, enquanto meus irmãos e irmãs puderam satisfazer esse desejo...

Adulto, tenho uma pequena criação de asnos, e com freqüência preciso responder uma pergunta: "Por que não de cavalos?" Certamente, não poderia falar de proibição; talvez eu não pudesse ser "aquele que ama os cavalos". Mas minha resposta a essa pergunta assume brutalmente um sentido, em toda sua ambigüidade: "Ao contrário dos cavalos, os asnos não dão trabalho!"

Múltiplas lembranças vêm à minha mente, novas hipóteses lançam uma nova luz sobre minha relação com meu pai. Coisas desconhecidas, perguntas sem resposta, acontecimentos sem sentido ficam imediatamente mais claros. Alguns de meus sinais e sintomas corporais se abrem a uma outra leitura. Compreendo diferentemente por que minhas relações íntimas são sempre mais fáceis com aqueles que têm um irmão mais velho, e muitas coisas mais...

Dirijo minha reflexão para a relação que tenho com meus filhos. Os dois primeiros são meninos. Teria sido, talvez, transferido, especialmente com meu segundo filho, algo da relação que não pude ter com Philippe?

Tudo se move, os escritos, as inscrições de sentido de meu corpo e de minha história colocam-se em movimento. Sinto-me curioso e ávido por ler o texto de *As criadas* e descobrir aí o propósito do autor. Enquanto espero, escrevo.

ANCORAMENTOS

De volta a Bordeaux, o primeiro paciente que recebo está bastante deprimido. É um jovem adulto, da idade dos meus filhos. Há algum tempo, ele se volta para os temas da desestabilização de sua identidade, busca conteúdos e formas que lhe sejam próprias. Sem nenhuma transição, no fim de uma sessão, ele anuncia: "Para mim, tudo isso está ligado a um luto não vivido!" Ele menciona o fim da relação com sua última namorada e acrescenta: "Eu poderia entrar para o livro *Guinness* de recordes de lutos não vividos!" Em resposta às minhas perguntas, ele me fala sobre os inúmeros lutos com os quais sua família teve de se confrontar durante sua infância e sobre o silêncio que os envolveu. Ele associa a isso a necessidade de não sentir nada e agir "como se", pois lhe negaram as palavras.

Sabem qual é a profissão desse paciente? Ator!

No mesmo dia, em meio às minhas consultas, recebo um telefonema de meu filho mais velho. Evasivo, ele me diz que sofreu um acidente em companhia de seu irmão e que este último está sendo atendido em um pronto-socorro. Uma hora de angústia se passa até que eu chegue ao hospital e fique sabendo que ele acabara de receber alta, sem nenhum problema. Alívio.

De repente, dou-me conta de que o acidente aconteceu no dia de aniversário de nascimento e morte de Philippe. É demais!

Quatro novos clientes de terapia me esperam. Três deles, durante a primeira entrevista, trazem temas próximos: a morte de um

O SELF DESDOBRADO 219

irmão, lutos dolorosamente calados, coisas que passam de geração em geração, incorporações e sintomas "psicossomáticos"...

GERAÇÃO DE FORMAS

A FERMENTAÇÃO DO FUNDO

Em uma segunda redação dessa seqüência, quando começou a germinar a idéia de uma elaboração destinada a ser lida por terceiros, deixei de lado alguns detalhes que me pareciam poder desviar meu propósito em benefício da história. Assim, a geografia desses acontecimentos passou-se de forma silenciosa. Porém, ao reler essa mistura, senti que faltava alguma coisa que eu não conseguia precisar. Rapidamente, impôs-se a idéia de que a emergência de uma figura, por tanto tempo inanimada, estava evidentemente ligada ao fundo, mas que as circunstâncias geográficas e culturais, as viagens, os choques estéticos ou relacionais constituíram fatores intensos de solicitação do fundo. A rotina do cotidiano, com seu cortejo de confluências com o fundo, a história pessoal, as relações, o contexto tão familiar percebido apenas vagamente, é pouco favorável à emergência espontânea de novas figuras. Os deslocamentos evocam as inscrições, conscientes e não conscientes, e me parecem completamente articulados com "a inquietante estranheza" encontrada. Moscou, Florença... choques em diversos níveis que colocaram em um movimento desordenado as sedimentações da história, até sua estabilização na emergência de novas figuras.

Se fosse necessário insistir sobre a importância da qualidade do trabalho dito de "pré-contato" na sessão de terapia, isso poderia constituir um exemplo suplementar. Alguns terapeutas, às vezes por alguma razão, destacam prontamente certas palavras ou gestos do cliente no início da sessão e os transformam instantaneamente em "figura". Ao agir assim, talvez estejamos esquecendo da importância que a Gestalt-terapia dá, não tanto à *figura* como tal, de qualquer modo não mais do que ao *fundo*, à relação que os une. O trabalho da fase de pré-contato é crucial na medida em que torna possível um "remexer" do plano de fundo, esboçar rupturas de confluência que pouco a pouco se reunirão para dar origem a uma figura que será tanto mais clara e mais forte se for criada por um fundo ativado e, portanto, "energetizante".

O que é aqui chamado de "fundo" inclui não só o plano de fundo imediato da figura, mas também o conjunto das integrações de experiências, com graus diversos de assimilação, e os introjetos não-contatáveis, um vez que esses constituem as bases da confluência. É também com a preocupação de distinguir, tanto quanto necessário, os diferentes tipos de elementos constitutivos do fundo que seremos levados a retomar a noção de introjeção, para torná-la mais precisa.

NOTA SOBRE AS NOÇÕES DE CRIPTA E DE FANTASMA

Esses conceitos foram introduzidos pelo que se convencionou chamar de Escola Húngara de Psicanálise, isto é, por aqueles que continuaram os trabalhos de Ferenczi e, em especial, os de Imre Hermann. Nicolas Abraham e Maria Torok têm o mérito de ter refinado a noção de introjeção de Ferenczi (1982), para a qual convergem as noções de desenvolvimento libidinal, do amor do outro e da transferência na cura. Seus desenvolvimentos os levaram até a criação de conceitos com consonância metafórica para os quais a psicanálise clássica pouco nos havia preparado, tais como cripta, fantasma, túmulo, "cadáver delicado"* etc.

Na literatura clínica contemporânea, alguns desses conceitos foram ainda objeto de ampliações que examinaremos, em especial as de Claude Nachin (1989).

---

* Em francês, "*cadavre exquis*", uma expressão tradicionalmente utilizada pelos surrealistas para falar de um jogo (de palavras aleatoriamente associadas) que inventaram. Em português, o jogo ficou conhecido como "cadáver delicado". Em francês, no entanto, a palavra "*exquis*" tem o sentido de "delicioso, refinado" e é usada especialmente em relação a comidas. (N. R.)

A CRIPTA

Em N. Abraham, a cripta resulta da perda, na maioria das vezes sob a forma da morte de um objeto narcisisticamente indispensável, quando essa morte e os afetos que a acompanham devem ser reprimidos em razão de um segredo compartilhado entre a pessoa perdida e aquela que carrega a cripta. As criptas resultam, portanto, "das perdas que não podem – por alguma razão – ser reconhecidas como perdas" (Abraham & Torok, 1987).

> Todas as palavras que não puderam ser ditas, todas as cenas que não puderam ser rememoradas, todas as lágrimas que não puderam ser derramadas, serão engolidas, ao mesmo tempo que o trauma que provocou a perda. Engolidas e conservadas. O luto indizível cria no interior do indivíduo uma sepultura secreta. Na cripta, repousa vivo, reconstituído a partir de palavras, de imagens e de afetos, o correlato objetal da perda, como uma pessoa completa. (ibidem)

Trata-se, desse modo, de uma forma de cisão de si mesmo que cria "um mundo fantasmático e inconsciente que leva uma vida separada e oculta". Assim, "'à meia-noite', o fantasma da cripta vem assombrar o guardião do cemitério, fazendo-lhe sinais estranhos e incompreensíveis, obrigando-o a realizar atos insólitos e infligindo-lhe sensações inesperadas" (ibidem).

Como se pode compreender facilmente, o conceito de cripta abre um enfoque frutífero e possível dos estados melancólicos, dos rituais, compulsões, manias ou fetichismos, dos problemas qualificados de psicossomáticos etc.

O FANTASMA

Se a cripta remete a uma experiência pessoalmente vivida pelo paciente, o fantasma designa "o trabalho no inconsciente do segredo inconfessável do outro (incesto, crime, bastardia etc.). Sua lei é a obrigação do desconhecimento. Sua manifestação, a obsessão, é o retorno do fantasma nas palavras e atos bizarros, nos sintomas (fóbicos, obsessivos...) etc."

"O outro" assim evocado abre prioritariamente ao domínio transgeneracional, mas compreende também todo objeto de amor... incluindo o terapeuta! Claude Nachin (1989) ampliou essa definição de N. Abraham ao

> trabalho induzido no inconsciente de um indivíduo por sua relação com um dos pais ou um objeto de amor importante portador de um luto não vivido, ou um outro trauma importante não superado, mesmo na ausência de um segredo inconfessável, com a reserva de que um luto não vivido torna-se por si mesmo um segredo com o passar do tempo.

O fantasma manifesta, portanto, os laços com as pessoas que carregam lutos não vividos (criptas, por exemplo), ou que não superaram certos traumas. Diversos trabalhos relacionados ou não aos da Escola Húngara abordaram essas problemáticas: desde as pesquisas de S. Tisseron a respeito dos segredos de família, as de Boszormenyi-Nagy & Spark (1984) sobre as lealdades invisíveis, até os coletados por Heimannsberg & Schmidt (1993) a respeito da identidade alemã e da transmissão da vergonha depois da Segunda Guerra Mundial, para lembrar apenas poucos.

Os sintomas ligados à problemática do fantasma são muito parecidos aos que podem ser encontrados nos que carregam a cripta. Além da obra de Abraham e Torok, C. Nachin (1993), no fim do estudo que dedica aos "fantasmas da alma", apresenta uma interessante resenha de trabalhos paralelos que eu indico para mais detalhes técnicos e teóricos.

REFLEXÕES SOBRE AS DIFERENTES MODALIDADES DE INTERNALIZAÇÃO: INTROJEÇÃO, INCORPORAÇÃO, INCLUSÃO

Na medida em que essas problemáticas do fantasma e da cripta remetem diretamente aos fenômenos de transmissão e de interiorização, os trabalhos desenvolvidos ao redor dessas noções decorrem diretamente das variações introduzidas por Ferenczi e N. Abraham sobre o tema da introjeção. Recordemos que Ferenczi havia introduzido esse conceito em 1909, por simetria com o da projeção:

> Enquanto o paranóico expulsa de seu eu as tendências que se tornaram desagradáveis, o neurótico busca a solução fazendo entrar em seu eu a maior parte possível do mundo exterior, tornando-o objeto de fantasmas inconscientes. Pode-se dar a esse processo, em contraste com a projeção, o nome de introjeção.

Freud integrou esse conceito em seu aparelho teórico, mas lembremos também que Perls começou sua ruptura com a ortodoxia freudiana quando criticou Freud por este não dar à introjeção e às suas variações toda a atenção que ela teria merecido.

Em alguns gestaltistas, considerando-se o impacto do pensamento de Perls e o freqüente esquecimento de trabalhos paralelos ou posteriores, o conceito de introjeção às vezes se transforma em um conceito gigantesco que abarca uma série de processos que, de minha parte, eu teria preferido incluir sob o termo "internalização": introjeção propriamente dita, incorporação, identificação, aprendizagem...

Parece fato pouco oportuno utilizar o mesmo conceito para designar a ingestão de um alimento, a integração de uma lei ou de valores, a adoção de uma competência, a aprendizagem da matemática, a fabricação de um câncer de mama, ou a própria inscrição em uma linhagem genealógica... Mesmo aceitando o espírito da ação de Perls e a ênfase que ele quis dar aos processos que designou a seu modo com o termo introjeção, parece-me importante diferenciar alguns desses processos e abordá-los em suas diferenças e complementaridades.

INCORPORAÇÃO

O termo incorporação sugere a idéia de que haja introdução (de um objeto) no interior de um invólucro corporal. Ele é, portanto, na experiência de qualquer indivíduo, o protótipo desses diversos processos de interiorização, e não é de surpreender que Freud, Perls e outros usem por vezes os conceitos de introjeção e de incorporação como se fossem sinônimos.

Em Abraham, e às vezes em Melanie Klein, como ele mesmo enfatiza, "a incorporação corresponde a um fantasma e a introjeção, a um processo". Portanto, se ele opõe incorporação e introjeção, parece-me necessário compreender que se trata na verdade da oposição *fantasma* da incorporação *versus* introjeção, o que muda o nível lógico.

Nessa hipótese, "o fantasma da incorporação revela uma lacuna no psiquismo, uma falha exatamente no local em que uma introjeção deveria ocorrer"; ou ainda, "a incorporação procede de maneira a realizar literalmente a metáfora da introjeção". Então, a incorporação, como fantasma, intervém, quando a introjeção encontra um obstáculo que a torna inviável.

Apoiando-me em parte nessa concepção, mas me afastando também um pouco dela, proponho que se reserve o termo incorporação na sua acepção primária de "corporificação". Assim, eu reservaria o termo incorporação para designar o *"taking in"*, a captação corporalizada de objetos, de acontecimentos, de sinais etc., que, não podendo ser internalizados como sentidos, fixam-se em uma inscrição corporal indecifrada porém identificável. Os sintomas físicos, ligados ou não a criptas ou fantasmas, podem se constituir em um bom exemplo clínico.

INTROJEÇÃO

Lembremos que esse conceito foi proposto em 1909 por Ferenczi, rapidamente adotado por Freud, e depois por Melanie Klein e por muitos outros. Perls o transformou em seu cavalo de batalha, a ponto de esse conceito ter se constituído em um dos pontos de ruptura com Freud, depois do Congresso de Marienbad. Tal como abordado por Abraham, sucessor de Ferenczi, a introjeção se origina na experiência do vazio da boca e da presença do outro: "Aprender a preencher o vazio da boca com palavras", "a boca vazia e depois a ausência de objetos criam palavras".

Em Gestalt-terapia, ainda que a definição genérica de introjeção designe "o processo psicológico pelo qual o organismo interioriza (*take in*) elementos do ambiente" (Davidove, 1980), a essência do fenômeno, de um ponto de vista clínico, está ligada a uma perda da função *ego* e consiste em uma interrupção da construção da Gestalt em curso em um tempo e uma modalidade específicos. A excitação ligada ao desejo nascente suscita tal ansiedade que o indivíduo será levado a substituir seu próprio desejo pelo desejo do outro. Quer se trate de sua sobrevivência, em especial nos primeiros tempos de sua existência, quer de um hábito adquirido em detrimento do funcionamento em modo *ego* do *self*, o que será introjetado, além do desejo que pertence ao outro, será fundamentalmente *o sentido*. Sentido, ou seja, palavras. Talvez mesmo, para ser mais preciso, eu devesse dizer "*um* sentido". *Um sentido* foi introjetado a ponto de bloquear o acesso *ao sentido*.

Compreende-se melhor assim o interesse em dissociar incorporação e introjeção, pois a primeira designa aquilo que não pode ainda atingir um sentido e permanece fixo naquilo que Goodman designava como "o fisiológico". O acesso à introjeção seria então a passagem obrigatória para chegar ao que Perls chamava de "assimilação", e que não é nada mais do que introjeção completada.

INCLUSÃO

É necessário ainda diferenciar essa outra modalidade de internalização que não chegava a ser nem sentido nem inscrição corporal. Há tempos pesquiso como designar essa operação que consiste em depositar no outro essa experiência latente, sem saber nem desejar, mesmo inconscientemente. É claro que conceitos como o da identificação projetiva passaram por meu espírito, mas esse conceito me parece incluir uma mira por parte do emissor que eu não podia inferir nesse processo que buscava descrever. Por meio da identificação projetiva, o indivíduo cinde e depois deposita "objetos" no interior do outro, tanto para livrar-se deles como para controlar o outro. Aqui isso não ocorre, pois não se pode atribuir *a priori* o ato de ter algo em mira – pelo menos ele não é essencial no processo. Tudo se passa como se a captação fosse o fenômeno primordial, uma captação de emanações passivas, uma captação involuntária.

Aquilo que é captado dessa forma pode permanecer latente, inanimado durante um tempo indefinido, pode até mesmo ser objeto de incorporações ignoradas, mas também pode ser despertado em determinados contextos de ressonância. A imagem desses objetos ou insetos incrustados em resina me levou a escolher o termo inclusão... até vir a descobrir que esse termo havia sido algumas vezes utilizado por Abraham e por seus discípulos.

Esse fenômeno se distinguirá da incorporação ou da introjeção interrompida, pois aqui não há intervenção nem da repressão nem do recalque. Lembramos que Goodman se afastava um pouco de Freud em sua abordagem do recalque, sustentando que ele implicava uma dimensão motora, muscular. Dessa forma, é coerente sustentar que a incorporação se articula de algum modo com o recalque.

O fenômeno da inclusão, contudo, poderia chegar à incorporação na medida em que determinadas inscrições corporais "despercebidas" podem estar articuladas à repressão sem que essa correlação se imponha à consciência. Assim, voltando aos *insights* com relação a Philippe, que mencionei na primeira parte, pergunto-me se a ambliopia que tenho em um dos olhos não poderia ser entendida como incorporação ligada a essa problemática ao redor do nascimento/morte. Condição diagnosticada como congênita mas descoberta mais ou menos na época desses acontecimentos; eu não disponho de dados suficientes para fazer essa ambliopia passar da posição de "defeito físico" para a de incorporação. Isso poderia fazer sentido, mas permanecerá como uma questão.

É necessário explicitar que a inclusão, tal como esboçada aqui, não corresponde à definição que Abraham e Torok dão a esse termo, pois eles lhe atribuem um efeito de recalque conservador e eu utilizo o conceito para designar uma internalização direta, supostamente no nível *id* do *self*.

REINSCRIÇÃO NO CAMPO

CAMPO E RETROFLEXÃO

A teoria da Gestalt-terapia se inclina pouco a desenvolver seu aparelho conceitual a partir do intrapsíquico, pois se organiza ao redor do conceito de fronteira de contato organismo/ambiente. Todavia, demonstra certa ambivalência no que diz respeito a essa questão: se, por um lado, tenta fundamentar-se na abordagem fenomenológica (que busca evitar toda conceituação inferencial) – e a organização intrapsíquica só pode ser inferida –, considera, por outro, a herança freudiana obtida pelos Gestalt-terapeutas, embora ao mesmo tempo, expresse intensa reserva com relação a determinados pontos, ou até mesmo divergência essencial.

De qualquer modo, o esboço de diferenciação das modalidades de internalização que empreendi precisa ser reposicionado como fenômeno de campo e modalidade de contato. Sabemos desde sempre que não há introjeção sem que haja, do outro lado, alguém que nos nutra de sentido ou de desejo, e que não há projeção sem que haja alguém que suporte e mantenha a operação etc. Minha hipótese atual seria de que no campo daquele que internaliza sob a forma de inclusão, um outro "emite" sob a forma de retroflexão.

Pode parecer paradoxal mencionar a retroflexão em termos de emissão, um vez que, precisamente, a Gestalt-terapia designa por retroflexão o fenômeno da fronteira de contato que consiste em fazer que o contato retorne sobre o próprio indivíduo, na impossibilidade ou na recusa de ir-para, o organismo contatando-se consigo mesmo como se ele próprio fosse o ambiente. Na tradição gestáltica, costuma-se considerar retroflexão, muitas vezes apressadamente, como um contato fora da relação, já que o "contatar" retorna sobre o próprio indivíduo: o organismo se auto-agride em vez de agredir (*ad-gressere*) o mundo exterior. Encontraremos muitos exemplos naquilo que se convencionou chamar de somatizações, em alguns suicídios ou, de modo menos patológico, na atividade do pensamento (pensar – falar consigo mesmo – em vez de dizer a...).

No início dos anos 1980, participei de uma semana de psicoterapia de grupo coordenada por Erving Polster. No segundo ou terceiro dia, Erv me chamou e falou sobre seu medo em relação a mim. Fiquei um pouco estupefato pelo que ele sentia, as perguntas se precipitavam dentro de mim: como esse terapeuta, uma figura quase mítica na história da Gestalt-terapia, adornado com a auréola de trinta anos de prática internacional, podia se declarar atemorizado diante desse jovem psicoterapeuta desconhecido. Ele insistiu: "Você sabe como você me dá medo?" Senti que meus olhos dirigiam-se a todas as direções, procurando uma tábua de salvação; hipóteses vieram à minha mente e desapareceram, meu estupor silencioso continuou.

Depois de um tempo indeterminado, que me pareceu eterno, Erv
me disse mais ou menos o seguinte:
– Obrigado pela resposta.
– Mas eu não disse nada!
– É exatamente assim que você me dá medo!
E, um pouco mais tarde, ele comentou que era sensível ao meu
silêncio repleto de atividade "interior" e o quanto meu silêncio o
inquietava.
Alguns anos depois, ele amigavelmente tomou a iniciativa de se
lembrar dessa seqüência para me dizer que acreditava ter se enga-
nado a meu respeito e que o que eu havia expressado posteriormen-
te mostrara meu silêncio sob uma outra luz: minhas dificuldades
com um idioma que não era o meu, ser o único participante de
língua francesa em um grupo de alemães que falavam um idioma
que eu absolutamente não entendia... todos esses eram bons motivos
para manter silêncio. Mas, por mais que isso desagrade Ery, e apesar
de sua mudança de opinião a respeito, sua primeira observação era
a correta. Certamente, o campo era propício, porém tratava-se de
um amplo sistema de retroflexão de minha parte.

Por meio desse exemplo, o componente "campo" da retroflexão aparece claramente no fato de que o ambiente cria condições
"favoráveis" à ação dessa retroflexão, mas também e sobretudo
no fato de que a retroflexão pode atingir indiretamente seu destinatário. O que se cala é captado, mesmo que não se receba de
forma explícita. As palavras que não podem ser ditas, e que se
transformam em doença, atingem seu destinatário sob essa
forma de sintoma. A agressão, que não pode transformar-se em
ação e se transforma em suicídio, lastima também aquele que
poderia pensar ter escapado a ela...
As palavras, os gritos, as emoções, os sofrimentos ligados a
um luto ou a um traumatismo que não puderam ser exterioriza-
dos e que, portanto, foram objeto de retroflexão não se perdem
totalmente para o ambiente e "algo" é captado. Isso tem um *status*

230 JEAN-MARIE ROBINE

de emanação ou provém de uma intencionalidade? Enquanto não é trazido à luz do dia, no sentido quase arqueológico do termo, dou a esse processo e ao material ignorado o nome de inclusão, para designar aquilo que se passa no nível do receptor, sabendo que o emissor pode acreditar não emitir nada, pois sua experiência foi de retroflexão.

O CAMPO GERADOR DE FORMAS

Eu disse que aquilo que é você é captado? É notoriamente público, pelo menos entre o público de psicanalistas e psicoterapeutas, que não é um efeito do acaso recebermos tais ou quais pacientes mais que outros, se nossos pacientes abordam uma temática em vez de outras, em um momento específico e não em outros. Ao chamar esses fenômenos às vezes de "coincidência", de "sincronicidade", de "comunicações de inconsciente para inconsciente", de "transferência/contratransferência", ainda que esses conceitos não se superponham totalmente, longe disso, todos os clínicos vivem a mesma frustração em seus limites para explicar o fenômeno. Se compreendermos o *self* dentro de uma abordagem isolacionista, monádica, o *self* será definido no interior de fronteiras cujos contornos se superpõem com os da pele – e é necessário reconhecer que o essencial de nossa tradição cultural e filosófica nos leva nessa direção –, então esses fenômenos serão incluídos nos mistérios da parapsicologia. Se abordarmos o *self*, como a Gestalt-terapia e mais especialmente Goodman nos convidam a fazer, em uma definição dupla e paradoxal, o fenômeno pode ao menos ser entendido, mesmo que não explicado.

De fato, para Goodman, a experiência humana é inteiramente constituída de temporalidade por meio da *gestaltung*, construção/destruição de *gestalten*, que constitui a atividade periódica e aperiódica do *self*, seqüência após seqüência. A partir disso, e segundo os momentos de cada seqüência, o conceito de *self* pode ser identificado ao de "organismo" ou ao de indivíduo, se preferirmos, enquanto em outros momentos o *self é* contato. E digo *é* contato, e não *se exerce no* contato. E dizer que o *self* é contato significa dizer que o *self*, nesses momentos da experiência, depende tanto do organismo quanto do ambiente. Intuição radicalmente inovadora, que representa uma ruptura não somente com a tradição do pensamento ocidental, mas também com a da filosofia oriental que, resumindo, privilegia o campo e esquece ou rejeita o eu, e que aliás deve ser distinguida de certas teorizações contemporâneas do "entre-dois". O paradigma da fronteira de contato não é um paradigma do "entre", e sim um paradigma do "E", um paradigma do traço de união que tanto une quanto diferencia as palavras "fronteira" e "contato". "A fronteira – de – contato", escreveu Goodman, "*não separa* o organismo e seu ambiente; em vez disso, limita o organismo, o contém e protege, *ao mesmo tempo* que contata o ambiente" (Perls; Hefferline; Goodman, 1951, II, 1, 3, grifos dos autores).

Nessa perspectiva, que seria conveniente desenvolver, os fenômenos de ressonância, de captação e de emissão de materiais involuntários, assim como todos os fenômenos que os etólogos reúnem sob o termo genérico de "ecoação", devem ser compreendidos em uma perspectiva de campo, mesmo que, no estado atual de nossos conhecimentos e de nosso vocabulário, tenhamos de confrontar uma certa pobreza de conceitos.

Rupert Sheldrake, a partir de seus trabalhos de biologia fundamental, contribuiu em muito para firmar o conceito de "campo morfogenético", o campo como gerador de formas, que havia sido criado nos primeiros 25 anos do século XX. René Thom, Louis-Marie Vincent e muitos outros utilizam atualmente essa abordagem. É verdade que o estado atual de seus trabalhos tem se voltado sobretudo para as formas físicas, mas inúmeras experiências já puderam mostrar a operacionalidade desse conceito nos domínios da aprendizagem, da cognição e da memória, por exemplo.

O "como" desse efeito do campo permanece em grande parte misterioso, embora alguns pesquisadores tenham começado a elaborar algumas hipóteses plausíveis. Um vocabulário, que procede por analogias e metáforas, começa a surgir. Por analogia com a música, faz-se alusão a fenômenos de ressonância ou harmônicos. Por analogia com a arquitetura, fala-se que, além da energia alocada pelos operários e da matéria constituída pelos materiais escolhidos, é necessário um plano de estruturação, trazido pelo arquiteto, que constitui um *princípio organizador* do campo.

Os conceitos de transferência/contratransferência não explicam nada a respeito, afinal o que nos ocupa aqui se situa além deles. Os fenômenos transferenciais são apenas uma das modalidades possíveis de exteriorização das ressonâncias harmônicas possíveis geradas pela co-presença de duas histórias singulares, de dois campos que se encontram e se fundem momentaneamente, de duas freqüências de ondas que se sincronizam no espaço e no tempo. Pode-se imaginar que aquilo que toma forma na co-presença do encontro seja a síntese daquilo que só permanecerá em estado potencial, virtual, em um tipo de emissão permanente "lançado ao vento", como um transmissor de rádio que inundaria o ambiente com seus fluxos de palavras e música, mas que só teria existência verdadeira (*ek-sistere*) quando um receptor apropriado estivesse ligado e sintonizado em uma freqüência adequada.

Voltando aos conceitos mencionados anteriormente e, em especial, ao de fundo, eu esboçaria a hipótese de que algumas modalidades de contato possibilitam que o contatante acesse no fundo do contatado as experiências latentes ou inconscientes e, sem o saber, coloque-as em movimento. E vice-versa. Até que um fundo comum possa se constituir, com seus contornos e, portanto, com seus limites, além dos quais não temos mais nada a fazer juntos. Fundo comum não significa fundo idêntico. Ele será feito de simetrias, mas também de complementaridades. E igualmente de desconhecido e de assombro, porque nesse fundo, em um e outro e também em sua junção, existem buracos, vazios, assim como manchas negras.

Nessa perspectiva, o terapeuta é apenas alguém que aceitou, algum tempo antes de seu paciente, arriscar-se em colocar suas inscrições em movimento, tanto as que já foram decifradas quanto aquelas que ainda não o foram, que aceitou arriscar-se também na exumação daquelas que dormem na ignorância, o desconhecido e até mesmo o negado, e que, nessa constituição de um campo comum de experiências distintas, arrisca-se à co-criação de formas novas, para si e para o outro.

O filósofo Alain me acompanhou ao longo da redação deste capítulo, como me acompanha em minha tarefa de professor ou de psicoterapeuta com o seu: "As idéias, mesmo as verdadeiras, tornam-se falsas a partir do momento em que nos contentamos com elas".

～

Notas

1 Agradeço a Natacha Kedrova e a Daniel Klomov por terem me ajudado a reconstituir o diálogo a partir da gravação.

2 "Vou ao teatro a fim de me ver, em cena [...], tal como não saberia – ou não ousaria – me ver ou me sonhar, e isso apesar de saber que sou assim. Os atores têm, portanto, a função de confirmar os gestos e os trajes que tornam possível mostrar-me a mim mesmo, e mostrar-me despido, na solidão e em sua alegria" (Jean Genet, em *Comment jouer* "*Les bonnes*", 1. ed., 1947).

13
Teoria e prática de grupo, teoria e prática de Gestalt-terapia

Vejamos a seguir dez proposições para pensar a questão do grupo em Gestalt-terapia

PROPOSIÇÃO 1
LIMITES DA TEORIA E DO MÉTODO DA GESTALT-TERAPIA

A teoria da Gestalt-terapia é construída para permitir o estudo da fronteira de contato de um campo constituído por um organismo e seu ambiente. Essa é uma teoria experiencial: ela aborda a situação por meio da experiência e, se possível, sem uso de inferências, isto é, de decisões pré ou pós-concebidas e construídas a partir da experiência vivida. A terapia da Gestalt, ao contrário das terapias da psique, abriu um espaço à experimentação e à ação, na perspectiva do ajustamento criativo, do encontro com a *novidade*, do *excitamento* e do *crescimento*, para retomar a trilogia que serve de subtítulo (e de projeto) à "Gestalt-terapia".

A antropologia da Gestalt-terapia é organísmica, aborda o ser humano como uma globalidade e apenas no que diz respeito a funções algumas modalidades da experiência: o corpo, a emoção, o pensamento etc. Essa concepção de homem se apóia na idéia da "natureza humana animal", sabendo que é próprio da "natureza humana animal" ser indissociável de seu ambiente e ter de operar nele ajustamentos criativos incessantes, nem que seja apenas para poder sobreviver.

Se admitirmos essa teoria, chamada de "teoria do *self*", como central à teoria e à prática da Gestalt-terapia, torna-se evidente que, como tal, ela não pode ser transposta para o domínio do grupo, a menos que seja transformada em metáfora, ou em analogia, perdendo assim, a meu ver, sua força de impacto. Um grupo não pode ser abordado como "organismo humano animal", nem em sua realidade nem em suas funções, exceto se falarmos em uma linguagem de "como se" – e a maioria dos diferentes textos gestaltistas sobre a questão não escapou a essa solução metafórica (ver, em especial, Feder & Ronall, 1980; uma exceção famosa: Jacques, 1992).

Se alguns, entretanto, desejam ignorar essa antropologia de base da Gestalt-terapia e reduzir nossa abordagem a uma colcha de retalhos de conceitos e técnicas (aqui-e-agora, construção/destruição de Gestalt, polaridades, resistências etc.), então essa extrapolação torna-se "possível". Resta saber se ela tem sentido... Por exemplo, podemos falar de *awareness* com relação a um grupo?

Mas certo número de intuições permeia a Gestalt-terapia, em especial para propor o *self* como agente de contato, construtor do sentido da experiência, e não somente como entidade cujos contornos seriam superpostos aos do organismo. Essas intuições, que o pensamento pós-moderno oferece pelo construtivismo, em geral, e pelo construcionismo social, em particular, permitem-nos, talvez apenas agora, empreender uma teorização do grupo que mantenha uma coerência com a teoria da Gestalt-terapia e articule de modo mais consistente as famosas relações "organismo/ambiente".

Essa breve introdução não pretende oferecer a substância fundamental dessa elaboração que necessita ser feita. Ela busca modestamente preparar o terreno e abrir caminhos de reflexão que deverão ser energizados, desenvolvidos e concretizados.

PROPOSIÇÃO 2
EXTENSÃO OU DIALÉTICA

Nas ciências humanas em geral, vemos um modo de pensar hegemônico. Cada disciplina, construída em um domínio específico, tende a buscar ampliar seu aparelho teórico e metodológico e a contaminar ou a tecer um discurso a respeito dos campos vizinhos. É assim que se podem ver, por exemplo, algumas escolas de psicanálise passarem da noção de "aparelho psíquico" à de "aparelho psíquico grupal" e proporem, a partir de seu conhecimento do psiquismo, uma teoria de pequenos grupos, de instituições e grupos maiores, da sociedade, de conflitos internacionais e até mesmo de civilizações.

Como psicossociólogo clínico, antigo e por algum tempo membro do Laboratoire de Changement Social criado por Max Pagès, muitas vezes sinto-me ainda próximo de muitas de suas teses e, em particular, no que diz respeito ao assunto de que tratamos, daquelas que ele expressou em *Introduction à l'analyse dialectique*" [*Introdução à análise dialética*] (Pagès, s. d.(a)). Nessa obra, ele preconiza uma energização, uma articulação – em resumo, uma "dialética" –, em vez de uma tentativa de integração ou de elaboração daquilo que ele chama de "fragmentos de teoria" para designar esses pseudópodes que as disciplinas constroem a fim de aplicar sua teoria em um domínio que não é o seu.

Nessa perspectiva, persuadido de que a Gestalt-terapia, tanto como teoria quanto como método, tem coisas a dizer sobre "o grupo", creio ser muito mais pertinente seguir o caminho de articulação dos princípios da Gestalt-terapia com as disciplinas conexas – ou seja, a psicologia social, as teorias da comunicação e da interação, e mesmo com a etologia, a ecologia humana e a sociologia –, em vez de buscar uma extensão do modelo teórico da Gestalt-terapia para a "grupalização".

O SELF DESDOBRADO 237

PROPOSIÇÃO 3
SEXUALIDADE, COMUNIDADE, CRIAÇÃO

Mesmo que Perls tenha declarado, em essência, que a terapia individual era obsoleta e menos eficiente que a terapia de grupo, ele nunca clinicou, a não ser em relação dual, mesmo quando na presença de um grupo. Paul Goodman, ao contrário, sempre foi orientado para o grupo, e buscou desenvolver uma verdadeira comunidade de pacientes a partir de suas teses anarquistas de ajuda recíproca e de ação direta.

Não nos esqueçamos de que Paul Goodman não limitou sua criatividade à teoria da Gestalt-terapia e contribuiu amplamente para o progresso da sociologia, da cultura, da educação etc., ao desenvolver teses completamente coerentes com os fundamentos da Gestalt-terapia, tais como ele os havia elaborado com Perls e com alguns outros. Por esse motivo, ele pode nos oferecer algumas perspectivas, por pouco que conheçamos seus outros ensaios. Assim, ao desenvolver suas teses a respeito da "natureza humana" em seus diferentes textos e diários pessoais, ele menciona as três dimensões essenciais que a constituem: sexualidade, comunidade, criatividade.

Entre parênteses, embora essas idéias não sejam explicitadas no livro *Gestalt-terapia*, parece-me fácil encontrar nele as funções do *self* tal como ele as descreveu: a sexualidade com a função *id*, a comunidade com a função personalidade, a criação com a função *ego* – mesmo que os conceitos não se superponham totalmente.

Existe um espaço mais propício ao esclarecimento dessas três dimensões do que o grupo?

PROPOSIÇÃO 4
O GRUPO, ESPAÇO-TEMPO DO CONTATO

A Gestalt-terapia e sua abordagem do homem em seu ambiente nos oferecem de maneira mais ou menos explícita uma descrição das condições sociais propícias ao contato e ao desenvolvimento. Nosso aparelho conceitual é inteiramente elaborado nesse "com", "entre" etc.; não existe introjeção se não houver um outro cuja; intenção, deliberada ou não, é de nos transmitir algo; não existe retroflexão sem um outro que nos convide a ela; não existe construção de Gestalt sem que se levem em conta os parâmetros do aqui-e-agora... O grupo constitui, portanto, um excelente "laboratório de contato" e amplia as possibilidades além das oferecidas unicamente pelo psicoterapeuta.

O real na verdade não é conhecido, a não ser nos momentos de contato, e o lugar de contato é a fronteira que limita e reúne. Bernard Vincent, comentando o livro *Gestalt-terapia*, escreveu:

> Quando digo que nado no oceano, eu nado, *na realidade*, apenas em uma parte ínfima do oceano, a única porção de água com a qual estou realmente em contato por meio de minha pele, meus olhos, os movimentos de meu corpo e de minha psique: o resto do oceano (mas, em outros contextos, eu poderia dizer o resto da paisagem, da cidade ou da sociedade) não existe em minha experiência, pois está fora do alcance das capacidades de contato de meu organismo. Conseqüentemente, de um ponto de vista político, o contato e, portanto, a realidade democrática são maiores em um conselho de família ou em um grupo de amigos do que em uma eleição municipal e, da mesma forma, são maiores em uma eleição municipal do que em uma eleição presidencial. A justificação do anarquismo ou de uma perspectiva de autogestão é exatamente preconizar uma reorganização da sociedade segundo estruturas de contato, enraizando a vida social no *máximo de realidade*: o contato é "a realidade mais simples e primeira".

"O primeiro remédio", escreveu também Goodman (1972, p. 41), "é levar a grande 'Sociedade' menos a sério e interessar-se pela sociedade que temos."

PROPOSIÇÃO 5
O GRUPO, NICHO ECOLÓGICO EXPERIMENTAL

Em seu último livro, Paul Goodman (1972, p. 5, 7, 9) introduziu o conceito de "nicho ecológico" para designar o ambiente real, limitado e escolhido, estruturado e apropriado por cada indivíduo. Mesmo que pareça abusivo assimilar a situação experimental do grupo de terapia com o ambiente cotidiano de cada um, no qual intervêm outros parâmetros, a situação de grupo de terapia oferece um espaço-tempo privilegiado que torna possível a co-construção de um tecido relacional e institucional que não deixa de ter uma relação com o do "grande mundo". Se o *self* é definido como agente de construção do sentido da experiência, a diversidade dos desafios propostos pela situação de grupo poderá permitir o exercício pleno, e seguro, de contato com a novidade, da construção da novidade nas situações de contato, mesmo durante a reativação de esquemas obsoletos recorrentes. Lugar privilegiado de manifestação dos laços de Eros e de Thanatos, o grupo constitui também um laboratório de exame e de construção de modalidades relacionais, isto é, do desdobrar do *self* e do redobrar na integração e na individuação.

Um dos eixos do pensamento pós-moderno torna possível diferenciar Sociedade e Comunidade. Na comunidade, cujo desenvolvimento é preconizado por muitos pós-modernos, a relação está no centro dos sistemas de reconhecimento: proximidade, calor afetivo, solidariedade marcam os vínculos que unem seus membros. No conceito de sociedade, como bem o demonstram muitos sociólogos, as relações comerciais são a matriz das relações entre indivíduos movidos por objetivos específicos. As relações aí incluídas são, em princípio, funcionais. Uma referência a uma concepção individualista (moderna) do *self* privilegiará uma terapia do indivíduo dentro do grupo: nesse caso, o grupo permanece como uma dimensão funcional da experiência. Uma referência a uma concepção relacional e social do *self* (pós-moderna) insistirá na qualidade de grupo a partir da prioridade dada à relação.

PROPOSIÇÃO 6
PODER, ENQUADRAMENTO OU CONTEXTO

Em um grupo constituído por um gestaltista como espaço-tempo da experiência (de terapia, de desenvolvimento, de formação...), o envolvimento do Gestalt-terapeuta já ocorre na própria formatação da situação.

A simples enunciação de regras, por exemplo, situa imediatamente o grupo, parece-me, em uma perspectiva de reprodução social, cultural e política, em uma perenização de sistemas de poder e de hierarquia, e portanto em um convite a movimentos metafóricos e transferenciais. (Sabendo aqui que a contratransferência é o primeiro deles, pois institui a situação.)

Ao dizer isso, não nego que o animador do grupo deva representar a autoridade e o poder (e também a segurança), marcando assim sua diferença com relação aos membros do grupo, e que, a esse título, ele tenha a analisar as relações recíprocas dos participantes com autoridade e poder. Portanto, é-lhe necessário ao mesmo tempo "saber lutar contra os participantes em sua luta para tomada de consciência de seus sistemas de defesa contra a relação de autoridade e poder, e ser seus aliados em uma luta contra a repressão social" (Pagès, s. d. (b)). Essa posição levaria idealmente, por fim, a uma dissolução do *papel* de animador em benefício da *função* de animação, que cada um pode assumir de uma maneira flexível.

A situação experimental que preconizo para o grupo define-se, portanto, a meu ver e de modo coerente com a Gestalt-terapia, muito mais como a criação de um contexto do que como a de um *enquadramento*.

O SELF DESDOBRADO 241

PROPOSIÇÃO 7
O GRUPO, CONTEXTO PARA O CONFLITO

Esse contexto – terapêutico ou outro – deve assim saber abrir-se para o conflito e oferecer um laboratório seguro de experimentação da "não-pacificação prematura dos conflitos". Lembremos que os autores de *Gestalt-terapia* viam na "pacificação prematura de conflitos" uma das fontes da neurose, e que dois capítulos de seu livro são dedicados a esse assunto. Com freqüência, os conflitos são mencionados pelos psicoterapeutas em termos que se referem ao intrapsíquico, quando, no entanto, tratam-se de conflitos relacionais internalizados que não poderão ser verdadeiramente trabalhados, a menos que sejam recolocados no contato e na interação. Esse conflito é o que torna possível a individuação, a assimilação dos introjetos e seu cotejo de confluências, a externalização das retroflexões – quer tenham se tornado crônicas ou não –, a verificação das projeções e sua integração, assim como o reencontro com um funcionamento do *self* restaurado em sua capacidade de identificação/alienação.

"Aniquilar, destruir, agir por iniciativa própria e encolerizar-se são essenciais para o desenvolvimento no campo organismo/ambiente" (Perls; Hefferline; Goodman, 1951, II, 8, 5).

PROPOSIÇÃO 8
O GRUPO E A AUTO-REGULAÇÃO

Uma das bases da antropologia gestáltica é a fé na capacidade de auto-regulação. Pode-se observar a seqüência na perda da auto-regulação sadia, tal como é descrita pela Psicologia da Gestalt e a Gestalt-terapia (Glassheim, 1973, p. 39):

1 Medo da etapa seguinte;
2 Uso do controle para manter o *status quo*;

242 JEAN-MARIE ROBINE

3 Redução da liberdade (energia disponível para novos comportamentos);
4 Perda do controle real em benefício da lei construída para restringir o aparecimento do comportamento assustador.

O organismo sadio, ao contrário, é aquele em que ocorre continuamente o seguinte processo de auto-regulação: uma dominância se desprende do plano de fundo e gera excitação, transforma-se em figura que organiza a percepção, inicia a atividade motora para a realização e a satisfação, e depois se apaga a fim de tornar possível o retorno ao equilíbrio. Portanto, uma cooperação entre organismo e ambiente se encontra implicada, o que só é possível se a auto-regulação não foi substituída por um controle excessivo, autocontrole ou sua forma projetada – controle do outro e/ou do ambiente em geral. Apoiando-se na tradição taoísta, Paul Goodman (1972, p. 39) escreveu: "Ter um ambiente e não considerá-lo como objeto". Ou ainda, sob a forma de uma pergunta: "Como assumir a cultura sem perder a natureza?"

A auto-regulação a que Goodman nos convida não é um postulado de repouso completo, pois a passagem (permanente) para um novo estado de equilíbrio depende da ação recíproca do organismo e do meio, e, dessa forma, o sentimento dominante é o da insegurança ligada ao contato com a novidade. Aqui também o gestaltista tomará o controle da regulação do grupo e evitará que ele crie a própria regulação?

PROPOSIÇÃO 9
O GRUPO, CONTEXTO DE SUSTENTAÇÃO

> Feliz o homem que pode pertencer a um grupo constituído por um número suficiente de pessoas que compartilhem o mesmo estado de espírito que ele – não é preciso mais do que algumas centenas – para se tranqüilizar com relação a seu estado de saúde mental, mesmo que esteja cercado por oito milhões de loucos. (Goodman, 1977, I, 19, i)

Especialmente enfatizado por Laura Perls em sua prática e em alguns de seus textos, o suporte é uma dimensão fundamental do potencial grupal. Além da segurança que oferece para tornar possível o contato com a novidade, a elaboração pela experimentação no contexto do que denominamos "situações de emergência segura de alta intensidade" – em oposição às situações de emergência crônicas de baixa intensidade que definem a neurose –, o suporte participa ativamente da dissolução do egotismo e se abre à ecologia da relação. Perls preconizava, como sinal de saúde e de maturidade, a passagem do suporte ambiental para o auto-apoio, mas não concordo com ele. Acredito que o indivíduo são e maduro é aquele capaz de apoiar-se tanto nos recursos ambientais quanto nos próprios, de modo flexível, ajustado e criativo, e que por isso a Gestalt-terapia pode ser e permanecer decididamente ecológica, e até mesmo ecossistêmica.

PROPOSIÇÃO 10
O GRUPO, METONÍMIA/METÁFORA DA SOCIEDADE

"Se nos conformássemos à sociedade que é louca, nos tornaríamos loucos; se houvéssemos nos conformado à única sociedade que existe, nos tornaríamos loucos" (Goodman, *The dead of spring*, em 1977).

Dentro desse paradoxo, que pode parecer a única alternativa que nos é proposta, a Gestalt-terapia, como psicoterapia e com seus limites próprios, e, especialmente, por meio do grupo, torna possível que nos modifiquemos influindo o real. A Gestalt-terapia não é metáfora do político, pois o grupo não é um holograma da sociedade; todavia ela *é* plenamente política: se os grupos "gestaltizados" podem ser bons laboratórios de análise da repressão do desejo na vida social e também motores da mudança, por sua vez a vida cotidiana constitui um excelente campo de análise de tais grupos como fábricas permanentes de ilusões de onipotência.

Parece-me, contudo, que a Gestalt-terapia, por sua inscrição na teoria do campo, ela própria constituinte da teoria de sistemas, oferece um aparelho conceitual e metodológico pertinente para dialetizar com aqueles cujo sujeito-objeto de estudo é o grupo.

Referências bibliográficas

ABRAHAM, N. "Introduction à l'oeuvre de Imre Herman". In: HERMAN, I. *L'instinct filial*. Paris: Denoël, 1972.

ABRAHAM, N.; TOROK, M. *L'ecorce et le noyau*, Paris: Flammarion, 1987.

_____. *A casca e o núcleo*. São Paulo: Escuta, 1995.

BEISSER, A. R. "The paradoxical theory of change". In: FAGAN, J.; SHEPARD I. L. *Gestalt-therapy now*. Nova York: Harper & Row, 1970.

BIDEAUX, F. C.; BOUDERLIQUE, J. Introduction à la psychopathologie de Kimura Bin. In: BIN, K. *Ecrits de psychopathologie phénoménologique*. Paris: PUF, 1972.

BINSWANGER, L. "Freud et la constitution de la psychiatrie clinique". In: _____. *Discours, parcours et Freud*. Paris: Gallimard, 1970.

BOHM, D. *La danse de l'esprit, ou le sens déployé*. s. l.: Seveyrat, 1989.

BOLLAS, C. *The shadow of the object*. Nova York: Columbia University Press, 1987.

BOSZORMENYI-NAGY, I.; SPARK, G. M. *Invisible loyalties*: reciprocity in *intergenerational family therapy*. Nova York: Brunner Mazel, 1984.

BRESHGOLD, E. "Resistance in Gestalt Therapy: an Historical/theoretical Perspective". *The Gestalt Journal*, v. XII, n. 2, outono 1989.

BROOKS, C. V. W. *Sensory awareness. The rediscovery of experiencing*. s. l.: The Viking Press, An Esalen Book, 1974.

BUBER, M. *Je-Tu*. Paris: Aubier Montaigne, 1992.

BURNHAM, J. R. "Egotism in Gestalt therapy: the next boundary". *Voices*, v. 18, n. 2, 1982.

DAVIDOVE, D. "Perte des fonctions ego, conflit et résistance". *Doc. do IFGT*, n. 29, 1990.

DAVIDOVE, D. M. *Theories of introjection and their relations to William James' concept of Belief: an application of the unitary approach of Gestalt-therapy.* Nova York, 1980, 322 p. Tese (Doutorado) – University of New York.

DAVIDOVE, D. *On egotism and ethics in Gestalt-therapy.* Bordeaux: Documents de l'Institut de Gestalt-thérapie, 1990.

DOWNING, J. (Ed.) *Gestalt Awareness: papers from the San Francisco Gestalt Institute Perennial Library.* Nova York: Harper and Row, 1976.

EIGUER, A. *La parenté fantasmatique.* Paris: Dunod, 1987.

_____. *O parentesco fantasmático.* São Paulo: Casa do Psicólogo, 1997.

ELKAÏM, N. *Se tu m'aimes, ne m'aime pas.* Paris: Seuil, 1989.

_____. *Você me ama, não me ame.* Campinas: Papirus, 2004.

ENGLISH, H. B.; ENGLISH, A. C. *A comprehensive dictionnary of psychological and psychoanalytical terms.* Nova York: Longmans, Gree & Co Publ., 1958.

ERIKSON, E. H. *Enfance et société.* Paris: Delachaux et Niestlé, 1982.

FEDER, B.; RONALL, R. (Ed.) *Beyond the hot seat: Gestalt approaches to groups.* Nova York: Brunner/Mazel, 1980.

FEDIDA, P. *Crise et contretransfert.* Paris: PUF, 1992.

FERENCZI, S. "Transfert et introjection". In: *Psychanalyse 1.* Paris: Payot, 1982.

GLASSHEIM, E. "The movement towards freedom". In: GOODMAN, P. *The empire city.* Novo México, 1973. Tese (Doutorado) – University of New Mexico.

GOODMAN, P. *Little prayers and finite experience.* Nova York: Harper & Row, 1972.

_____. *The empire city.* Nova York: Vintage Books, 1977.

_____. *Little prayers & finite experience.* [Reeditado por Taylor Stoehr com o título *Crazy hope & finite experience.* São Francisco: Jossey-Bass, 1994.]

GURWITSCH, A. *Théorie du champ de la conscience.* Trad. Michel Butor. s. l.: Desclée de Brouwer, 1957.

_____. *Studies in phenomenology and psychology.* s. l.: Northwestern University Press, 1966.

_____. *Marginal consciousness.* Ed. L. Embree. Ohio: Ohio University Press, 1985.

HEIMANNSBERG, B.; SCHMIDT, C. J. *The collective silence, German identity and the legacy of shame.* São Francisco: Jossey Bass/GIC, 1993.

HERMAN, I. *L'instinct filial.* Paris: Denoël, 1972.

HESNARD, A. *Les phobies et la névrose phobique.* Paris: Payot, 1961.

HINSHELWOOD, R. D. *A Dictionnary of Kleinian thought.* Londres: Free Association Books, 1991

HULTBERG, P. "La honte, ombre entre l'ideal du moi et le soi". *Cahiers Jungiens de Psychanalyse,* n. 52, 1987.

HYCNE, R. "Dialogic Gestalt therapy: an initial proposal". *The Gestalt Journal,* v. VIII, n. 1, 1985.

JACQUES, A. "Animal human avec groupe". *Gestalt,* n. 3, 1992.

JAMES, W. *Précis de psychologie.* Paris: Librairie Marcel Rivière, 1946.

_____. *Psychology, the briefer course.* s. l.: University of Notre Dame Press, 1985.

KAUFMANN, G. *Shame, the power of caring.* 2. ed. rev. Cambridge: Schenkman Books, 1985.

KAUFMANN, P. *Kurt Lewin: une théorie du champ dans les Sciences de l'Homme.* Paris: Vrin, 1968.

KOFFKA, K. *Principles of Gestalt psychology.* Nova York: Harcourt, Brace & World Inc., 1935.

LAPEYRONNIE, B. *La confluence, approche d'un concept de la Gestalt-thérapie.* Bordeaux: Presses de l'IFGT, 1992.

LAPEYRONNIE, B.; ROBINE, J.-M. "La confluence, expérience liée et expérience aliénée". *Cahiers de Gestalt-Thérapie,* n. 0, outono 1995.

LATNER, J. *Gestalt-thérapie, théorie et méthode.* Bordeaux: Presses de l'IFGT, 1992.

LEVY, G. "L'oeil de la honte, préliminaires métapsychologiques". *Espaces,* n. 16, outono 1988.

LEWIN, K. *A dynamic theory of personality*. Nova York, Londres: McGraw-Hill Company Inc., 1935.
_____. "Will and needs". In: ELLIS, W. D. *A source book of Gestalt Psychology*. Londres: Routledge & Kogan, 1938.
_____. *Field theory in social sciences*. Londres: Tavistock Pub., 1952.
_____. *Psychologie dynamique*. Paris: PUF, 1959.
_____. "Décisions de groupe et changement social". In: LEVY, A. *Psychologie sociale*. Paris: Dunod, 1965.
LEWIS, H. B. *Shame and guilt in neurosis*. s. l.: International University Press, 1971.
_____. "Shame and the narcissistic personnality". In: NATHANSON, D. L. (Ed.) *The many faces of shame*. Nova York: The Guilford Press, 1987.
MALDINEY, H. De la Gestaltung. *Psychologie Médicale*, v. 18, n. 9, 1986.
MARROW, A. J. *Kurt Lewin, sa vie et son oeuvre*. s. l.: ESF, 1972.
MAY, R. The context of psychotherapy. In: _____. *Psychology and the human dilemma*. Nova York: W. W. Norton & Co., 1980.
MELON, J.; LEKEUCHE, P. *Dialectique des pulsions*. Louvain: Academia, 1988.
MELTZER, D. "Field or phase – A debate on psycho-analytical moder of thought". In: *Studies in extended metapsychology, clinical applications of Bion's ideas*. Londres: Clunie Press, Roland Harris Education Trust, 1986.
MICHAEL, M. V. "Toward a psychology of the unknown". *The Gestalt Journal*, v. XIII, n. 2, 1990.
MILLER, M. V. "Réflexions élégiaques sur Isadore Fromm". *Gestalt* n. 9, inverno 1995.
MORIN, E. "La Nature de la nature". In: *La méthode*. Paris: Seuil, 1977. v. 1.
_____. *Introduction à la pensée complexe*. Paris: ESF, 1990.
_____. *Introdução ao pensamento complexo*. Porto Alegre: Sulina, 2005.
MORRISON, A. P. *Shame, the underside of Narcissism*. Nova Jersey: The Analytic Press, 1989.

MÜLLER-EBERT, J.; JOSEWSKI, M.; DREITZEL, P.; MÜLLER, B.; Narzißmus. In: *Gestalttherapie*, 2/88, Jahrgang Heft GT, s. d.

NACHIN, C. *Le deuil d'amour*. Paris: Editions Universitaires, 1989.

_____. *Les fantômes de l'âme, à propos des héritages psychiques*. Paris: L'Harmattan, 1993.

NATHANSON, D. L. "A timetable for shame." In: NATHANSON, D. L. (Ed.) *The many faces of shame*. Nova York: The Guilford Press, 1987a.

_____. (Ed.) *The many faces of shame*. Nova York: The Guilford Press, 1987b.

OGIEN, R. "Hommage à la honte". *Espaces*, n. 16, outono 1988.

PAGÈS, M. *L'analyse diaclectique*: propositions. Paris: Documento interno do Laboratoire de Changement Social, s. d.(a)

_____. *Quelques réflexions et réactions après Sylt*. Paris: Laboratoire de Changement Social, s. d.(b)

PARLET, M. "Field theory, palestra". In: *4º* CONGRÈS EUROPÉEN DE GESTALT-THÉRAPIE (documento não-publicado). 1991b.

_____. "Reflections on Field theory". *British Gestalt Journal*, v. I, n. 2,1991a.

_____. "Comunicação". *Writers Conference du Gestalt-Institute of Cleveland* (documento não-publicado). 1992.

PERLS, F. *Rêves et existence en Gestalt-thérapie*. s. l.: Epi, 1969.

_____. *Gifts from Lake Cowichan* (Livro I) e *Legacy from Fritz* (Livro II). Org. Patricia Baumgardner. Palo Alto: Science & Behavior Books, 1975.

_____. "Psychiatry in a new key". *The Gestalt Journal*, v. I, n. 1, 1978b.

_____. *Le moi, la faim et l'agressivité*. Tchou, 1978a.

_____. *Ego, fome e agressão*. São Paulo: Summus Editorial, 1992.

PERLS, F.; HEFFERLINE, R.; GOODMAN, P. *Gestalt-Therapy*. Nova York: Julian Press, 1951.

_____. *Gestalt therapy, excitement and growth in the human personality*. Montreal: Stanké, 1979. v. II.

_____. *Gestalt-terapia*. São Paulo: Summus Editorial, 1998.

PERLS, L. "An oral history of Gestalt-therapy". Part 1: a conversation with Laura Perls. *The Gestalt Journal*, v. I, n. 1, p. 20, 1978.

250 JEAN-MARIE ROBINE

_____. "Notes sur la peur et l'angoisse". In: _____. *Vivre à la frontière*. Montreal: Ed. du Reflet, 1993a.

_____. *Vivre à la frontière*. Montréal: Ed. du Reflet, 1993b.

PETERMANN, B. *The Gestalt-theory and the problem of configuration*. Nova York: Harcourt, Brace & Court, 1932.

PETERSON-COONEY L. "Shame is a lonely place". *Memorial Festschrift for J. S. Simkin*, Gestalt Institute of Los Angeles, 1985.

PETIT, H. "Argument: 'La honte!'". *Espaces*, n. 16, outono 1988.

RAGON, E. *Grammaire grecque*. Paris: J. de Gigord Ed., 1957.

ROBINE, J.-M. "L'insu porté dans la relation". *Gestalt*, n. 8, verão 1985.

_____. "Comment penser la psychopathologie en Gestalt-thérapie?". In: *Formes pour la Gestalt-thérapie*. Bordeaux: Presses de l'IFGT, 1989.

_____. "Le contact, expérience première". *Gestalt*, n. 1, 1990a.

_____. "La honte, rupture de confluence". *Gestalt*, n. 2, outono 1990b.

_____. "La névrose de champ". Transfert et contre-transfert em Gestalt-thérapie. *Bulletin de la SFG*, n. 21-22, 1990c.

_____. "L'éco-niche". *Gestalt*, n. 5, 1993.

_____. "Théoriser ce qui toujours échappera". In: _____. et al. *La relation thérapeutique*. Veneza: Atelier Européen de Recherches Théorico-Cliniques. 1994.

_____. "L'awareness, connaissance immédiate et implicite du champ". *Cahiers de Gestalt-thérapie*, n. 0, outono 1995a.

_____. "Théoriser ce qui toujours échappera". *Gestalt*, n. 8, 1995b.

ROSSET, C. *Logique du pire*. Paris: PUF, 1971.

ROUSTANG, F. *Influence*. Paris: Minuit, 1990.

SARTRE, J. P. *L'être et le néant*. Paris: Gallimard, 1943.

SCHAFFER, R. *Aspects of internalization*. Nova York: Internat. University Press, 1982.

SCHOTTE, J. et al. *Le contact*. s. l.: De Boeck Université, 1990. (Bibliothèque de Pathoanalyse)

SHELDRAKE, R. *Une nouvelle science de la vie, l'hypothèse de la causalité formative*. Paris: Rocher, 1985a.

_____. *La mémoire de l'Univers*. Paris: Rocher, 1985b.

_____. *La mémoire de l'univers*. Paris: Ed. du Rocher, 1988.

_____. *L'ame de la Nature*. Paris: Ed. du Rocher, 1992.

SIMONDON, G. *L'individuation psychique et collective*. Paris: Aubier, 1989.

SPAGNUOLO-LOBB, M. Il sostegno specifico nelle interruzioni di contatto. *Quaterni di Gestalt*, 10/11, 1990.

_____. "Un soutien spécifique pour chaque interruption de contact". *Doc do IFGT*, n. 49, 1992.

STEINKOPFF, J. "Semantische Betrachtungen zum Begriff 'Gestalt'". *Gestalt-Theory*, v. 1, n. 1, out. 1979.

STERN, D. N. *Le monde interpersonnel du nourrisson*. Paris: PUF, 1989.

_____. "Le dialogue entre l'intra-psychique et l'interpersonnel: une perspective dévéloppementale. Textes et contextes dans la communication". *Cahiers Ccritiques de Thérapie Familiale* n. 13, Privat, 1991.

_____. *O mundo interpessoal do bebê*. Porto Alegre: Artmed, 1992.

STEVENS, J. O. *Awareness: exploring, experimenting, experiencing*. s. l.: Real People Press, 1971.

STRAUSS, E. *Du sens des sens*. s. l.: Million, 1989.

SZONDI, L. *Introduction à l'analyse du destin*. Louvain: Pathei Mathos, Nauewelaerts, 1972.

THINÈS, G.; LEMPEREUR, A. *Dictionnarie général des Sciences Humaines*. Louvain La Neuve: Editions Ciaco, 1984. 2 v.

TOMKINS, S. S. "Shame". In: NATHANSON, D. L. (Ed.) *The many faces of shame*. Nova York: The Guilford Press, 1987.

VAN HEUSDEN, A.; VAN DEN EERENBEEMT, E. *Thérapie familiale et generations*. Paris: PUF, Nodules, 1994.

VINCENT, B. *Pour un bon usage du monde*. Paris: Desclée, 1979.

VINCENT, J.-D. *Casanova, La contagion du plaisir*. Paris: Odile Jacob, 1990.

VON BERTALANFFY, L. *Théorie générale des systémes*. Paris: Dunod, 1973.

_____. *Teoria geral dos sistemas*. 3. ed. Petrópolis: Vozes, 1977.

252 JEAN-MARIE ROBINE

WEIZSÄCKER, V. Von. *Le cycle de la structure*. Prefácio de Henri EY, tradução de Michel Foucault ed. Rocher. Paris: Desclée de Brouwer, 1958.

WHEELER, G. *Gestalt reconsidered*. Nova York: Gardner Press, 1991.

WHEELER, G.; BACKMAN, S. (Ed.) *On intimate ground*. São Francisco: GIC-Jossey Bass Pub., 1994.

WORRINGER, W. *Abstraction et Einfühlung*. Paris: Kliincksieck, 1978.

WURMSER, L. *The mask of shame*. Baltimore, Londres: The Johns Hopkins University Press, 1981.

_____. "Shame: the veiled companion of narcissism". In: NATHANSON, D. L. (Ed.) *The many faces of shame*. Nova York: The Guilford Press, 1987.

YONTEF, G. M. "Modes of thinking in Gestalt-therapy". *Gestalt Journal*, v. VII, n. 1, 1984.

_____. *Awareness, dialogue and process*. Nova York: The Gestalt Journal Press, 1993.

NOTA DA EDIÇÃO FRANCESA

Quase todos os capítulos desta obra foram escritos em contextos variados e publicados originalmente em diferentes revistas.

"Gestalt-terapia, protótipo da psicoterapia de amanhã"
Palestra de encerramento do "4º Congresso Europeu de Gestalt-terapia", 1992.
Publicado na revista Gestalt, *n. 3, 1992.*

"Uma estética da psicoterapia"
Palestra de abertura das "Jornadas de Estudo da Sociedade Francesa de Gestalt", Bordeaux, dezembro de 1984.
Publicado na revista Psychothérapie, *v. VI, n. 3, 1986.*
Uma versão modificada foi publicada em Integrative Therapie, *2-3, 1988, Junfermann-Verlag, Düsseldorf.*

O SELF DESDOBRADO   253

"O contato, experiência primeira"
Publicado em Gestalt, n. 1, inverno 1990.
Traduzido para o espanhol para Documentos do Centro de Gestalt, Valência.
Traduzido para o inglês em The Gestalt Journal, v. XIV, n. 1, primavera 1991.
Traduzido para o polonês para Revista Polonesa de Gestalt, n. 14, 1994.
Traduzido para o italiano em Psicoterapia della Gestalt, edição do Centro Studi Psicosomatica, 1994.

"A *awareness*, conhecimento imediato e implícito do campo"
Publicado na revista Gestalt, n. 10, 1996.
"Confluência, experiência vinculada e experiência alienada"
Publicado nos Cahiers de Gestalt-Thérapie, n. 0, 1996.

"Ansiedade e construção de gestalts"
Publicado nos Cahiers de Gestalt-Thérapie, n. 1, 1997 (e está para ser publicado na Revista mexicana de Gestalt).

"O inesperado em psicoterapia"
Publicado na Revue Québecoise de Gestalt, v. 3, 1994.
Traduzido para o italiano em Documents de l'Istituto di Gestalt HCC.

"Vergonha e ruptura de confluência"
Publicado na revista Gestalt, n. 2, 1991.

"O nicho ecológico – Um ensaio sobre a teoria de campo da Gestalt-terapia"
Publicado na revista Gestalt, n. 5, 1993.
Traduzido para o polonês em Gestalt Dwumiesiecznik, fevereiro 1997.

"Sobre a relação terapêutica"
Palestra apresentada no "Atelier de Recherches Européennes em Gestalt-thérapie", Veneza, 1994.

Publicado na revista Gestalt, *n. 8, 1995.*

Traduzido para o espanhol em Documentos do Centro de Terapia e Psicologia de Madri.

"O desconhecido levado à relação"
Publicado na revista Gestalt, *n. 8, 1995.*
Traduzido para o British Gestalt Journal, *v. 5, n. 1, 1996.*

"Teoria e prática de grupo, teoria e prática da Gestalt-terapia"
Palestra de abertura das "Jornadas de Estudos da Sociedade Francesa de Gestalt", 1995.

Conferência plenária no "5º Congresso Europeu de Gestalt-terapia", Cambridge, 1995.

Publicada em Gestalt Review, The Analytical Press, *1998.*

Publicada em Cahiers de Gestalt-Thérapie, *outono 1998.*

Traduzido para o espanhol em Documentos do Centro de Terapia e Psicologia de Madri.

"Teorizar o que sempre nos escapará"
Publicado em Gestalt, *n. 8, 1995.*
Traduzido para o espanhol em Documento do Centro de Terapia e Psicologia de Madri.

O autor

Jean-Marie Robine é psicólogo clínico desde 1967. Psicoterapeuta e didata internacional de cursos de Gestalt-terapia, foi diretor durante vários anos da Sociedade Francesa de Gestalt-terapia e, subseqüentemente, da Sociedade Européia de Gestalt-terapia. Fundador e diretor do Instituto Francês de Gestalt-terapia e diretor da revista *Cahiers* de Gestalt-thérapie, é autor de diversos livros sobre o assunto, obras essas que foram traduzidas em diversas línguas.